跨文化传播研究（第二辑）

北京信息科技大学　公共管理与传媒学院　　编
跨 文 化 研 究 所　

知识产权出版社
全国百佳图书出版单位

图书在版编目（CIP）数据

跨文化传播研究. 第二辑/北京信息科技大学公共管理与传媒学院跨文化研究所
编. —北京：知识产权出版社，2016.12
ISBN 978 - 7 - 5130 - 4686 - 2

Ⅰ.①跨… Ⅱ.①北… Ⅲ.①文化交流—研究 Ⅳ.①G115

中国版本图书馆 CIP 数据核字（2016）第 311065 号

责任编辑：刘雅溪　　　　　　　　　责任校对：潘凤越
封面设计：李志伟　　　　　　　　　责任出版：孙婷婷

跨文化传播研究（第二辑）

北京信息科技大学　公共管理与传媒学院　编
　　　　　　　　　　跨 文 化 研 究 所

出版发行：知识产权出版社有限责任公司　　网　　址：http：//www.ipph.cn
社　　址：北京市海淀区西外太平庄 55 号　　邮　　编：100081
责编电话：010 - 82000860 转 8128　　　　　责编邮箱：372584534@qq.com
发行电话：010 - 82000860 转 8101/8102　　发行传真：010 - 82000893/82005070/82000270
印　　刷：北京中献拓方科技发展有限公司　经　　销：各大网上书店、新华书店及相关专业书店
开　　本：787mm×1092mm　1/16　　　　　印　　张：14.5
版　　次：2016 年 12 月第 1 版　　　　　　　印　　次：2016 年 12 月第 1 次印刷
字　　数：280 千字　　　　　　　　　　　定　　价：58.00 元
ISBN 978-7-5130-4686-2

全球视域　他者视角
——关注　交流　理解　接受

随着人类社会科学技术的进步，特别是信息、计算机技术的飞速发展，人类的生产方式、生活方式和思维方式等在不断地发生着变化，经济全球化的步伐也不断向前推进，"地球村"在一定意义上已成为现实。来自不同文化背景的个体、群体、组织或国家之间所进行的文化交流活动日渐广泛并深刻影响着人类社会的文明进程。文化差异是永远的存在。任何地区、国家、团体、民族皆有其自身文化产生的时空、背景，有其自身文化的视角和立场。当不同的文化模式、不同的习俗与禁忌、不同的礼仪与道德、不同的宗教与信仰在一定的文化时空交集，不同地区、不同国家、不同宗教、不同民族、不同团体之间文化的碰撞、交流甚或冲突时有发生。倾听、对话、认同，以全球视域、"他者"视角审视"他文化"，步履维艰，但势在必行。跨文化传播与交流不仅是我们工作的重要内容，更是实现上述目标的有效途径和手段。

已故国学大师张岱年先生认为，中国几千年来文化传统的基本精神的主要内涵有四项基本观念，即天人合一、以人为本、刚健自强、以和为贵。中国传统既提倡人类应该效法天的刚健自强、积极进取，又应效法大地的宽厚包容、和生万物。在跨文化交流中，中国文化倡导世界文化生态的多样性，努力推动不同文明在良性竞争中取长补短，在求同存异中共同发展，在发展中共同进步。

1955 年，美国人类学家爱德华·霍尔的大作《无声的语言》问世，奠定了跨文化传播学的学科基础，成为跨文化传播的奠基之作。1972 年，萨姆瓦和波特编辑了首部跨文化传播论文集《跨文化传播研究读本》，展示了跨文化传播研究的实绩。文化人类学构成了跨文化传播学的理论渊源。但由于跨文化传播实践的复杂性和研究者的多维视角，跨文化传播研究概念庞杂，理论纷繁，方法众多。特别是中国历史悠久，文化源远流长，跨文化传播的实践伴随着社会的变迁而不断发展；宗教文化构成了跨文化传播中的文化精神，佛教、基督教、伊斯兰教等宗教都曾在人类跨文化历史长河中发挥过积极的作用。但跨文化传播、宗教与跨文化的理论研究、应用研究和实践分析仍是当今尚需面对的重要课题。

为此，我们编辑出版跨文化传播研究论文集，特设和乐论坛、专题观察、新秀平台等栏目，特邀相关领域专家学者就跨文化传播研究中的问题进行理论探讨，注重不同宗教的跨文化比较研究，并从多种视角对跨文化传播理论和实践中的各种问题进行多角度探索分析。期望从点点滴滴做起，做一点实实在在的事情，期望跨文化传播研究论文集能够一辑比一辑更加完善，更期望不同地区、不同团体、不同宗教、不同民族、不同国家之间能够平等交往、对话，理解、接受，共谋发展，共致世界和平与繁荣。

编　者

2016 年 1 月 22 日

内容简介

　　随着人类社会科学技术的进步，特别是信息、计算机科学技术的飞速发展，来自不同文化背景的个体、群体、组织或国家之间所进行的文化交流活动日渐广泛并深刻影响着人类社会的文明进程。在跨文化交流中，中国文化倡导世界文化生态的多样性，努力推动不同文明在良性竞争中取长补短，在求同存异中共同发展，在发展中共同进步。本论文集从多种视角对跨文化传播理论和实践中的各种问题进行多角度探索分析，期望不同地区、不同团体、不同宗教、不同民族、不同国家之间能够平等交往、对话、理解、接受，共谋发展，共致世界和平与繁荣。

目　录

和乐论坛

跨文化传播之国际关系视角*

敖云波

摘　要： 国家民族间的利益斗争总是渗透进文化传播中，国际关系也是一种文化关系。跨文化传播应该是一种国际关系视角的考量。发达国家的强势文化传播常常表现为一种隐蔽的侵略；发展中国家的弱势文化传播须讲究前瞻性和策略性，学习、借用公共外交中的天然优势提升国家形象；在兼容并蓄的大众文化时代，跨文化传播要尊重彼此的文化主权和国际关系伦理。

关键词： 跨文化传播　公共外交　国际关系视角

近现代以来的文化传播几乎都与国际关系相关联。伴随以资本主义为主导的经济全球化的愈演愈烈，文化一体化的企图也一直上演着。文化传播很难自然而然地、和平地、润物细无声地进行。国家民族间的利益斗争总是渗透进文化传播中，国际关系也是一种文化关系。自 17 世纪现代资本主义兴起至今的 300 多年里，将文化传播作为控制和征服的一种手段，从而解构、摧毁主权国家的主流文化价值体系的例子不胜枚举。西方发达国家利用其文化、媒体优势以及经济、军事的强势对后发展中国家实行社会制度和生活方式的渗透，甚至实行隐形的文化侵略和精神洗脑。因此，研究文化传播应该以一种国际关系视角的考量。自由主义者倡导互利合作双赢是一种理想的追求目标，强硬的民族主义主张用西方方式反击西方，这对发展中国家抵制文化殖民和文化帝国主义，或许也是一种应对手段。当然，极端民族主义和文化帝国主义都不利于文化的有效传播。必须建立一

　　* 本研究系北京市教育委员会社科计划面上项目"全球治理的中国视角与对策"的阶段性成果，项目代码 SQSM201210772004。

种既基于文化主权又符合国际关系伦理原则的传播理念和视角。

一、强势文化传播是一种隐蔽的侵略

20世纪90年代以来，随着"冷战"的结束，国际环境发生了翻天覆地的变化，以美国为代表的西方国家对发展中国家传统的军事干预、政治压迫、经济剥削已经显得不合时宜。于是，强势文化传播这种更为隐蔽的侵略形式成为首选，在种种强势文化传播的背后，是赤裸裸的国家、民族利益，帝国主义穿上了文化的外衣。

当今的帝国主义对文化交流和文化传播的垄断毫不逊色于经济、军事方面。美国媒体巨人的全球新闻传播效应，其威慑力绝不亚于"冷战"时代的核威慑力，如 CNN、CBS、NBC、BBC 等对全球新闻流动的垄断。针对所谓"无赖"国家所进行的政治、经济、文化攻心战，在这些强大媒体传播的内容上构建起来的"形象力量"，正在成为与军事威胁、强权政治和间谍破坏同样甚至更为有效的武器。

文化传播应该是维系人类和平的纽带，不能异化成帝国主义侵略的帮凶。文化间的交流和沟通最关键的是要注意传播的相互性，传播的过程不是单向流动而是双向互动，交流的双向性内涵是"传播"一词的应有之义。❶ 西方发达的资本主义国家不应依仗自己的资本、技术优势，以"全球化"的名义对发展中国家进行单向、强行输入，这种强势的文化传播一定会制造文明间的冲突与敌视。"9·11"的教训西方应该铭记。其实，文化原本没有优劣之别，暂时的强势、弱势只是在信息传输中所处不同地位造成的，文化的中心与边际都是相对的，任何国家都没有权力以自己的价值标准来评判另一种文化的是非优劣。2008年以 CNN 为代表的一部分西方媒体对中国做出了一系列歪曲事实的报道。CNN 诬蔑中国产品全是"垃圾"，中国人"一直是呆子和暴徒"，CNN 骨子里的那种"傲慢与偏见"，就是源自近代以来西方奴役东方秩序而形成的，使得西方世界形成了一种居高临下的强势文化优越感，而这种优越感在东西方相互交融和影响的今天并没有降低。这种傲慢和偏见的背后，同时也隐含国家利益的精细考量。1999年5月，以美国为首的北约对南联

---

❶ 郭建庆，高雨阳. 全球化语境中文化传播对国际关系的影响及应对 [J]. 社科纵横，2008（12）.

盟实施空袭，CNN24 小时报道科索沃，每天都是难民控诉米洛舍维奇怎样清洗、屠杀他们，阿族人遭"种族清洗"的数字满天飞。尽管当年年底，前南斯拉夫问题国际法庭对科索沃等地实地勘察，完全撤销了那份"关于种族灭绝问题"的报告，但这并不能避免南联盟遭受轰炸，以及 9 年后科索沃的最终独立。2003 年，在伊拉克战争中，CNN 的这种伎俩再一次重现，大肆热炒伊拉克所谓的"大规模杀伤性武器"，虽然事后被证明根本不存在，但是萨达姆已经被推上了绞刑架，中东局势已经发生了不可逆转的变化。CNN 这种强势文化传播，背后折射出的都是事关美国扩张利益的问题，而非所谓人权问题，科索沃战争为北约东扩、遏制俄罗斯扫清了障碍；而伊拉克战争更使得美国实际控制了这个石油储量世界第三的国家。CNN 这种行径是典型的文化帝国主义，通过解构他国文化的合理性和价值性，赋予自己文化价值观念的普遍性和绝对性，达到控制他国文化，促使民众迷信和向往自己的文化价值观念和生活方式的目的。文化帝国主义具有一定的隐蔽性和潜移默化的渗透力。

文化帝国主义是由文化民族主义演变而来。西方列强长期奉行文化民族主义，坚信本民族文化的优越性，认为自己的国家是天下的中心，自己的生活方式是万民的景仰；认为自己的文化具有普适性，可以向其他民族推广。❶ 现在这种文化民族主义突出表现为"西方中心主义"，美国学者福勒认为，西方政治价值观的精髓基本上是普遍适用的，不可避免地将得到广泛传播。西方中心主义必然造成一种强势的文化传播，就像当年对非洲、亚洲和拉丁美洲所做的那样，这种隐蔽的文化侵略违背了文化传播中的自然、和平原则，必然对发展中国家的文化主权造成巨大的伤害，危害文化的对等传播与交流，国家、民族间不对等的文化传播折射出背后不对等的国家权力。美国作为西方强势文化的典型代表国家，历来对国家权力和文化的关系有着敏锐和清醒的认识，将文化传播手段看作是全球竞争的一种超级武器。通过无孔不入的信息产品和快餐连锁对全球进行文化渗透，正是通过这些产品的大量倾销，美国得以在全球传播、确认、强化自己的价值观、信仰和生活方式，背后无不隐藏着其称霸全球的政治野心。

西方中心主义或文化帝国主义应该学会尊重其他弱势文化，懂得文化的魅力在于它的多样性和差异性。"多种声音，一个世界"是文化发展的

---

❶ 潘一禾. 文化与国际关系［M］. 杭州：浙江大学出版社，2005：67.

必然趋势。文化的交流、传播与融合并不意味着文化多元性的消失，而是各种文化在多样性的互动中建立和谐与统一，多样文明是人类共同的财富，需要发达国家和发展中国家的人民共同维护。

二、弱势文化传播需要借助公共外交

文化传播是文化软实力的体现，这种"影响他人的力量"不仅成为国际市场竞争的重要工具，也是维护和拓展国家利益的重要手段，还是强国战略的重要内容。全球化时代的国际竞争不仅体现在政治、经济、军事和科技领域等硬实力领域，一定亦不能缺少文化的竞争力和影响力。所以，发展中国家的弱势文化传播更要讲究前瞻性和策略性，学习、借用西方发达国家的传播方式，善于利用和组织民间力量即公民社会（主要是非政府组织）和广大民众在公共外交中的天然优势❶，扩大文化传播的平台，化解西方文化的误读。2008 年我国奥运会圣火传递中的摩擦和西藏"3·14"事件发生后，新加坡内阁资政李光耀告诫中国：应用西方媒体的方式与西方媒体较量。他说："我没有对西方媒体说，你们不能在这儿干，我只是说，我保留向你还击的权利。"我国学界也有不少学者认为，文化传播一定要用西方方式反击西方，"师夷长技以制夷"，利用西方的传播技巧、手段增强本土文化的传播效果，否则，信息不被接收或者被误读，这样的宣传再使劲也是失效的文化传播。互联网时代文化传播的一个重要方式是公共外交，即由政府主导，面向社会公众，以传播和交流为主要手段，以增强国家软实力，维护和促进国家利益为根本目标的新型外交形式。美国以及欧洲等西方国家在公共外交实践上是先行者。

因此，像我国这样的发展中国家也应该学习借鉴西方国家的传播理论和技术，学会用公共外交来传播本国文化，举全社会的力量，让民众发声。这些策略所有的西方发达国家都做得相当的娴熟。弱势文化在国际舞台上的传播往往缺乏策略性或技巧，总是被强势文化指责，再被动地做出一些澄清，非常不利于国家形象的正面塑造。例如 2010 年美国、日本曾联手就稀土问题向中国施压，要求中国澄清稀土政策，稀土不是土，却真的卖出了土价钱。部分发达国家也习惯了享受多年的廉价原料，当我国决心改变这种游戏规则时，立即激起了他们的强烈反弹，世界舆论也跟风指责

---

❶ 赵凯. 我国媒体公共外交战略应有的特色［J］. 新闻世界，2010（03）.

中国。中国的被动在于事先前瞻性的舆论宣传做得不够，没有调动公众的力量造势。本来中国限制稀土出口的一个非常合理的理由就是避免环境恶化。这个理由在其他所有的国家应该都有说服力，美日为何怀疑呢？他们认为中国是把稀土出口作为一个谈判的筹码。如果我们在做出限制稀土出口之前，就让媒体大篇幅报道稀土开发到底对本国环境造成了什么样的破坏，在我国那些开发稀土资源的地方其生态环境恶化到什么程度等一系列的舆论先导，西方就不会觉得你的决定很突然。中国要多利用公众的力量和舆论的声音，让外国领导人和外国政府看到，中国外交的决策是有依据的，是反映民意的。公众参与外交决策和各种文化传播可以增强外交说服力和权威性。❶ 实际上，国际关系就是一种文化关系，一个国家在世界舞台的荣辱起伏，表面看是光怪耀眼的各类"实力"，然而文化的宣传和沟通，是所有实力的"核心"。大力推进文化传播或公共外交，可以提升中国的影响力、竞争力、亲和力和感召力。有效的文化传播可以深入心灵，很难用外部势力覆盖和压倒。

网络是公共外交的重要渠道，政府应鼓励国民"公共外交，匹夫有责"，加强国家间、民族间的跨文化交流，加深和国际社会的互相理解，减少不必要的误解。作为发展中的大国，我国发生的事常常立即成为世界的事、成为世界舆论关注的焦点，而由于文化的差异及传播理念的不同，西方公众仍在不同程度上对中国存在不了解、不理解、不信任，甚至反对的声音。让世界了解真实的中国，争取一个有利于中国建设的国际舆论环境，我们既需要培育开放、包容、平和、理性的国民心态，还需要学会把责任、知识、表达、倾听与讨论结合起来，有专家认为，这是公共外交的意识和境界。

公共外交一定要注重策略，要高举文化多样性的旗帜，以"和而不同"的品格和气度处理不同文化间的关系，保持文化外交工作的战略主动。在文化交流和对外宣传中，要寓意识形态于传统文化传播之中，生动活泼而有针对性地做争取人心的工作。充分利用国际和区域组织、非政府组织、地方政府、企业等各种双边、多边渠道，构筑对外文化交流的网络和平台。适应快节奏、跳跃性、参与性、互动性文化消费趋势，利用电视、互联网等现代传媒，借助目的国文化机构和企业，进行商业化运作和

---

❶ 杜平：《中国应集合全社会力量改变被动外交》，参见凤凰卫视《时事开讲》，2010－10－29。

本地化包装，使文化交流以更便捷有效的方式实现。公共外交是一项系统工程，要树立国家对外战略和"总体外交一盘棋"的意识，注重资源的整合和优化配置，推动形成中央与地方、官方与民间、国内与国外、政治经济与文化外交整体联动的工作体系和战略布局。一般国家的公共外交都是以政府为主导、以民间交流为主体、以市场机制为杠杆，形成对外文化交流格局。我国对外文化战略的制订应从加强对外软实力、提高国际形象的高度去谋划，可以通过向外国公众宣传中国的和谐文化传统与和平外交政策，进而减弱、消除、化解"中国威胁论"造成的不良影响❶，如果我们都能够带着公共外交的意识和国际交往，中国的国际形象肯定会焕新一新。

三、跨文化传播要尊重彼此的文化主权和国际关系伦理

互联网这种新媒体的确冲击了传统的国家观念，现代化的信息传播技术为全球人们的经济生活超越国家界限提供了新的扩张手段，同时也加速了文化传播、交流和相互融合。伴随经济全球化，文化随着国际的联系越来越紧密，不同的文化被不同的传媒方式联系在一起，成为世界性的文化，并在一种灵活多变的文化传播和文化生产机制中相互交杂，兼容并蓄的大众文化时代已来临。所以跨文化传播不能再局限于所谓精英文化和先进文化的传播与交流，而要奉行对等传播与和平传播❷，平和地看待文化的差异性，学习不同文化的特色，对强势文化不仰视，对弱势文化也不俯视，文化沙文主义和文化帝国主义注定是会被全球人民唾弃的。在经济全球化时代，国别文化的存在和国别政治一样，具有独立的"不可全球化"的意义。尊重彼此的文化主权，就如尊重彼此的经济主权和领土主权一样。尊重文化主权有利于保护文化的多样性，而文化的魅力和生命力就在于多样性。千篇一律，简单复制就是置文化于死地。

再有，跨文化传播也要尊重国际关系伦理，国际关系伦理关乎"国家之间"或超越国家疆界的伦理和责任问题，即国际社会中制约和影响国际行为体之间关系与行为的观念规范总和。对国际关系伦理的追问来自这样

---

❶ 卢素格. 公共外交与"中国威胁论"[J]. 陕西国防工业职业技术学院学报，2007（02）.

❷ 敖云波. 全球化时代中国跨文化传播的几点原则 [C]. 跨文化传播研究第一辑. 北京：中国社会科学出版社，2010：219.

的问题设置：对那些距离较远又无血缘关系的其他国家人们的生存状况，人们是否该负有义不容辞的道义上的责任与义务？就国家间关系来看，这个问题可以表述为：一个国家的外交行为是不是应该受某些道义原则的牵制，除了自己国家利益之外是不是还应该追求某些国际社会普遍认可的道德标准？

当今世界的跨文化传播更是呼唤国际伦理。文化与经济、政治甚至军事、环境等捆绑在一起。全球化使国家之间的相互依赖程度日益加深，各种利益和传统更需要彼此尊重，人类总体上的道德蜕化和人文精神匮乏，已使人类陷入严重的生存危机和精神危机。国际关系理论中的现实主义学派否认道德的位置，认为考虑道德义务非但不必要，甚至很危险，强调"国家利益"至上；与现实主义相对，理想主义学派认为，全球化进程显然已经将整个人类组合到一个国际体系之中，推崇把国家利益置于全球利益之后。任何一个国家的国际关系的底线一定是生存。这种对生存最基本的需求就会形成国家彼此间的伦理共识。有了伦理共识后，人类才真正有了"文明"的相互期许，这恰恰是保证人类安全不可或缺的。所以，国际关系伦理也应当成为跨文化传播的重要调节机制。

无论世界怎么改变，"公正"始终是国际关系伦理中最重要的原则。没有公正就没有伦理。❶包括中国在内的发展中国家作为当代跨文化传播中的弱势方，文化主权多多少少受到了冲击和侵蚀，而国内有些自由主义者天真地轻视国家主权、强调人权，这是不切合国际关系现实的。在国际现实中，两者应该是并重的。如果前者利益被破坏，后者也很可能得不到保障。我们如何应对"被传播""被全球化"的命运？寻求公正是我们不可放弃或追求的权力。发达国家在文化传播中把自己的价值观和政治理念强加于人，这种行为本身就是违反公正、极其不尊重别人的自由选择权。所以，跨文化传播需要建构一种国际关系的视角，以便拨开迷雾，从容应对。

（敖云波　北京信息科技大学　北京　100192）

❶ 敖云波. 全球治理的中国视角与外交对策 [M]. 北京：中国书籍出版社，2011：8.

境外资本进入中国电影市场的动机及策略研究[*]

闻　学　肖海林

摘　要： 梳理中国电影产业的整合和融资模式，揭示境外资本进入中国电影产业的行为及特征，探讨境外资本凭借强大的内容和资本优势大举进军中国电影市场的动机，分析研究境外资本进入中国电影产业的策略选择，对于中国电影产业的发展具有一定的价值和意义。

关键词： 电影产业　境外资本　融资模式

2011 年 10 月 18 日，中共十七届六中全会通过《中共中央关于深化文化体制改革　推动社会主义文化大发展大繁荣若干重大问题的决定》，两个月之后的 2011 年 12 月 15 日，《电影产业促进法》（征求意见稿）由国务院法制办公室发布，这部 20 世纪 80 年代就开始筹划的法律迄今仍存在较大争议，尚在修改之中，其中争议之一就是限制太多。纵观我国电影产业，潜力巨大，进入 21 世纪以来内地票房年均增长率达到 31.17%，应该说中国电影市场的快速发展与境外资本的参与密不可分。但是，由于电影产业不仅具有经济属性，而且具有文化属性和意识形态属性，如何使产业发展与文化和意识形态安全获得统一就成为电影产业规制的焦点和难题。政府对境外资本的规制较之境内资本更为复杂，2001 年我国加入 WTO 以来，我国电影行业与境外资本相关的规制环境不断发生变化，时松时紧，造成了一些国际传媒巨头在中国迅速进入又迅速退出，成为众多行业中的一个独特现象，其实这也不利于境内资本对长期发展战略的决策。而要优

---

    * 本文是北京市社科基金一般项目"北京市网络媒体市场外资行为、影响与对策研究"（项目代码：13ZHB011）的研究成果之一。

化和改进电影产业规制环境，就必须研究中国电影市场境外资本的战略行为和特征。

一、中国电影产业的整合之路

自 2007 年开始，我国电影产业的结构开始发生巨大变化。这一变化来源于业外资本的逐步进入。一直受制于资本不足的中国电影产业一旦拥有充足的资本供给，就立刻开始了扩张之路，借助业外资本做大做强。

（一）横向一体化

在电影制作上，国有企业和民营企业都拥有雄厚的资本和庞大的导演、演员阵容，例如中影的陈凯歌、北京新画面的张艺谋、华谊兄弟的冯小刚，彼此之间虽然相互垂涎，但是目前来看还没有横向整合的表现。

横向扩张主要集中在电影放映环节。目前电影院线数量总体保持在 34 条，少数院线进行了调整，如中影星美院线与海南蓝海院线整合、辽宁北方院线与青岛银星院线整合、大地数字院线脱离中影南方新干线院线单独成为一条院线。因电影产业正处在快速成长期，尤其是二线、三线城市还有巨大的市场空间，影院和银幕的数量不断快速增加，各大院线正依靠资本力量和现代管理将许多影院纳入麾下，这使得院线的规模不断扩大。放映环节正经历着激烈的竞争，未来随着我国电影市场逐渐饱和、电影产业进入成熟期，电影院线之间必将展开激烈的并购与重组。2012 年 5 月，万达并购美国第二大院线集团 AMC（资产管理公司），成为全球最大院线集团，这无疑对其今后影片在海外的票房收入带来了保障，也为其在国内的 IPO（首次公开募股）增添了筹码。

（二）纵向一体化

业外资本的介入促进了我国电影产业市场纵向整合的展开。无论是国有企业中的中影、上影还是民营企业中的华谊兄弟、博纳影业，都在借助业外资本的力量兼并上下游企业，控制从制作到发行到放映的整个产业链。例如：保利集团参资入股重庆万和院线；中影集团增资扩股中影星美院线；华谊兄弟将电影、电视、艺人经纪三大业务板块有效整合，实现从编剧、导演、制作到市场推广、院线发行等完整的生产经营体系，同时还

计划 2 年内建设 6 家影院、5 年内累计建设约 15 家影院。❶

二、中国电影产业的融资模式

（一）二线、三线城市提供发展潜力

目前中国内地电影市场形成了"8 + N"现象，"8"是指 8 个电影票房过亿的重点城市——北京、上海、深圳、广州、成都、武汉、杭州、重庆，目前票房收入前 30 名的影院主要集中在这几个城市。"N"是指电影票房收入在 4000 万元至 1 亿元的南京、大连、天津、哈尔滨等 20 多个城市。它们构成了电影市场的主要组成部分。❷

我国电影市场的发展还不均衡。2009 年，北京市电影票房收入超过 8 亿元，占全国票房份额的 13%，上海市占 10% 左右。8 个重点城市占有全国票房市场份额的 70%，而其他二线、三线城市对电影市场的贡献极少。

随着二线、三线城市居民人均收入的不断增长，电影院的普及率会不断提高，从一线城市到二线城市，再发展到三线城市，最终到农村，影院将会融入人们日常生活之中。二线、三线城市将会成为我国电影产业投资的重点，推动我国电影产业的发展。

（二）金融创新促进电影业发展

电影业作为一项高投入、高产出、高风险的行业，在其运作过程中，离不开业外资本的支持。一部高投入的电影，动辄需要投入上亿元资金，没有业外资本的有效支持难以完成。

1. 商业银行融资

商业银行融资一直是资本市场的中坚力量，而我国电影企业一度苦于无法得到足够的银行贷款，导致发展举步维艰。2006 年之后，商业银行对电影行业伸出了橄榄枝。2006 年，招商银行与华谊兄弟影业投资有限公司签署了 5000 万元的贷款合同，对其影片《集结号》进行融资，贷款性质为无第三方公司担保。同年，渣打银行（香港）以债券融资的方式借给北京新画面影业有限公司 1000 万美元贷款，为其影片《满城尽带黄金甲》

❶ 崔保国. 2011 年：中国传媒产业发展报告 [M]. 北京：社会科学文献出版社，2011：188.

❷ 尹鸿. 2009 电影产业备忘 [C]. 崔保国. 2010 年：中国传媒产业发展报告 [M]. 北京：社会科学文献出版社. 2010：292.

融资。2008 年，北京银行为《画皮》提供了 1000 万元的版权质押贷款。2009 年，中国工商银行向华谊兄弟和保利博纳提供贷款，成为中国国有大型商业银行首次介入民营文化产业的标志性事件。[1] 这些融资项目在票房收入上都成绩斐然，也为银行提供贷款增强了信心。2010 年，中宣部、中国人民银行、财政部、文化部、国家广电总局、新闻出版总署、银监会、证监会、保监会等联合出台《关于金融支持文化产业振兴和发展繁荣的指导意见》，鼓励银行业开发适合文化特点的信贷产品，加大有效信贷投放，完善授信模式。政策的出台为金融传媒行业的深度合作提供了政策支持，为破除传媒业发展面临的资金瓶颈提供了途径。

2. 非银行类资本融资

IDG、红杉、SIG 等风险基金，分众传媒、华友世纪、嘉禾股份等上市公司，都瞄准了中国电影产业这块蛋糕。中影集团、华谊兄弟、保利博纳、光线传媒、橙天娱乐等公司因为较好的电影业绩和规范的企业运作，受到了这些资本的关注。[2] 截至 2010 年年底，一壹影视文化投资基金、中华电影基金、A3 国际亚洲电影基金、"铁池"私募电影基金等多只风投和基金都纷纷参与到电影产业，也从另一个侧面体现了中国电影的投资风险正在逐年降低。[3] 据有关机构统计，截至 2011 年年底，中国文化创意产业相关基金数量已达 100 余只，募集资金总量超过 1300 亿元人民币。其中，电影投资相对成熟，也是资本关注的热点领域之一。

3. 上市融资

以影视内容制作为主业的橙天嘉禾和华谊兄弟分别在 2009 年 7 月和 10 月在香港、深圳上市，开启了我国电影产业的资本化进程。2010 年 10 月，华策影视在深圳证券交易所创业板挂牌上市，2010 年年底，博纳国际影业集团通过 IPO 方式在美国纳斯纳克交易所上市，成为首家在美国上市的中国影视企业。2012 年 2 月，华录百纳在深圳证券交易所挂牌上市。目前，包括中影集团、上影集团、万达院线在内的诸多电影行业内的企业正

---

[1] 参考唐榕. 金融创新与电影成长 [C]. 崔保国. 2010 年：中国传媒产业发展报告 [M]. 北京：社会科学文献出版社，2010：303 – 307.

[2] 尹鸿，詹庆生. 2007：电影产业备忘 [C]. 崔保国. 中国传媒产业发展报告（2007—2008）[M]. 北京：社会科学文献出版社，2008：211.

[3] 崔保国. 2011 年：中国传媒产业发展报告 [M]. 北京：社会科学文献出版社出版，2011：181.

在积极筹备上市，相信在未来几年内电影行业的上市企业将不断增多，随之也将带来这一行业更全面的发展和整合。

我国电影产业的融资方式在不断增加，融资难度在不断降低，金融机构对于电影产业的信心也在不断增强。金融机构的资本支持将推动我国的电影产业更快地发展。

三、境外资本进入中国电影市场的动力因素

当下中国电影市场的快速发展和市场的巨大潜力吸引着境外资本觊觎这块庞大的新兴市场。同时，境外资本在其国内正面临着市场饱和、竞争异常激烈的态势，因此，凭借着丰富的电影制作与运营经验，境外资本对于中国的电影市场十分向往。

（一）境外发达电影市场的饱和态势推动境外资本进入中国

以美国为例，美国电影市场全年总票房从 2000 年的 76.61 亿美元增加到 2011 年的 101.739 亿美元，年平均增长率为 2.6%；与此同时，全年售出电影票总数从 2000 年的 14.208 亿张逐渐变化到 2011 年的 12.83 亿张，年平均增长率为 -0.92%；平均票价从 2000 年的 5.39 美元每张增加到 2011 年的 7.93 美元，年平均增长率为 3.57%。而美国从 2000 年到 2010 年 10 年间美元年平均通货膨胀率就为 2.41%。可以看出，美国电影票房的增长来自于平均票价的增加，而平均票价的增加很大一部分来自于美元的通货膨胀。而真正反映电影市场规模的售出影票总数却不增反减。

美国电影市场已经呈现出明显的饱和状态，促使美国电影巨头瞄准国际市场。

（二）境外资本具有较强的竞争能力

电影价值链非常独特，主要由研发、营销和放映环节构成，生产环节几乎可以忽略不计，对于电影制片企业，其战略环节是研发和营销。人们通常所称的电影制作或电影生产，实际应该称为电影研发。电影的研发常常需要巨大的投入，是电影成本的主要构成。而中国电影消费的价格通常差别不大，因此，电影制片企业能否盈利又决定于电影制片企业能否建立

成本领先优势，而成本领先优势直接决定于电影发行量❶，电影发行量越大，企业就越盈利。而电影发行量决定于电影的研发和营销能否向电影消费者提供独特价值。因此，电影行业的基本竞争战略是"差异化 + 低价格"战略，它是一种不同于差异化竞争战略、低成本竞争战略、蓝海战略和最优成本供应商战略的基本竞争战略。而实施这一战略主要决定于研发能力、营销能力，还常常决定于资本运作能力，而境外资本恰恰具备这些能力优势。

国内电影市场长期以来较低的竞争强度以及对外沟通交流的缺乏，直接导致了国内企业在与该行业的外资企业进行竞争时处在劣势的地位。这意味着如果境外资本能够顺利进入中国市场，在较短的时间内，国内企业无法快速提高竞争力则会被境外资本夺走大部分的市场份额。

1. 建设"内容品牌"能力

"内容为王"是维亚康姆集团现任董事长兼首席执行官雷石东提出的一个观点。雷石东认为："我只投资软件，只对传媒的内容进行投资，因为硬件的投资需求非常巨大而又难以预测。我们就把精力全部放在内容上。"

近年来，国内电影市场正面临着"缺少内容"这一问题。无论是古装动作片，香港制造的武打、搞笑、警匪类型的影片还是曾经风靡的"大制作"，因为内容空洞和雷同让观众感到乏味和失望。尽管影院、银幕、影片数量等诸多定量指标在快速增加，但是影片质量难以提高将成为电影市场转型和发展的重大障碍。

从数量上看，2011 年中国生产故事影片 558 部，但是大部分没有机会进入影院放映，甚至有些电影的拍摄初衷并不在于票房，而是依靠政府的补贴和获奖奖金来进行营利，这导致了影片内容和市场需求的严重脱节，也导致了近年来我国电影在国际各大电影节上的表现欠佳。

相反，国外影视领域的发展相对成熟。雷石东曾经提出过著名的"ABC 三部曲扩张策略"：A—Acquire，购买最好的内容；B—Brand，针对内容建设品牌，并且在经济可行的条件下将这些内容在尽可能多的平台和市场进行杠杆经营；C—Copyright，为自己品牌的内容进行严格的版权保护。品牌应建立在优质的内容之上，一旦拥有了这样的竞争力，就要建立

---

❶ 我们发现，电影行业的规模经济不仅显著而且特殊，呈"L"型曲线而非"U"型曲线，因为电影的固定成本就是研发成本，而生产成本几乎为零，这表明电影相关企业为满足消费者观看一部电影所带来的成本会随着观众的不断增加而不断降低，规模不经济很难出现。

起版权保护以防止竞争对手恶性竞争，而这些策略实施的首要前提是要拥有最好的内容。

2. 创意研发和营销能力

电影的制作、发行和放映，每个环节都可能得到先进技术的改良，进而促进企业发展的大规模提速。技术创新一方面可以不断压缩成本，另一方面，融入高科技并且有创新点的作品更能够迎合目前的时代和目标受众的需求。国外使用高科技制作的特效和各种后期制作能力都是目前国内电影企业难以企及的。国内的一些电影企业行动相对迟缓。2012 年 4 月，我国影视制作公司小马奔腾与好莱坞顶尖视效公司数字王国（Digital Domain）在北京电影节期间宣布，双方计划在北京设立合资公司，培训国内视觉特效人才，建立影视特效基地，并设立中国第一家影视特效摄影棚。

除了电影内容，电影营销活动同样需要创意。电影市场供应方的日益增加将会导致这一市场的不断饱和，企业必须采取行动吸引客户的注意力，特别是关注包括广告在内的经典促销策略，要求企业在广告制造商、广告创意、广告制作技术等方面都要有一定的竞争优势。目前营销成本已经占到电影成本的 1/3，越来越多的企业开始涉足电影营销。

好莱坞电影非常注重影片的营销工作，并且有丰富的营销经验和技术。美国影片的路径大致为全国电影院首映——发行到海外电影院——付费频道播出——全球发行录像带/DVD——在主要免费电视频道播出……❶而国内的大部分影片都终结于影院或电影频道，更缺乏相关副产品的开发。衍生品的缺乏使电影的价值很难被充分挖掘出来，正如学者马丁·戴尔说过的，"电影工业的真正价值不在于影片本身能产生多少利润，而在于它为企业与其他领域合作提供了多少机会……所有这些都降低了成本和风险，而增加了收入。"❷

3. 品牌塑造及维护能力

品牌的塑造较之于谋求短期的销售利益，对企业的意义更为重大。品牌的建设和经营有利于消费者建立起品牌忠诚度，因为有群体概念的消费者会从与自己特征相符的品牌中找到认同感。

---

❶ 胡正荣. 美国电影产业的核心与经营策略 ［J］. 电影艺术，2005（01）.
❷ 杨淳. 我国电影产业的发展现状、存在的问题及建议 ［J］. 思想战线，2010（S1）.

"好莱坞"这个名称就是美国商业电影品牌塑造的最好例证。除了这个产业品牌，大量如米高梅、派拉蒙等商业电影公司的国际品牌和知名度，导演品牌、明星品牌、院线品牌以及与电影有关的商品品牌的塑造对美国商业电影业也十分重要。外资企业进入中国传媒业的手段之一就是品牌合作，即中国的企业利用国外的品牌价值创造利润，这之间不涉及股权资本的交易。采取品牌授权的方式，扩大品牌的影响范围，进一步增加其价值，也使拥有该品牌的企业进入其他市场的难度降低。

部分中国的电影企业正在进行品牌的塑造，例如定位在五星级档次，针对高档消费人群的 UME，其名字的含义为"终极电影享受"。UME 从票价制度、人才管理、服务意识等方面"力求打造影院中的品牌——劳斯莱斯，就像酒店业的香格里拉一样"。但是对于大多数企业来说，从如何打造独特、优质、稀缺和不可替代的品牌资产以及如何维护品牌形象的角度考虑，国内企业还有很长的路要走。

更重要的是，优质品牌要建立在合理的定位之上。电影具有的双重属性——经济属性和意识形态属性——决定了它不仅仅是大机器流水线生产出来的普通商品，其中包含的思想和娱乐性才是产品附属价值的决定因素。

目前国内已有不少电影院线通过建立可识别的特性实现产品和企业的定位构成其经营管理的关键活动，在利用企业中的人力资源进行定位这一电影产业的独特之处进行了成功尝试。例如，不同的导演有不同的制作风格，最终反映在作品上就是各不相同的电影作品。如果企业能够利用这一定位点并且展现各自不同的营销风格，那么因此建立的鲜明品牌形象会给消费者留下深刻的印象并且传达不同的定位信息。

4. 资本运营能力

资金支持常常是电影企业的命脉，不论是制作还是宣传，都需要大量而且持续的资金投入。如果企业想要进行技术创新、招募高端人才、开展营销活动、购买优质内容，资金的充裕度就成为关键。

资本运营是企业合理利用资源的经营手段，是通过多种方式将已有资本转化为证券化资本，以实现资产增值的活动。常见的方式有资产重组、兼并、合资、合作等。审视世界传媒巨头的发展史，几乎都采用了不断并购的方式来达到逐渐扩大规模、拓宽业务领域和地理范围、快速融入资金等目标。近年来，国内也不乏成功进行资本运作的案例，例如一些上市公司和基金参与电影业、2006 年之后商业银行与电影行业的合作，以及橙天嘉禾、华谊兄弟和博纳影业等企业的先后上市等，但总体上还远没有达到与境外大型电影集团可以匹敌的水平。

四、境外资本进入中国电影市场的策略选择

电影产业作为传媒业的子产业之一，尽管相对于新闻业、广播电视业等而言，其意识形态色彩较淡，但仍然关系到民族文化保护和产业安全等问题，所以政策对于境外资本进入电影行业仍然存在诸多限制，这在客观上要求国际传媒企业在进入中国的战略选择上需要综合考虑，采取各种方式充分利用政策，尽量避开政策上的各种障碍，从而获取中国市场上的巨大利益。

（一）积极筹划，政府公关

跨国公司进行跨国投资时需要对投资环境以及自身优劣势进行综合评估，具体到中国电影产业，政策的限制对于实力强大的传媒集团而言是最大的障碍，需要对政策这一因素着重进行考虑，并积极采取行动推进政策的进一步放宽，这在客观上要求传媒集团积极进行政府公关，与政府建立良好关系，并取得政府的支持。

各大国际传媒企业对中国电影产业政策的影响首先体现在中国的入世谈判过程中。在这长达 14 年的谈判过程中，跨国传媒集团充分利用长期建立起来的人脉关系，向中国政府施加压力，迫使其最大限度地放宽对外资进入电影产业的限制。

另外，境外传媒集团还通过与我国政府领导人的直接接触和积极参加各种社会公益活动等方式，博得政府的好感以及社会对自身的信任感。正如维亚康姆集团提出的"要想在中国立足，应该先替中国做些事情"观点，2001 年和 2002 年，维亚康姆集团 CEO 雷石东两次来华都拜会了时任国家主席江泽民以及其他政府高层领导人，此外还通过各种方式支持我国的文化建设，而时代华纳更是将 1999 年《财富》全球论坛年会的举办地定在了上海。此外，新闻集团董事长默多克也是努力讨好中国，例如 1993 年收购 STAR TV 后，默多克立即停止在该频道播出 BBC 的节目，因为 BBC 曾经播出过攻击中国人权的纪录片，1998 年新闻集团向洪灾地区捐款 100 万美元，默多克本人还于 2003 年到中央党校进行演讲。

（二）政策外围，谨慎慢行

由于政府对电影行业的管制，跨国传媒集团在进入中国市场方式的选择上，至今仍然无法采取直接收购、设立独资公司等较激进的方式进入，都是采取合作以及不控股合资经营的方式，待政策放宽后再伺机采取更直接的方式进一步打开市场。例如，1985 年，默多克首次访华，向中央电视台赠送了 50 部 20 世纪福克斯电影公司拍摄的影片，包括《音乐之声》《巴顿将军》等名片。

战略联盟这一形式也为跨国电影企业经常采用，从而规避政策的限制，和国内企业实现优势互补、相互协作。所谓战略联盟是指两个或两个以上的企业为了达到共同的战略目标而采取的相互合作、共担风险、共享利益的联合行动。2011 年 8 月，美国相对论传媒公司（Relativity Media）与国内的华夏电影发行有限责任公司以及星空大地（北京）影视文化发展有限公司宣布启动战略合作。该联盟正在筹拍数部大型中国现代题材影片，所有影片将同时面向国内外市场。另外，在 2012 年 6 月，美国传媒公司传奇娱乐（Legendary Entertainment）与华谊兄弟达成协议，共同成立传奇东方（Legendary East）影视制作公司，面向全球观众制作电影及其他内容，为了规避我国不允许外资投资电影制作环节的政策限制，新公司总部则设在香港。

国外传媒集团在中国市场上发展受到的限制包括：所有权限制、资本运作方式限制等在内的资本进入限制；区域限制、市场占有率限制在内的市场覆盖限制；意识形态、文化传统和民族风俗等在内的内容标准限制。❶

在资本进入方面，电影产业三大环节对于外资均有诸多限制：在制作环节，《关于文化领域引进外资的若干意见》中第三条明确规定"禁止外商投资设立和经营电影制作公司"，即目前不允许外资进入制作环节；在发行环节，《外商投资电影院暂行规定》第三条明确规定"外商不得组建电影院线公司"，即不允许外资进入发行环节；在放映环节，尽管在 2003 年 9 月 28 日出台的《外商投资电影院暂行规定》一度规定在七大试点城市允许外方控股，但这一规定仅仅持续了不到两年，在 2005 年 8 月 5 日出台的《关于文化领域引进外资的若干意见》中再次取消了试点，从此始终

---

❶ 张咏华，潘华，刘佳. 境外媒体进入上海的现状与挑战 [J]. 新闻记者，2005（06）.

要求外方投资电影院不能控股。

在地域限制方面，主要体现在当初推行的试点政策上，政策对于各个市场区域的开放循序渐进，先放开经济发达、市场成熟、区内企业竞争力较强的地区，然后再推进到其他地区。在《外商投资电影院暂行规定》中，明确"中外合资电影院，合营中方在注册资本中的投资比例不得低于51%；对全国试点城市北京、上海、广州、成都、西安、武汉和南京的中外合资电影院，合营外方在注册资本中的投资比例最高不得超过75%"。市场覆盖的限制迫使各大传媒集团只能采取扎根外围、逼近中心的迂回战术，例如时代华纳在电影院选址上就首先选择了经济发达、政策限制少的上海，于2003年7月12日，与当时的中国票房第一影院——上海永乐影城成立合资影院"永华影城"，在进入若干个试点城市的同时，逐步向大连、哈尔滨、沈阳等一系列较为发达的城市推进。

在内容标准限制方面，我国的电影审查制度一贯严格，对于外资拍摄的电影（进口片、合拍片等）更是层层把关，保证在意识形态、文化传统和民族风俗等方面不出现问题。

（三）东风一到，单刀直入

国际传媒企业在中国的战略行为很大程度上是囿于政策的限制，难以施展拳脚。一旦政策放开，实力强大的传媒集团会果断采取行动。

如在2004年10月，国家广电总局刚刚出台《电影企业经营资格准入暂行规定》，"允许境内公司、企业和其他经济组织与境外公司、企业和其他经济组织合资、合作设立电影技术公司，改造电影制片、放映基础设施和技术设备。外资在注册资本中的比例不得超过49%。"这意味着电影制作环节也开始向外资进行有限度的开放。这一政策出台数天之后，时代华纳即与中影集团、横店集团合资成立了中影华纳横店影视公司，成为首家获批成立的此类合资公司。而筹备一家如此的公司肯定需要长时间的准备和协调，能够如此迅速获批，可见时代华纳早已有谋划和充分准备，一旦相关政策出台，各项既定战略便可在第一时间得到执行。

（四）政策收缩，战略转型

传媒业的特殊性使得对外资的开放必然存在一定的政策底线，电影行业也是如此。2005年8月5日出台的《关于文化领域引进外资的若干意见》的第二条收回了之前的外商投资电影院的试点政策，再次强调外商不允许控股。由于这一《意见》的出台，直接导致时代华纳的退出。2006 年 11 月，时代华纳将其在上海永华电影城 49% 的股份和南京上影华纳影城 51% 的股份出售给了上海电影集团，同时宣布停止中国影院市场的投资。

国际传媒企业在进入中国电影市场之初的行动更多的是基于长期战略的考虑，不太看重短期收益。事实上，各大企业在华的很多业务长期处于亏损状态。如果再遭遇政策收缩，如同雪上加霜，战略实施难有进展，有些则如时代华纳采取退出战略，有些则会考虑战略转型，在夹缝中求得生存，如转向互联网、无线增值业务等新兴数字化领域及广告业等政策限制较少的领域。这使得国外传媒集团在中国扩张的道路呈现多领域、多元化渗透和复合式、渐进式发展之态势。❶

综上所述，中国电影市场如何做大做强来应对外资的大举进入，中国电影产业发展的政策选择和建议及如何提高国际竞争力等，将是另文要探讨的重要课题。

（闻学　北京交通大学　北京　100044；

肖海林　中央财经大学　北京　100081）

---

❶　张金海，梅明丽. 国外传媒集团中国市场新一轮扩张态势解读——中国媒体发展研究报告［M］. 武昌：武汉大学出版社，2007：437.

聚焦边缘群体与本土文化

——第八届"世界城市交响"纪录片
合作项目的选题剖析

向璐舜

摘　要："世界城市交响"是由中国传媒大学（CUC）戏剧影视学院和美国南加州大学（USC）电影艺术学院联合创办的跨文化纪录片合作项目。此项目每年举办一次，在北京和洛杉矶两个城市间轮流进行，由两国的影视专业学生用镜头去记录跟城市相关的选题。通过对于这些选题的分类剖析，理解跨文化合作下不同观念的碰撞以及边缘群体和都市文化现象，具有一定的价值和意义。

关键词：纪录片　边缘群体　文化现象

"世界城市交响"是由中国传媒大学（CUC）戏剧影视学院和美国南加州大学（USC）电影艺术学院联合创办的跨文化纪录片合作项目。此项目每年举办一次，在北京和洛杉矶两个城市间轮流进行，由两国的影视专业学生用镜头去记录跟城市相关的选题。至今已举办了8次，并于2012年获得中国教育部立项。

2014年，由美国南加州大学电影艺术学院教授带队率领的8名电影专业研究生来到北京，与中国传媒大学通过全校遴选的8名研究生以中美一对一搭档的方式，在两个月的时间内创作了8部10分钟左右的主题为"世界城市"（Global City）的纪录短片。两个国家的16位影视专业的在校研究生最终交出了8份精彩纷呈的答卷，从多个视角记录了北京这个日趋走向国际化的大都市中有趣的议题，并通过这些作品最终展现了两种不同文化背景的大学生们对于当代中国社会、文化、城市群体的不同理解和解读。

一、各具特色的纪录片

本届"世界城市交响"拍摄的 8 部纪录短片风格迥异，题材广泛，涉及不同文化、不同群体、不同观念在北京这一现代化国际大都会中交融的诸多领域，其中不乏对社会问题的关注和对当代城市人群个体的反思，乃至对于热门文化现象的深入剖析。这些具有不同文化背景的两国学生在两个月时间内，跨越地域和城市、语言和文化、交流和沟通的障碍，完成从选题、调查、拍摄、取材到剪辑的所有纪录片制作程序。

其中，8 部纪录片各有特色。

《鼓楼牛仔》中异乡人刘可在北京经营自己的一家古着店，经过了少年时代的自我觉醒、叛逆与反抗之后，他选择来到北京追寻自我。影片反映了现代年轻人的生活状态和精神状态，以及他们对个性解放和社会责任的理解。《边界》里含章是一名从加拿大留学归来的北京女孩，性格有些自闭的她用画笔在色彩中摸索内心与外界、自我与自由、自我与他者的边界。影片用细腻的叙事展现了人类在现代性文明中的困境，即每个人都挣扎于追寻自我存在。《发现杰瑞》的导演用镜头记录了尼日利亚黑人男子杰瑞在北京的生活与工作状态，并通过他的视角展现了非洲人不为人知的一面，他们不仅能歌善舞，也勤劳工作，他们在异乡遍尝艰辛，却依然乐观、虔诚，相互友爱，热爱生活。《广场舞》中退休大妈们成群结队在茶余饭后伴着音响功放跳舞已成为各个小区、公园的普遍现象。影片通过多方采访大妈、路人及公园管理人员，并与历史上的集体舞蹈对比，展示了老年人对精神生活的诉求以及由此引发的问题。《微小翅膀》里龙在天皮影艺术团拥有一批特殊的表演者，他们平均年龄 22 岁，身高却只有 1.26 米，他们被称作"袖珍人"。导演选取 25 岁的袖珍女演员冬梅进行拍摄，展示了袖珍人的日常生活、心路历程、对理想的追求以及他们的爱情故事。

"剩男""剩女"已成为当代中国不容小觑的社会问题。在《相亲公园》里，"终身大事"的问题困扰着广大男女青年和他们的父母，他们选择自发组织一个固定的集体相亲场合。中山公园就是这样一个地方。每天下午光景，各路老年、青年聚集于此，自发相亲。影片选取了 4 个人分别代表父、母、男、女进行拍摄，展现了这一社会问题带给人们的忧虑。《中传夜未眠》讲述中国传媒大学作为定福庄地区的精神文化生活中心，有一个特殊的现象，在众生安眠的夜晚这里却蛰伏着许多不眠的灵魂。影片通过记录几位年轻人在入夜后的生活与创作状态，显示了黑夜在都市生活与文化中具有越来越重要的作用。《芸芸狗生》中曾阿姨在过去的10年里一直热心于收养流浪狗，大大小小几十只"汪星人"在她家中"安居乐业"。但即便如此还是有更多的流浪狗冒出来，没有接受绝育手术的成年狗被主人弃养后不断繁殖。导演通过多方走访爱心人士、小区居民、宠物店老板及狗贩子等，还原了流浪狗问题的基本面貌，也呼吁政府和社会理性而有爱心地对待流浪狗问题，对生命负责。

纵观这8部作品的选题，我们可以看出，这样跨文化的合作方式不仅催生出了优秀的纪录片作品，中美学生也在国际交流与文化碰撞的背景下同样开阔了视野与思维，丰富了文化观念和创作理念。可以说跨文化交流的意义更甚于作品本身。与此同时，我们归纳这些作品的选题，大体上它们可以概括成为两大类别：边缘群体题材和本土文化现象题材。

二、边缘群体题材

对于边缘人群（弱势群体）的关注，始终是艺术作品一个永恒的主题。这不仅体现在这次的纪录片选题上，也是当代人文主义思潮对于影视艺术创作深刻影响的体现，它几乎涵盖了电影、电视、纪录片、文学等各个领域，同时也是当代艺术最具有价值和魅力的地方所在。

《鼓楼牛仔》所关注的个体则是在当代中国城市化过程中与社会发展方向背道而驰的一名摇滚青年，这个年轻人所代表的人群是与现代社会截然对立的一种群体——他们的生活模式、个人体悟、人际关系模式与个人价值观都与当代社会有着非常深重的对立。然而在当今这个飞速发展的科技时代、物欲横流的全球化大都市，这些人是如何与社会的规则和城市的变迁相互博弈的？这个纪录片则用短短的10分钟试图去挖掘这个鲜明的个人与之所代表的人群同社会高速发展之下的碰撞。

《边界》更是聚焦时下城市化发展过程中最受人关注的数目庞大的自闭症少年。这部纪录片的主角是从国外留学归国的北京女孩，与大多数患有自闭症的少年一样，她活在自己的内心世界里，并且比别人更独特的是，她通过绘画这种表达方式，将她内心世界与现实世界的这种对立与矛盾展现得淋漓尽致。她的这种与现代化文明社会相违背的生活方式和理念，使得她在生活过程中产生了巨大的对于生活的困顿。这样的困顿经由纪录片得以放大，变成了一种对现代化文明的拷问——究竟城市的发展是否对于所有的人都是有益的？同时也借由这个女孩的人生拓展了我们对于不同人群的认识，看到了自闭症少年们对世界、城市、现代化、物质社会的困惑，最终不仅给了创作者，也给了观众非常深刻的反思空间。

《发现杰瑞》关注了另一个让人意想不到的群体：生活在北京的非洲人——他们背井离乡、辛勤工作、努力生活，对于很多人来说这样的人群只是在北京千万人口的芸芸众生中擦身而过的屈指可数的黑皮肤外国人，而这样的一个纪录片用短短 10 分钟带领观众进入到了他们的生活，看到了他们作为城市边缘人群的喜怒和哀愁。可以说这样一个独特的选材是令人惊喜、也让人意想不到的，同时带领我们深入地认识了这样一个被忽略的群体。直至我们正视他们的时候，才发现他们亦是构成了北京城市文化中不可或缺的一个组成部分。那些游离在社会中下阶层的外国人在中国大都市的生存状态，他们的生活方式、生活习惯、生活理念，也跟当代中国文化和城市规则产生了剧烈的碰撞，成了当代城市化过程中一个新的不容忽视的文化议题。

《微小翅膀》关注了先天性疾患人群中我们鲜以见到的"袖珍人"。纪录片带领观众走进他们的生活，感受他们的工作、生活、爱情，从不同的视角诠释了这样特殊的"身份"（或是说先天性的疾患）对于他们人生的影响。这样的一个纪录片既是记录和展现，也是一种关怀和垂问，一方面我们跟随镜头更多地深入到了他们生活的实质层面，另一方面我们也看到了他们工作、生活、情感的艰辛和不易，甚至通过影像表达了对于他们生存状况深深的担忧。

三、本土文化题材

用纪录片的方式去展现"北京"这一座国际化大都市，对于国外的学生来说，他们最关注的不可避免是中国最独特的、最时新的、最独一无二的社会文化现象。因此，在这 8 部作品的选题里面，我们得以看到一些非常具有中国特色的文化现象（文化事件）被这些创作者们所关注，并且深入地用纪录片的形式去挖掘其背后的文化深意。

《广场舞》所聚焦的文化现象几乎可以说是近年来国际上对于中国特色文化关注中最重要的关键词了。如今无处不在的广场舞，成为具有庞大系数的中国中老年人群业余文化和精神生活的重要构成部分。这个纪录片从原因和现象两个层面进行了不同程度的展示和探讨，让我们看到了广场舞的起源、发展、壮大并且现在越演越烈的发展态势，同时也从另外一个角度探讨了它所带来的弊端。这样对于当代中国最热门的文化现象的深入展现和剖题，成了这部 10 分钟的纪录片最有价值的地方。这个选材也成了美国的学生们最先对中国城市感兴趣的焦点所在，并且最终在拍摄完成之后，创作者引领观众深入理解了这种现象背后的历史原因、社会文化原因，也成了这部纪录片最有价值的地方。

从《相亲公园》这部纪录片的标题我们可以看出，它聚焦的题材是当代中国最具有话题性的另一社会热点现象。相亲公园不仅在热门的影视剧中无处次地出现，也几乎是现代城市婚恋观念最本土式的体现——在公共场合进行集体的相亲，由父母拿着子女的照片像浏览商品一样地一一筛选和配对，这样"壮观"的场面对于国外的学生来说，没有比这更新奇的事情了。这样的现象背后则是中国传统文化和都市社会发展相博弈之下残留的社会问题，它实际上是传统的婚恋观的一种变相的"畸形"体现。对于美国这么一种更主张自由恋爱和自我意识的文化来说，这样的形式的根本动因则是美国学生们最关心和最关注的，也是最不能理解的。这个纪录片从不同的视角记录了这样的相亲过程，另一方面也提出了巨大的质疑，这样的方式究竟是否真的有效并且正确？

《中传夜未眠》这样一个题材，则是完全来源于美国人对于中国人生活方式的费解，尤其是在中国城市化高速发展的今天，人们的夜生活越来越丰富，越多的人成了生活在晚上的人。这部纪录片则记录了在中国传媒大学附近晚上游荡着的这些人群，它们在深夜 12 点之后各自的生活方式——纪录片从不同的人物、不同的视角出发，来记录 12 点之后活跃在大学附近的人们的生活，最终从现代城市发展的角度中提出了对于"黑夜文化"的看法和认知。

《芸芸狗生》则更是关注了一个世界性的热门议题：动物保护话题。纪录片以一个专门热衷于收留流浪狗的阿姨作为切入点，开始走访一系列的爱心人士、小区居民、宠物店老板及狗贩子等，由浅入深地揭示了为什么有这么多被遗弃的流浪狗。从这些现象出发，影片最终给了我们一个特别重要的警示——对待小动物也像对待个体生命一样需要具备责任感和公德心。与此同时，通过一系列走访，也让这样一个关爱动物的议题上升到了更高的空间，来质询对于动物保护的法律完善问题和道德准则的规范问题。

  综上所述，从 8 部纪录片的选题角度，我们得以看到当下艺术创作对于文化和城市的关照。从国际性视野来看，中国学生和美国学生的思维和兴趣点几乎都开始趋向一致，究其原因一方面是因为当下国际文化和交流更加频繁，互联网思维下的新一代创作人对于世界的了解近在方寸之间，他们所面临的、感知的、深入理解的关于异国他乡的问题并不像以前那般遥远，所以我们能够从中很明显地感受到现代化的信息科技发展对于文化交流和文化认同的重要性；另一方面，从大的兴趣点上来看，我们可以看到两国的学生所关注的话题也正是艺术创作关注的那些最具有社会价值和文化内涵的问题——对于边缘群体（弱势群体）的关注，试图去理解它们的行为和生活状态；对于具有本土特色的热门文化现象的关注，试图去深入探讨它们产生的根本原因和文化根源。这些由选题带给我们的思考，或许能成为现代文化交流和艺术创作过程中特别重要的启发和反思。

（向璐舜 北京信息科技大学 北京 100192）

跨文化交际：动物习语的影响因素及翻译策略研究

张广奇

摘　要：语言根植于具体的文化之中，动物习语的翻译是两种语言的文化转换。本文基于巴斯内特的文化功能对等观，以分析地理环境、历史典故、宗教信仰和风俗习惯四个影响因素为切入点，详细介绍其文化背景，运用相应的翻译方法把动物习语从一种文化背景下完美地转换成另外一种不同文化之中的语言。通过对英汉动物习语的文化信息探究，可以清楚地发现动物习语所具有的地方特色及其所承载的民族文化含义。

关键词：动物习语　文化背景　翻译策略

一、引言

习语具有短小精悍、干净利落、言简意赅的特点，仅用寥寥数语就能把意义、神情传达无余，令人回味无穷，难以忘怀。习语是从语言中提炼出来的短语或短句，可以说是语言的核心和精华。如果没有习语的出现，那么语言也会变得枯燥、乏味。对于习语的恰当、准确使用能够增加语言的表现力和张力，由此可见习语翻译的重要性。

英语 idiom（习语）源于希腊文中 idioma 和 idiomatikos，原意是指"特殊"或"特殊的"。

《韦氏新二十世纪字典》（*Webster's New Twentieth Century Dictionary*）（1978）中对 idiom 的第一解释是：The language or dialect of a people, region, class, etc.（一个民族、地域、阶级等的语言或方言）。所以，习语是其文化、地域、时代、思想背景及方式等的一种特殊语言表达法（江峰，丁丽军，2009）。

《新牛津英汉双解大辞典》（*The New Oxford English-Chinese Dictionary*）（2007）认为，idiom 可以被翻译成"成语"，指的是"整体意义不能从组成词的个体义推理出的定型词组"（a group of words established by usage as having a meaning not deducible from those of the individual words）。

《牛津高阶》（*Oxford Advanced Learner's Dictionary of Current English*）（1997）将 idiom 翻译为"习语；成语；惯用语"，认为习语是"整体意义与组成词的个体意义没有明确关系的短语或句子，必须作为整体单位学习"（phrase or sentence whose meaning is not clear from the meaning of its individual words and which must be learnt as a whole unit）。

《钱伯斯百科辞典》（*Chambers's Encyclopaedia Dictionary*）（1994）认为 idiom 也可以翻译成"习语；成语；惯用语"，是"整体意义无法从构成的词的个体意义推测或衍生出来的词语"（an expression with a meaning which cannot be guessed at or derived from the meanings of the individual words which form it）。

世界著名语言学家大卫·克里斯特尔认为 idiom 是"意义上受限制和句法上常受限制、作为单个语言单位使用的词组；从语义角度来说，不能将个体词的意义累加以获得'习语的'整体意义"（…a sequence of words which is semantically and often syntactically restricted, so that they function as a single unit. From a semantic viewpoint, the meanings of the individual words cannot be summed to produce the meaning of the "idiomatic" expression as a whole）。

汉语习语所包含的语言形式较多，既包括四字格成语、典故，也包括三字词组居多的习惯用语，同时还包括来自民间以短语居多的谚语、歇后语等口头俗语。

习语是由两个以上的词在习惯上的搭配，是一种非常独特的语言表达方式，结构是固定的，不能随便更改，对于习语的理解切不可望文生义。这种特征归根到底是一种历史和文化的沉淀。习语是历史流传下来的精练语言，有着极其丰富的文化底蕴，记录了不同民族的历史，反映了不同民族的社会生活，折射了不同民族的文化心态和思维方式。

从古至今，人类与动物一直有着不可代替的密切联系，因此人类语言文化中包含了大量有关动物的习语，由于中西方存在各种差异，其中包括地理环境、历史典故、宗教信仰和风俗习惯等，从中可见中西方语言学中动物寓意的不同，所以对动物习语进行翻译工作时，既要认识不同的文化，也要遵守翻译原则以及运用正确的翻译策略。

二、文化功能对等观

巴斯内特（2004）对文化功能对等观的阐述主要在与勒菲弗尔共同主编的《翻译研究》（*Translation Studies*）专著中，这种对等观蕴含三层含义：首先，翻译过程中必须考虑语言背后的文化因素，因为任何一种语言与载荷它的社会文化都具有不可分割的联系；其次，"对等"（equivalence）绝不意味着"同一"（sameness），而是有着不同的层次，如词汇对等、语法结构对等、功能对等，如果把语言背后的文化因素纳入关照范围，功能对等为权宜之计；最后，要使译文在目标语文化中发挥的功能与原文在原文化中发挥的功能相同，翻译过程中必须进行文化转换。

然而，译文与原文之间如何才能取得功能对等呢？对于翻译中的文化因素，我们又该如何处理呢？巴斯内特和勒菲弗尔认为，要达成两者在功能上的一致，译者就不得不对原文进行大量的调整（substantially adapt）。对原文"进行适时的文化整容，也只有这样才能在文化视野的关照之下充分地满足'功能等值'概念现在所具有的全新内涵"（傅勇林，2001）。确切地说，巴斯内特主张通过文化转换的方式来取得功能上的对等，就成语翻译而言，如果目标语中有表达相同含义的成语，她主张直接用目标语的成语替换原语的成语。

巴斯内特强调，翻译中不同功能的对等只是翻译的手段而已，而文化转换才是翻译的目的。翻译就是要满足目的语文化的需要，或特定群体的需要。然而，巴斯内特的功能对等理论上并没有做系统阐释，事实上仍然依赖语言功能理论。

因此，翻译过程既受目标语文化需要的制约，同时还受原语与目标语所隶属文化在世界大多元文化系统中的地位的制约。翻译过程实际上是两种文化协商（negotiation）的过程，是译者权衡各种文化因素最后做出抉择的过程。

三、动物习语的影响因素

（一）地理环境

自然环境是人类赖以生存和发展的基础，不同的自然环境对民族文化的形成和发展有着不同的影响。

中英两个民族在生态地理环境上差别较大，中国自古以来就是农业大国，以牛耕为主，汉语文化中对牛多有偏爱，形容人时多采用牛为喻体，如"健壮如牛"。而英国是个山小地狭的岛国，古代主要靠马耕，牛用来产奶，所以同样表示人身体健壮，英文中用的却是"as strong as a horse"。中文"风马牛不相及"的英语是"a horse of another color"。"吹牛"在英文中成了"talk horse"。"iron horse"翻译成中文是"铁牛"。而中文中常见谚语"饿得可以吞下一头牛"则翻成英文"I'm so hungry that I can eat a whole horse"。还有更常见的一对"You can take a horse to the water but you cannot make him drink"，汉语是"牛不喝水强按头"。

另外，由于英国四面环水，"fish"成了人们生活中司空见惯的寻常之物，因此英语中也就有了许多与鱼有关的习语。如中文中的"牛饮"在英文中就是"drink like a fish"。在英语口语里，"fish"常被用来指"人"，类似于汉语里的"家伙"。如：a poor fish（可怜虫），a big fish（大亨），a cool fish（无耻之徒），never offer to teach fish to swim（不要班门弄斧），等等。

（二）历史典故

英汉两种语言中还有大量与动物有关的由历史典故形成的习语，这些习语结构简单，生动有趣，寓意深刻，往往不能单从字面意义去理解和翻译。

如"对牛弹琴"来自汉代牟融《理惑论》："公明仪为牛弹清角之操，伏食如故。非牛不闻，不合其耳矣。"如果直译为"play the lute to a cow"，西方人不一定能理解其义，而《圣经》中有这样一句，Jesus says："Do not give what is only to dogs, and do not throw your pearls before swine, or they will trample them under foot and turn and maul you."因此，如果译为"cast pearls before swine"更确切。

虽然中文也有相似典故"亡羊补牢"（Lock the door after the horse has been stolen），但"亡羊补牢"指走失了羊，赶快修补羊圈，还不算晚，比喻失误后及时补救，有为时未晚之意。而这句英文在字典中是指"try to prevent or avoid loss, damage, etc. when it is already too late"，因此译为"mend the fold after a sheep is lost"更贴近原意。类似的成语很多，如"守

株待兔"，如果翻译时直译"watch the stump and wait for a hare"，外国人可能会感到一头雾水，可译成"wait for gains without pains"。

在西方典故中，狡猾的狐狸是专门要偷吃鹅的，因此，英语中"set a fox to keep one's geese"（让狐狸看鹅）指"倘若把鹅给狐狸去看管，是送羊入虎口，自找祸患"。汉语里没有这样的典故，因此在中国人看来会觉得莫名其妙。但汉语里有一个接近的典故"引狼入室"（出自清代蒲松龄《聊斋志异·黎氏》："再娶者，皆引狼入室耳，况将于野合逃窜中求贤妇哉"）。它表达的意思是"自己把坏人引入内部"，恰巧与"set a fox to keep one's geese"意思对等。"塞翁失马"典故出自《淮南子·人间训》，它告诉我们一个道理：生活的道路总是坎坷不平，祸福相随，难以预料。如果译成"the old man on the frontier lost his mare"，难以表达实际含义，如果译成"every cloud has a silver lining"，可能更为传神。

（三）宗教信仰

在远古原始宗教的多神崇拜中，除了自然崇拜以外，动物崇拜也是一种普遍现象。恩格斯引用费尔巴哈的话说：人在自己的发展中得到了其他实体的支持，但这些实体不是高级的实体，不是天使，而是低级的实体，是动物。对某些动物的既依赖又畏惧，使人们把动物当成神灵来膜拜。图腾崇拜是动物崇拜同人们对氏族祖先的追寻相结合的产物。龙崇拜与凤崇拜是其中重要的两支。

龙是远古时代华夏民族的图腾，是传说中一种具有神性的动物，它兼具蛇、兽、鱼多种动物的形象特征。古人认为龙对雨水有种神秘的感应能力，最初将龙作为水之灵物来崇拜，进而又将它作为水神加以祭祀。龙在人们心目中逐渐成为吉祥、美好的象征，进而影响到人们的审美情趣和价值观念。反映在语言上，便是产生了大量与龙有关的词语。例如，以龙比喻英雄才俊的"龙驹凤雏、望子成龙、鱼龙混杂、藏龙卧虎、人中之龙"；以龙形容人气势威武、潇洒超群的"龙章凤姿、龙骧虎步、龙眉凤目、龙马精神"；形容人刚直不阿、地位显赫、升官得志的"龙亢、龙门、龙飞、龙头"；形容生动奔放的"龙腾虎跃、生龙活虎、龙飞凤舞"；等等。在这些词语中，除个别是中性词外，其余的不管是喻人、喻事，还是喻物、喻义，无一不是褒美之词，而且多是极尽褒美之意。

龙并非中国独有。在西方，早在古埃及和古希腊，龙的身影已经出现，希腊和罗马神话中就有许多关于龙的记载。"dragon"源自表示"看守"之义的希腊语。在古代，人们认为龙在看守水中的宝藏。从形象上看，西方文化中的龙也综合了多种动物的特征：鹰、狮子、羚羊、鱼、蛇等，并能吐烟喷火。但与象征权威和吉祥的中国龙不同，西方的龙主要是恶的象征。基督教将撒旦的形象和希腊及其他异教传说中的龙相结合，视龙为恶魔的化身。"dragon"在英语中指"撒旦；恶魔；凶恶的人；严厉而有警觉性的女人；性情暴烈的老妇人"。鉴于此，不少英文报刊都将代表亚洲经济发展奇迹的"亚洲四小龙"译为"four tigers"（四只老虎），以免西方人产生误解。如果中国人说某位是"人中之龙"，那是称赞他是聪颖贤才，极尽褒美之意；可如果听见外国人说"that old woman's a real dragon"（那老妇人真是只龙），这就不是称赞，而是骂她是个"母夜叉"了。

（四）风俗习惯

在不同的社会发展阶段，其风俗习惯也会有所差异，反映到习语上也会有所区分。习语与社会的很多方面都有关系，如政治、经济、生活方式等。例如：

英语中"a feather in your cap"（荣耀），源于印第安人的一种风俗：每杀死一个敌人就在头饰或帽子上加插一根羽毛，以此来显示战绩与荣誉。

又如：

let the cat out of the bag 泄露天机

black sheep 败家子

lead a dog's life. 不幸的生活。

let sleeping dogs lie. 别自找麻烦。

四、动物习语的翻译策略

（一）直译法

直译法是指在符合译文语言规范化的基础上，在不引起错误的联想或误解的前提下，保留动物习语的比喻、形象以及民族色彩的方法。从某种角度来说，直译法就是能够极力保持英汉习语之原意、形象和语法结构，基本上做到既要"形式相当"，又能兼顾"功能对等"。

形式相似、功能对等的习语很多，翻译时可以使用直译法保持原文风格。英汉习语中有一部分相同或近似的习语，这些习语的字面意义和形象意义相同或近似，隐含意义相同。例如：

Barking dogs do not bite. 吠犬不咬人。

One swallow does not make a summer. 一燕不成夏。

The great fish eat small fish. 大鱼吃小鱼。

A rat crossing street is chased by all. 老鼠过街人人喊打。

纸老虎 paper tiger

一石两鸟 kill two birds with one stone

亡羊补牢 mend the fold after a sheep is lost

从上面列举的例子可以看出，在不影响理解的基础上使用直译法，不仅能够在很大程度上避免歧义，同时还有利于中西文化的交流，对英汉语言的词汇也起到了很大的扩充的作用。

（二）意译法

当对动物习语进行直译无法保存其原有的字面意义和形象意义时需要考虑使用意译法。意译法指的是在翻译时不拘泥于原文的形式，追求对原文含义的正确传达，如可将源语中的形象更换成另一个目的语读者所熟悉的形象，从而转达出原文的语用目的，译出隐含的意义。例如：

a lion in the way 拦路虎

like a cat on hot bricks 热锅上的蚂蚁

Better be the head of a dog than the tail of a lion. 宁为鸡首，毋为牛后。

亚洲四小龙 Four Asian Tigers

爱屋及乌。Love me, love my dog.

"这不是打落水狗吗？三先生欠公道，薛宝珠有什么功劳，升她？"（茅盾《子夜》）

"Why, that is kicking a man when he is down! It's not fair and what's Hsuch Pao-chu done that she should be promoted?"

在进行翻译实践的过程中，不一定要严格执行直译和意译的方法，译者应该减少理论知识对自己的限制，灵活采用直译和意译的方法。翻译的最终目的是为了正确传达原文的含义，因此译者需要对自己的翻译基本功进行磨炼和夯实，在翻译时，灵活选用翻译方法。

（三）加注法

有时，一些句子直译和意译都不是理想的手段。在这种情况下，如果不想费脑筋再造或移植英文双关，最常用、最安全、最省事的办法就是加注法。无论多复杂的语言现象，总是能够讲清楚其中奥妙的。例如：

crocodile tears. 鳄鱼的眼泪——假慈悲。

Not for nothing does a weasel pay a new year visit to a chick.

黄鼠狼给鸡拜年——没安好心。

采用加注法进行翻译，可以使读者读完脚注之后有一种恍然大悟之感，这样的翻译既保留原文形式，又不失原文风韵。

（四）套译法

由于英汉两种语言的差异和不同的民族文化背景，习语中翻译有时需要转换为译语读者所熟悉的形象进行翻译。这些习语在内容上和形式上都相符合，即对某一具体问题的思维方式和结果以及具体的表达形式有不谋而合的情况，两者不但有相同的隐义，而且还有大体相同的形象和比喻。因此可以使用套译，达到语义对等的效果。例如：

露出马脚 ins and outs

不入虎穴，焉得虎子。Nothing venture，nothing have.

初生牛犊不怕虎。Fools rush in where angels fear to tread.

一朝被蛇咬，十年怕井绳。Once bit，twice shy.

杀鸡用牛刀。Use a sledge hammer to crack a nut.

才出狼窝，又落虎口。Out of the frying-pan into the fire.

rain cats and dogs 大雨倾盆

let the cat out of the bag 泄露天机

lead a dog's life. 不幸的生活。

let sleeping dogs lie. 别自找麻烦。

a bird of ill omen. 不吉利的人。

snake in the grass. 潜伏的危险。

the lion's share. 最大的份额。

as meek as a lamb 非常温顺

keep the wolf from the door 免于饥饿

have a wolf in the stomach 极度饥饿

Enough is as good as a feast. 知足常乐。

Fish begins to stink at the head. 上梁不正下梁歪。

Never offer to teach fish to swim. 不要班门弄斧。

Money makes the mare go. 有钱能使鬼推磨。

Last night, I heard him driving his pigs to market. 昨夜，我听见他鼾声如雷。

You've no call to sweat to me, madam. You didn't buy me. We've all birds of a feather——all slaves here. Why go for me?

姨奶奶犯不着来骂我，我又不是姨奶奶家买了。"梅香拜把子——都是奴才"罢咧！这是何苦来呢！（曹雪芹《红楼梦》）

（五）变通法

英汉典故的翻译并没有一成不变的模式，可根据具体语言环境以及典故的实际功能等因素灵活处理。在某些情况下，采取灵活变通的手法有助于再现原作的神韵。例如：

"Oh, tell us about her, Auntie", cried Imogen, "... she is the skeleton in the family, isn't she? ... "

"She was much of a skeleton as I rememberher", murmured Euphemia, "Extremely well covered. "

"哦，把她的事儿讲点给我们听听吧，好姑姑，"伊摩根嚷嚷着，"……听说她是咱们家衣柜里的骷髅，是真的吗？……"

"哼，我记得她模样可不怎么像骷髅"，尤菲米亚咕噜了一句，"那一身肉肥着呢。"

"skeleton"一词的原意是"骷髅"，在典故 the family skeleton 或 skeleton in the cupboard 中则指的是"家丑"。而译文则通过变通的方式，对 the skeleton in the family 及后一个 skeleton 均进行了直译，不仅将原文信息准确地传达出来，又再现了原文一语双关的机智与风趣。

五、结语

语言是文化的载体，一种语言不仅反映了一定的文化特色，同时还受到这种文化的影响和制约，文化背景是译者在翻译过程中有必要了解的。因此在翻译这些动物习语时，具体情况具体分析很重要，力争在保持原文习语的比喻、联想以及修辞效果的特色基础上，采取行之有效的翻译方法。这样才能更好地达到跨文化交际之目的。

参考文献

［1］ Tytler, F. A. *Essay on the Principles of Translation.* London：J. M. Dent & Sons Ltd, 1907.

［2］ Bassnett, S. and Lefevere, A. *Translation, History and Culture.* London and New York：Pinter Publishers, 1990.

［3］ Walter, E. *Cambridge International Dictionary of Idioms.* London：Cambridge University Press, 1998.

［4］ Nida, E. A. *Toward a Science of Translating.* Leaden：E. J. Brill. , 1964.

［5］ Nida, E. A. *Language Culture and Translating.* Shanghai：Shanghai Foreign Language Education Press, 1993.

［6］ Kramsh, C. *Language and Culture.* Shanghai：Shanghai Foreign Language Education Press, 2000.

［7］ 巴斯内特，勒菲弗尔. 翻译研究［M］. 上海：上海外语教育出版社，2004.

［8］ 邓炎昌，刘润清. 语言与文化［M］. 北京：外语教学与研究出版社，2003.

［9］ 傅勇林. 译学研究范式：转向、开拓与创新. 中国翻译［J］. 2001（5）.

［10］ 胡文仲. 英美文化辞典［M］. 上海：外语教学与研究出版社，1995.

［11］ 林明金. 简明英汉语言文化词典［M］. 上海：上海外语教育出版社，2003.

［12］ 江峰，丁丽军. 实用英语翻译［M］. 北京：电子工业出版社，2009.

（张广奇 北京信息科技大学 北京 100192）

文化产业化过程中发展动力的转换

刘庆振

摘　要： 由于传统的文化事业思维的根深蒂固，我国文化体制呈现出条块分割管理、文化资源分散、缺乏优化配置的局面，不仅加重了政府的财政负担，也无法形成规模效应，不利于提高国内文化产业的竞争力，使得中国文化不但无力走出去，就连在国内面临"门口的野蛮人"之时都不堪一击。近十几年来，文化产业的概念不断升级与衍生，中国文化产业进入了一个快速发展期。文化产业的概念实质上服务于国家产业政策的实施，提出文化产业概念，实质上意味着需要借助于国家政策的力量，支持我国的文化事业实现稳步发展与转型。本文重点分析了文化发展从事业向产业转变过程中的动力机制转换，并指出，产业化是我国文化发展从非产业性质到产业性质的质变过程，这一转变能够促进我国逐步形成初具规模的文化产业格局。

关键词： 文化产业　产业化　动力机制

一直以来，我国的文化领域长期处于事业管理体制之下，文化发展在相当长的时间内很难突破这种事业管理带来的束缚。近年来，随着文化体制改革的深化，文化产业化的步伐也逐渐加快，实际上，文化产业化所带来的深层次的变革，涉及了诸如顶层设计、意识形态、经济监管以及原有体制形成的政治、社会、经济关系惯性等很多层面，而不仅仅是文化领域的问题。当然，文化产业化的进程更多的是在我国现有的法律制度、伦理规范、产权安排、权力配置、社会成员的激励机制等制度框架内发生的，但即便如此，它仍对我国文化发展将会产生重要影响，因为在这一进程中，我国文化发展的动力发生了重要转换。

一、文化从行政体系进入市场领域

关于产业化，钟杏云在《产业化发展阶段论》**❶** 中明确指出：①从产业角度来说，产业化是指形成产业的产品、服务或其活动从不具有产业性质（或状态）逐渐转变到充分具有产业性质（或状态）的全过程；同时也包括形成产业的产品、服务或其活动从较少具有产业性质（或状态）转变到较多具有产业性质（或状态）的过程。②从市场化的角度来理解，产业化包括市场机制对形成产业的产品、服务或其活动从不发挥作用到充分发挥作用的过程，其中包括从较低程度地发挥作用到较高程度地发挥作用的发展过程。③从市场化范围的角度来说，产业化包括市场机制对形成产业的产品、服务或其活动从不发挥作用到所有范围都发挥作用的发展过程，其中包括从较小范围发挥作用到较大范围发挥作用的发展过程。④从规模化的角度来理解产业化，包括市场机制作用下的产品、服务或其活动在规模上从无规模到充分规模，包括从较小规模到较大规模的发展过程。

这样看来，"产业化"的完整内涵既包括了"产业化"的转变过程，也就是产业形成和发展的过程，是以市场为导向，以相关产业为依托形成完整的产业群/链实体的规模扩大和结构演进的过程；同时，它又包括了"产业化"的结果，也就是由非产业到产业的性质的转变。

具体到我国的文化产业而言，产业化并不是将原来的文化事业全部转换为文化产业，而是改变我国文化事业独大、文化事业与文化产业发展比例不协调的状况，是将一部分市场能够做好的文化内容由事业性质转变为产业性质，是形成产业性质的文化内容逐步增加并最终具备一定规模、文化事业和文化产业相互促进协调发展的格局。因此，结合《产业化发展阶段论》的观点，我国的文化产业化主要是去行政化、市场化和规模化。这里，我们不重点讨论哪些具体领域可以产业化，哪些具体领域还需要保留事业属性，而是主要来考察那些可以市场化的文化领域在从行政体系进入市场竞争的过程中，发生了哪些重要的转变。

二、文化事业成长的真实动机

需要明确的是，这里我们更倾向于把国有文化企业看作是与文化事业

---

❶ 钟杏云. 产业化发展阶段论 ［J］. 技术经济与管理研究，2003（2）.

单位性质近似的非市场主体或类事业单位，因为无论是国有文化企业还是事业，它们都处在行政化、官僚化的等级体制当中，这些企事业单位的管理层，在党政体系内都有一定的级别，在党政事务管理方面也都具有重大的影响力，各级电视台的台长、各大高校的校长、各大国有文化集团的高管等都有一定的级别，如副部级单位、正局级台长等，邓亚萍就是 2010 年出任人民网的正局级高管。在文化事业或者类事业单位中，所有重要岗位人员的任命、晋升以及职务解除都是由各级党政机关决定的，而不是由这些单位管理层的业绩和能力决定的。

可以看出，行政因素对于文化企事业单位是"无孔不入"的，它通过文化本身的意识形态属性、党政机关的权力结构和组织纪律等——而不是市场竞争和经济利益——将文化领域的管理精英们凝聚在了一起，也因此，党政事务与文化事业纠葛在了一起。文化往往沦为政治的附属产品，本身没有获得长足发展的空间。然而，即便在这种状况下，文化事业的发展也并没有止步不前，而是呈现出了明显的增长。例如，1978 年全国共有博物馆 349 座，群众艺术馆 92 家，文化站 172 个，到 2008 年全国有公共图书馆 2279 座，文化馆 2727 个，文化站 40608 个，博物馆 1722 个；政府间文化交流活动数量 1979 年为 194 起，2006 年对外文化交流活动为 3745 起。❶

是什么样的动机促使文化事业单位努力工作并扩大文化发展的规模呢？匈牙利学者雅诺什认为：政治和道德动机、工作认同感或职业荣誉感、权力与晋升、威望、物质福利、平静的生活和害怕惩罚等多种因素成为国有企事业单位成长的重要动力。❷ 可以看出，虽然存在成长的动力，但是这种动力明显不是以市场为导向的，而是以政治为导向的，尤其是管理者们个人职位的升迁与文化事业单位的发展状况仍然存在很大的相关性。即便是这些动机中也会掺杂着经济的回报，但这些明显都不是文化事业单位内生成的成长动力，无法使这些单位的管理层建立起真正的主人翁精神。然而，他们已经对这种体制形成了一种惯性依赖，因此，雅诺什所提及的这些动机也能够在一定程度上转化为事业单位成长的某种动力和实际行动。但是，这种政治的动力究竟在多大程度上真正促进了文化的发展和繁

---

❶ 在改革创新中繁荣发展——改革开放三十年中国文化事业发展回顾［N］. 经济日报，2008－12－04（10）.

❷ ［匈］雅诺什. 社会主义体制：共产主义经济学［M］. 北京：中央编译出版社，2007.

荣，却是有待考察的。这种升迁动机与文化发展之间的动力和目的错位状况，更深层次的原因在于国有资本主导下的文化企事业单位的产权安排。

三、产权不清造成的动力不足

产权是经济所有制关系的法律表现形式，它包括财产的占有权、收益权、处置权、支配权等多种权利，而且具有排他性，非权利所有者必须在得到所有者许可的情况下，才能够使用所有者的产权，未经允许，任何人都无权随意获得这些权利。在我国国有制的条件下，文化事业单位的收益权不归任何管理层，而是全部进入了国家财政，党和政府实质上拥有对这些剩余收入的支配权。真正管理着国有形式的企事业单位的这些人，在法律上，除了工资之外，国有资产产生的收益分毫都不能进入他们的腰包，业绩的好坏与所有者的收入没有直接关系。当然，他们也不承担任何损失。此外，国有的产权形式也是不能买卖、出租、赠送、继承或者滥用的，因为这样做非常容易造成"国有资产流失""利用职务之便收受贿赂"等经济犯罪，比如广州日报原社长黎元江因收受他人财物（共计人民币33万元、美元1.9万元、港币1万元）被判刑入狱，这在某种程度上也要归咎于现有产权关系造成的激励不足。

这样，无论国有的文化事业还是文化企业，都形成了一种行政特征明显的产权关系，在这种关系中，财产的非人格化走到了极致，"甚至变成了无主之物，名义上属于国家的所有人，实际上不属于这个国家的任何一个人"❶，不存在人格化的清晰的产权界定。这也恰恰正是为什么前文我们更愿意把国有文化企业看作是一种类事业单位的重要原因，它自身没有强劲的利润动机。在我国传统的文化事业思维惯性之下，甚至在很多政府官员和学者眼中，国有文化企业和文化事业之间都不存在本质的区别，所有产权均适用于这两种机构，它们只是不同形式的国有财产罢了。

既然是国有财产，那么任何一个电视台、报社或者文化企业的发起设立和清算退出也都由党政机关说了算，文化事业单位的生死、管理层的任免都不取决于市场竞争的自然选择，而是由行政机构掌握，行政命令而不是市场竞争协调着所有企事业单位的文化活动并将整个文化体系整合在一起。因此，作为管理层，他们的动机显然是政治上的升迁，而不是以"财

---

❶ ［匈］雅诺什. 社会主义体制：共产主义经济学［M］. 北京：中央编译出版社，2007.

产主人"的眼光去促进国有资产的增殖。

四、产业化为文化发展转换动力

事实上，只有对人格化的所有者而言，才具有真正意义上的收益权，即对收入剩余部分享有的支配权，所有者有权利自主决定如何使用这部分剩余。同时，他也有义务承担起财产使用过程中产生的所有债务。这在根本上提供了对财产所有者强有力的激励，这种激励是建立在所有者对于将自有资本（无论这种资本是货币、人力还是其他形式）投入文化领域能够产生可观利润的预期之上的。而只有文化领域从行政体系的管控之下真正进入市场竞争机制之中，这种激励才能最大限度地发挥它的作用。尽管市场竞争中，民营资本也会考虑政治因素，但他们都是以利润作为自己行动的根本指南，他们所面临的最重要的责任就是经济责任——提高公司现在和未来的盈利能力和利润水平。这种动力和增长是主动的、内生的，而国有资本主导的文化增长是强制的、被动的、行政化的。因此，文化产业化实际上是文化增长过程中发展动力的转换。

在文化产业化过程中，资本的增殖首先产生于文化生产领域，产生于对从事文化领域的人力资本的创造性使用。它千方百计地想要提升文化生产效率和生产能力，因为生产效率越高就意味着资本越是能够获得最大限度的利润，而获得最大限度的文化剩余收入，这也恰恰是市场竞争的根本动力所在，这种文化剩余是资本把现有的文化生产力最大限度地转化成了现实的文化生产和文化消费来实现。所以，资本在扩大文化再生产的同时，还在竭尽所能地开拓文化市场、促进文化消费。这是行政体系之下的文化事业单位管理层所忽视的，他们主导下的增长不是以市场为导向的增长，党政机关指导下的事业单位认为他们比大众更了解自身的文化需求，这种文化领域的家长制管理总把大众当作孩子来监护。而市场导向的资本无限增殖的本性造成了以大众文化需求为导向的产业扩张，也刺激了大众的文化购买力。同时，我们还看到资本对于文化消费的世界市场的青睐，如好莱坞大举进军中国市场、中国文化呼吁"走出去"等，资本的逐利性质驱动着文化产业去扩展更大的空间。

文化产业化是文化增长的逻辑起点和发展动力的转换，是国有资产控制的文化事业单位逐渐退出部分文化领域的过程，也是非国有资本积极进入文化领域、活跃文化市场的过程。资本进入文化领域的本质就是将文化商品化、货币化、产业化，最大限度的经济效益是衡量一切行动的最高标准。文化的产业化发展恰恰体现了这样的要求。从这个角度看，文化的产业化发展必然以经济效益为最终指针，离开了这一点，文化的产业化就失去了必要性，也不可能形成真正的产业化，产业化的核心就是以资本的方式进行生产和消费。通过这一视角来考察文化产业化，我们也就能够清晰地掌握文化领域的哪些部分不允许民营资本进入，哪些可以进入，哪些部分需要保留事业属性，哪些可以进入市场竞争并快速地形成规模效益。

五、结论：产业化提供了我国文化发展重要动力

文化产业化的过程不仅是文化走向市场、扩大规模的量的积累，而且更关键的是它是对新中国成立后逐渐形成的文化事业管理体制最深刻的改革，是对文化发展动力以及存在于文化领域更深层次的产权关系的质的变革。即便是运用行政手段快速推进文化产业化的进程，或者市场极力呼唤加快产业化的步伐，我们也必须清楚地看到，它与国家经济结构的转型、文化消费市场的形成、金融投资体系的完善以及信息技术革命的发展等互为因果，因此，它是一个逐步变迁的过程，无法在一夜之间快速完成。然而，我们绝不能以此为挡箭牌刻意忽略或者认为其阻碍文化产业化进程，"产业化过程中改革进程越慢，受到的阻力越大，需要冲破的障碍也越多。其中存在一个窗口期的问题。所谓改革窗口期，是在最合适的时机进行改革，错过就意味着更大成本。"❶ 可以看到的是，近十几年来各种支持产业化文化体制改革的政策不断对原有的事业管理方式进行了有益的调整，促进了部分文化领域从事业属性向产业属性的转变，而且，这一进程仍在继续。它在转换文化产业发展动力的同时，也完善了我国文化生产的市场激励机制，充分赋予了文化创新及管理人才以产权自主，而这一点本身就有着巨大的内在价值，为那些希望进入文化领域的货币资本和人力资本提供了机会，也弱化了他们对行政体系和政治事务的关注度，从而真正有动力也有精力促进我国文化的大发展和大繁荣。

（刘庆振　北京信息科技大学　北京　100192）

❶ 黄升民，马涛. 媒介产业化"再思考"［J］. 中国广播，2013（10）.

宗教·哲学与跨文化

冲突、对话、合作、融通和整合
——时间维度中的宗教关系
儒释会通视域下的张载理学思想研究
再思"牛津辩论"
传统佛学与现代心理学对比研究的开拓性尝试
——评《五蕴心理学——佛家自我觉醒自我超越的学说》
老子文化的海外传播

冲突、对话、合作、融通和整合

——时间维度中的宗教关系

刘东超

摘 要： 历史上的宗教关系中包含着冲突、对话、合作、融通和整合五种因素，在不同时代这五种因素所占比重不同、发挥功能的大小不同。在总体上，其融通和整合将越来越多，冲突越来越少，这预示了人类宗教关系发展的方向。在这一方向上，统一的世界宗教或许可以期待，虽然它的出现会非常遥远和艰辛。

关键词： 时间维度 宗教关系 整合

在逐渐增速增力的态势中，人类在数千年中创造的各个传统文明被压缩到一个小小村庄——地球村中。以前被山川海洋隔开的多种文明关系不得不进入人类的现实视野之中，其中最具典型意义的是诸大传统宗教之间的关系。可以毫不夸张地说，宗教关系是目前人类亟需处理的最为重要的关系。这是因为，处理不好这一关系就没有世界的和平。

那么，人类诸宗教在历史上的关系又如何呢？它又以什么样的形态延展向未来呢？在本文看来，宗教关系在时间维度上包含着最为重要的五种因素——冲突、对话、合作、融通和整合。不同论者对于这些因素有不同把握和划分标准，可以表述得更为细密和精微（如将其中一种划分为不同阶段和类型），也可以表达得更为简洁和粗糙（如仅谈冲突和对话两种，实际上是将后面三种收入对话之中）。但不管怎么说，这里所提的五种因素无疑是宗教关系中相当重要和关键的成分，故本文从便于理解和表达的角度仅进行这样的表达。在从古至今以及未来的时间中，宗教关系中的这五种因素都长期存在。但是，它们在不同时代的比重是有所差异的，在不同阶段对人类现实生活的影响也大小不同，而这一差异反映着人类宗教关系的走向。大致说来，在历史上宗教之间的冲突多一些、剧烈一些，在今天对话和合作已经在全球规模上展开，而在未来，融通和整合应该发挥更为重要的作用。

一

在历史上，人类各种集团和个体之间有多种多样的冲突，其中宗教引起的冲突在其中占有相当大的比重。宗教之间的冲突不仅表现在各大宗教之间，而且表现在不同教派之间；不仅表现在思想层面的争论中，而且表现在现实权益的争夺中，甚至表现在血淋淋的暴力活动和军事斗争中，而这三者在相当多的时候是相互联系的。这些冲突给人类带来了巨大的、无可挽回的灾难。例如，第一次十字军东征于 1099 年 7 月攻陷耶路撒冷之后，在 7 月 15 日傍晚将此地所有的犹太人驱赶到会堂中烧死，当时就屠杀了两三万人。而断断续续达 200 年的 10 次十字军东征的主要内容就是对异教徒的暴力。再如，1572 年在法国天主教徒针对新教徒胡格诺派的圣巴托洛缪大屠杀（Massacre de la Saint – Barthélemy）中，就有 10 万人被杀害。中国历史上虽然没有爆发大规模的宗教战争，但在"三武一宗"灭佛这样的重大事件中也可以看到宗教冲突的影子，其危害也是相当巨大的。直到 20 世纪，宗教或教派冲突仍然以大量人口死亡作为代价。长期以来印度教和伊斯兰教的冲突造成了巨大的人员伤亡和财产损失。而 1992—1995 年的波黑战争造成了 27.8 万人死亡，毫无疑问，这和东正教与伊斯兰教、天主教之间的矛盾密切相关。要知道，在战场上互相屠杀的波黑穆斯林和信仰东正教的塞尔维亚人本来就是一个民族，既有血缘联系又使用同一种语言，可就是宗教信仰的差异才造成了这样令人发指的恶果。近年来，尼日利亚乔斯高原上基督教和伊斯兰教的冲突也造成成百上千的人员死亡，其中多数是妇女和儿童。因此，避免宗教冲突仍然是极为不易且极为必要的工作。

并不夸张地说，历史上的宗教冲突是人类冲突主要形式之一。不同于经济冲突和政治冲突主要是现实利益导致的，宗教冲突的主要特征就是观念差异和信仰分歧。值得深思的是，对于这些冲突，诸大宗教的基本教义都是反对的，或者说，和平相处是人类传统宗教的基本理念。宗教理念和宗教冲突的悖论在历史过程中比比皆是。因此，借助宗教理念反对宗教冲突是一个长期的有价值的工作。

· 48 ·

二

消除宗教冲突的努力在人类历史上以多种方式展开，其中最为直接也最为基本的方式便是宗教对话。也就是在"刀枪入库、马放南山"的情况下，冲突各方平静地坐下来，听取其他宗教的声音，表达自己宗教的认知，使过去敌对的各方共同讨论、加强理解，以期为宗教和解寻求思想基础。莫卧尔王朝的阿克巴大帝就曾积极地推进这一事业。他于1576年在法特普尔·西克里修建了一座礼拜堂（意为"信仰之殿"），挑选各种宗教思想的代表（伊斯兰学者、印度教哲学家、锡克教师尊、耆那教导师和基督教传教士）在这里举行宗教讨论，交流不同宗教对于相关问题的认识。他还亲自主持过辩论会，其意在于促进宗教的相互理解和融合。最终他创立了一种吸取诸教因素并试图融合诸教的新型宗教。在近代中国宗教界，来自挪威的基督教传教士艾香德（Karl Ludvig Reichelt，1877—1952年）和佛教徒展开了长时间的对话，并与近代中国佛教领袖太虚法师成为好友。他多次去寺院和佛教徒进行讨论，并使自己的宣教事业也打上了浓厚的佛教色彩[1]。可以说，前人的这些探索为今天的宗教对话奠定了基础。

当然，最值得注意的还是当代宗教对话运动。在卡尔·拉纳、汉斯·昆、列奥纳德·斯维德勒、阿部正雄、池田大作、雷蒙·潘尼卡、保罗·尼特等思想家的宣传和推动下，这一运动取得了虽然不能说多大但给人以希望的一些进展。我觉得，最值得关注的是普世伦理的工作，1993年数千宗教人士签署的《走向全球伦理宣言》是当代宗教对话最为重要的成果。这一成果最重要之处在于为人类诸宗教和世俗学说的对话寻找到一个基本的前提，那就是"己所不欲，勿施于人"的金规则。虽然还有一些偏狭的势力极力反对普世伦理，但其毕竟是人类诸文明对话的第一步。向未来放眼可以借助佛教的一个词来表达其意义，其"功德"是无量的。

有必要强调的是，我们深深明白，这一对话曾是并将是艰难和曲折的。这是因为其中包含着深刻的悖论。这一悖论来自于诸种"绝对者"相遇之后绝对如何可能的问题。解决这一悖论只能寄希望于历史。其解决的途径是既"听"又"讲"。保罗·尼特对此进行了不怎么冲突的表达。他说："我们不可能有真正的对话，除非双方都既听又讲。对话，正如梵蒂冈文件认识到的，不只是真诚地听；它也要求诚实地讲。在宗教间对话，我们面对的他人是我们不但想拥抱也想与之说话的人。"[2]其解决的动力是人类共同承担着的且对我们压力越来越大的全球责任。

三

在对话的同时和对话之后，展开合作就出现了某些可能性，更为重要的是，合作的现实必要性极为巨大。对此，何光沪的表达是："各种传统宗教影响下的传统社会都正在经历日益加速的现代化进程，因此也都在经受着与现代化并生的那些弊病的折磨，例如环境污染、资源枯竭、都市拥挤、犯罪猖獗，等等。这些弊病的减轻或消除，需要包括各种传统宗教在内的传统文化发挥力量，这就为各种宗教的合作提供了某种基础"[3]。从历史上来看，宗教之间的合作较少。那么，今天宗教之间的合作正好彰显人类在处理宗教关系上的巨大进步。在此，我愿举台湾地区佛教中的济慈团体为例来说明。如学界周知，在证严法师巨大人格的感召和持续推动下，济慈在世界几个国家展开的"大爱"行动取得了令世人瞩目的成果。值得我们深思的是，其中相当一部分成果是通过宗教合作的形式完成的。例如，济慈与基督教的骑士桥国际救援组织（Knightsbridge International）合作，在 1998 年和 1999 年援助阿富汗和科索沃的灾民，2011 年双方三度合作，将济慈运去的食物、药品、衣物交到阿富汗难民手中。可以说，佛教和基督教合作救济伊斯兰教难民的事例为诸宗教国际合作提供了优秀的榜样。而作为基督教思想家的保罗·尼特也和犹太教徒、佛教徒一起保护在美国的中美洲偷渡者，因为其受到原政府的迫害或遇到生活的窘迫，这些不同宗教的信徒还联合起来公开对美国的政策进行抗议。这些宗教合作的事例无疑在极大地更新着世界宗教关系。

在某种意义上，面对共同的天灾人祸展开宗教间的合作是较为容易开展也会得到巨大成就的工作。在此有必要说明的是，这一工作首先需要突破一些偏狭的成见，即对其他宗教无条件的绝对排斥态度。其次，应该在具体程序和细节上进行恰当周妥的安排，以避免合作过程产生意外的消极后果。而一旦能够有效地进行合作，将会极大地改变对其他宗教的既有看法，极大地改善宗教间交往的气氛，为积极地处理宗教关系打下坚实而良好的基础。

四

通过对话和合作，诸宗教寻找融通空间就成为可能。这里的融通当然包括现实关系中的尊重、包容、融合和贯通，但更主要的还在于寻找理论和思想的相同处、相容处、互接处、互补处。对此，已经有许多先驱进行了多种探索。现代印度的"圣雄"甘地提出了"真理就是神"的观念，他认为由于不同宗教和思想派别的理解不同，"神"这一观念容易引起歧义和纷争，不如以各方都能接受的"真理"概念来表达。每个信徒都有自己内在的神性，这就是真理性，也就是人人内心本具的爱和善。也因为有了这样的爱和善，不同宗教的信仰者就可以联合起来。这里，他进行的就是不同宗教最基础层面的融通工作。上文所引艾香德也曾经进行过基督教视角上的融通探索。例如，他认为佛教中作为人类本来面目的"真如"即源于上帝位格。他还认为佛教的"因果轮回""因缘和合""本体现相"等其实都是基督教上帝观的另一种表述"[1]。应该说，其努力方向是值得肯定的。当代神学家约翰·希克则认为存在一个终极的神圣存在："我们的宗教经验，受到我们的宗教概念套数的多样化塑造，是对终极神圣实在的普遍临在的认知回应，这实在本身则超出了人类的概念化能力。这实在显现给我们的方式是由诸多种类的人类概念形成的，宗教史上的神圣位格与形上非位格都见证了此点。"[4]这里，希克在宗教所信求的"绝对者"的问题上来追求诸宗教的融通，这是宗教学中最为基本的层面，其所谈论的问题也是相当根本的问题。可以设想，在这样的层面和问题中如果能够取得共识性的进展，将是人类诸宗教在融通道路上的巨大成就。

毫无疑问，诸宗教理论的融通涉及极为复杂的理论问题和丰富多彩的内容。简而言之，应该关注的最重要的两个环节或因素是经验和语言。对于前者的处理必须基于现代科学的实证原则。对于后者的处理应该基于功能（沟通）原则。实证原则是人类在近几百年间取得文明进步的重要基点。功能原则是语言存在的意义所在。提出这两个原则的目的是更好地展示超越者和被超越者、绝对者和相对者、人之内和人之外、此岸和彼岸之间的关系。而这些表述本身就是试图在诸宗教之中找到融通载体。

五

在前四步的基础之上，第五步是在一个更大的思想空间中整合各个宗教和信仰系统，在动态之中给出各自的合理性和价值。建立世界宗教的统一性，其中包括入世系统和出世系统、信仰系统和实证系统、理念层面和生活层面。最为根本的地方在于其中存在一种结构化关系。对此，世界宗教界有多种多样的探讨。早在 19 世纪，印度教的著名改革者室利·罗摩克里希那就提出"人民宗教"的观点。他的看法有点类似后来约翰·希克所言，他认为实在只有一个，不同宗教寻求的就是这同一实体。也正因为如此，每种宗教追求的都是"普遍的爱"和"共同的美好生活"。这样，信仰不同宗教的人的追求目标是一致的。可以说，罗摩克里希那的人民宗教就是对世界宗教统一体的探索。还有，阿部正雄以佛教三身佛理论解释终极实在也是一个值得关注的整合范例。他指出："实在可分作三重：主、神和无限的开放性（Lord，God，Boundless Openness）。'主'大致代表'化身'，是作为信仰中心的一个历史上的宗教人物；'神'代表'报身'，是一个超历史但有特定名称和德性的人格神；'无限的开放性'代表'法身'，是真理本身，是人格的'神'和历史上的宗教人物的最终基础。这三者是三个不同的实在，同时和作为最终根基的'无限的开放性'动态的统一。"[5] 虽然有人认为阿部正雄的观点仍然表现出佛教优越性[5]，但应该说，这是一种相当开放且使诸宗教真正融通的一个做法。追求统一的宗教理念是今天一些远见卓识者的工作，许多人期待它结出丰硕的果实。在此，我们应该看到这一过程的复杂和艰辛，更要看到宗教本身的一些不足和弱点给这一过程带来的一些问题。其中最为重要的一个不足就是其不易和现代科学的实证原则接榫。因此，宗教克服如何处理这一原则是一个值得思考的长远问题。

六

知识整合在今天已经成为人类必然的工作，人类数千年的知识建构形成了巨大也有些混乱的知识海洋。而其中相当大的一部分知识存在于宗教之中。因此，宗教的整合意味着人类精神的飞跃，意味着人类作为一种智慧生物在精神领域的巨大进步，意味着人类文明向高层次的迈进。我们认为，如果从根本角度着眼，这种整合必须建立在实证的基础上。这是因为，宗教在主要的意义上意味着来自传统文明的知识，实证则是近代文明的主要原则，二者的结合当然会指向新的知识形态的出现，向新的文明形态实现飞跃。

人类能否达到实证的世界宗教，这是一个庞大到几乎无边的工程，但作为文明的创造者，因为存在着从来没有被否证的超越者和非超越者之间的关联，人类也许可以保持某种信心。而中华民族应是这一工程建设的最重要工程师。这是因为我们民族自有历史以来就处于诸种文明、诸种宗教融合的过程之中，从远古多部族宗教的融合到封建时代的"三教合一"运动，再到近现代多种宗教的共存共荣，都为我们整合不同宗教提供了积极的思想资源和操作经验。我们应该相信，今天和未来的国人是不会辜负先人留下来的这笔财富的，我们应该以更大更深更广、更真更善更美的精神成果来回报先人。

参考文献

［1］孙亦平. 艾香德牧师与中国传教：民国时期宗教对话的一个案例［J］. 世界宗教研究，2010（6）.

［2］［美］保罗·尼特. 全球责任与基督信仰［M］. 王志成，译，北京：宗教文化出版社，2007：201.

［3］何光沪. 宗教对话问题及其解决设想［J］. 国外社会科学，2002（6）.

［4］［美］约翰·希克. 宗教多元论与拯救［A］. 迈尔威利·斯图沃德主编. 当代西方宗教哲学. 周伟驰，等，译，北京：北京大学出版社，2001：690.

［5］李宜静. 阿部正雄的宗教对话理论初探［J］. 现代哲学，2007（3）.

（刘东超　国家行政学院社会和文化教研部　北京　100089）

儒释会通视域下的张载理学思想研究

耿静波

摘　要：鉴于张载理学体系正是针对包括佛教之"空""无"等关键思想范畴之"不足"而建立，故佛教思想对其理学体系建立的影响更为直接与明显。可以说，张载是在反佛口号下，大量融摄佛教理论，以及其思维模式的典范。本文通过对张载"天地之性"等思想与佛教理论关系的分析，以期对两种文化碰撞交融的思想脉络做一定程度的还原与审视。

关键词：理一分殊　法界　天地之性

关于心性论的建构，传统儒学中未有明确一致的答案。孔子的"性相近也"，孟子以人之"恻隐之心"等道德情感作为依据确立的性善论，荀子以人对食货之类的贪欲作为根据确立的性恶论，都局限于即情言性，皆没有建立一个超越现实情感之上的形上本体。故佛家贯以批评儒家传统的人性善恶论只是停留在情欲层面，没有触及人性本身。对此，北宋时期的儒家学派做出积极回应，一些学者借鉴佛教的两层存在论，肯定超越性体的存在，由传统的以"善""恶"论性、以"情"论性转变为论述性体本身，代表人物即是理学奠基者张载等人。

一

对于张载"天地之性"与"气质之性"的渊源，佛道二家存在不同观点。笔者试结合张载早年"出入佛老几十年"的特殊经历，以及其曾与东林常总禅师关于"性""理"有过讨论，就义理层面对"天地之性""气质之性"与佛教思想的关系做如下分析。

张载曰："由太虚，有天之名；由气化，有道之名；合虚与气，有性之名；合性与知觉，有心之名。"❶ 其认为，太虚之气是一切存在的本体，而人则是太虚之气聚散变化的结果。人身上既有太虚本体之气的性，又禀赋了构成人身的具体的聚散之气的性。前者为天地之性，后者则为气质之性。因"性"为"虚"与"气"和合而成，故人身上兼含本体之气与聚散之气，每个人都是"天地之性"与"气质之性"的合体。❷ 第一，对于"天地之性"与"气质之性"，在张载看来，前者为至善、公正的，后者则因个人禀赋气质不同，而呈现出自私情欲的差别。张载所讲的由"气质之性"返至"天地之性"，正如圆测在《解深密经疏》中所说：

> 菩提留支《唯识论》云：立二种心，一法性心，真如为体，此即真如心之性故，名之为心，而非能缘。二相应心，与信贪等心所相应。❸

南北朝时期地论师将心分为"相应心"与"不相应心"两种，"相应心"指与烦恼无明相应之心，即妄心；"不相应心"则指常住不变的自性清净心，亦即法性心，真心，而修行实践的目的即去妄存真，返于本心。

第二，张载所认为的至善、公正的天地之性，某种程度上相近于大乘佛教中观学派的"实相"。所谓"实相"，与真如、实际、法性意义大致相同。"实相论"是在否定小乘实体论基础上建立的以"实相"为究极的本体论，此"实相"即指一切事物的真实，常住不变的本性，或曰无差别的客观真理，万物的本相。"实相"的这种形而上的超越体性与张载的"天地之性"应该说是很接近的。

第三，张载提到人、物之性的差别：

> 人之刚、缓急、有此才与不才，气之偏也。天本参合不偏，养其气，反之本而不偏，则尽性而天矣。❹

---

❶ （北宋）张载. 张载集 [M]. 北京：中华书局，1978：9.

❷ 此处说明一点，陈来据"湛一，气之本；攻取，气之欲。口腹于饮食，鼻舌于臭味，皆攻取之性也"认为张载的"合虚与气，有性之名"中的"气"不含"气质之性"因素，而是指的人之"攻取"，譬如人之口腹于饮食，鼻舌于臭味，大致体现为饮食男女之自然属性，此"攻取之性"与"湛一之性"构成人的现实属性；而"气质之性"则指气积聚为形质后而具有的属性，大致指人的禀性，如刚、柔、缓、急等。（参见陈来. 宋明理学 [M]. 沈阳：辽宁教育出版社，1991：57.）笔者取"攻取之性"为"气质之性"言之。

❸ 《解深密经疏》，《续藏经》第21册，第240页中。

❹ （北宋）张载. 张载集 [M]. 北京：中华书局，1978：23.

凡物莫不有是性，由通蔽开塞，所以有人物之别，有蔽有厚薄，故有智愚之别。❶

其认为人与人、人与物虽皆具无差别之"天地之性"，但因每个人禀赋不同的刚柔缓急之性，故造成人物之别，及人之智愚的不同，张载认为人唯有"变化气质""穷理尽性"，提升道德境界，方能终达于"天地之性"。结合佛教有关思想，佛教认为人人皆有成佛的可能，人人皆有佛性，佛性本净，但因外物染污之故，以致众生"自心"被外物蒙蔽。"如是诸法在自性中，如天常清，日月常明，为浮云盖覆，上明下暗。忽遇风吹云散，上下俱明，万象皆现。"❷ 若拂去尘埃，祛除遮蔽"自心"的污障，则"自心"重返"清净常明"的本性，这也正如张载所言，"居仁由义，自然心和而体正。更要约时，但拂去旧日所为，使动作皆中礼，则气质自然全好。""恶尽去则善因以成，故舍曰善而曰'成之者性也'。"❸"形而后有气质之性，善反之则天地之性存焉。故气质之性，君子有弗性者焉。"❹ 可见，张载这种由"气质之性"善反至"天地之性"的修养方法，正为佛教拂去尘污以返归佛性清净的工夫。

二

"理一分殊"与华严宗"法界"思想。程颐对于张载《西铭》所蕴含的"理一分殊"思想评价甚高。"程颐尝言：'《西铭》明理一而分殊，扩前圣所未发，与孟子性善养气之论同功，自孟子后盖未之见。'"❺ 又曰："《订顽》一篇，意极完备，乃仁之体也。"❻"仁者以天地万物为一体"，程颐将《西铭》所描述的既差异又一体的和谐状态称为"仁之体"，以"仁"统之，又曰："心所以万殊者，感万物为不一也，天大无外，其为感者絪缊二端而已焉。"❼ 后来，二程弟子吕大临又对程颐对此观点做进一步诠释与发展：

---

❶ （北宋）张载. 张载集 [M]. 北京：中华书局，1978：374.

❷ 《坛经》，《大正藏》第48册，第354页上。

❸ （北宋）张载. 张载集 [M]. 北京：中华书局，1978：23.

❹ 同上书，第23页。

❺ （北宋）程颢，程颐. 二程集 [M]. 北京：中华书局，1981：15.

❻ 同上。

❼ （北宋）张载. 张载集 [M]. 北京：中华书局，1978：23.

仁者以天下为一体，天秩天叙，莫不具存。人之所以不仁，己自己，物自物，不以为同体，胜一己之私，以反乎天秩天叙，则物我兼体，虽天下之大，皆归于吾仁术之中。❶

对于"理一分殊"于人之德性、道德伦理方面的体现，既要重视其"一体性"，又要理解其所具有的"差异性"，程颐在答弟子杨时将"理一分殊"混同于墨子"兼爱"思想时，曰：

分殊之蔽，私胜而失仁；无分之罪，兼爱而无义。分立而推理一，以止私胜之流，仁之方也。无别而迷兼爱，至于无父之极，义之贼也。子比而同之，过矣。❷

程颐认为，墨家的"兼爱"，杨朱的"为我"，皆是在现实层面对情感的失当把握，而儒家的"仁义"则有其内在差异性，是"体用一境，显微无间"的，是按照爱有差等原则建立的和谐道德谱系。后朱子亦对《西铭》所体现的"理一分殊"思想给予高度赞同：

天地之间，理一而已。然乾道成男，坤道成女，二气交感，化生万物……程子以为明"理一分殊"，可谓一言以蔽之矣。❸

鉴于杨时对《西铭》的误判，以及伊川、朱子等人对"理一分殊"的诠释，我们可以将其与华严宗"法界缘起"思想做一对比分析。在佛教诸经论中，"法界"通常是第一义空、真如、实际、实相的代名词，是一切现象之本源和本质，而华严宗的"法界"却有其特定含义。法藏于《华严经义海百门》中曰：

入法界者，即一小尘。缘起是法，法随智显。用有差别，是界此法。以无性故则无分齐，融无二相。同于真际，与虚空界等，遍通一切，随处显现无不明了。……若性相不存，则为理法界；不碍事相宛然，是事法界；合理事无碍，二而无二，无二即二，是为法界也。❹

法藏认为，随缘显现的具体事物是"法"，功用殊别的诸法则为"界"。性相不存的"理法界"与事相宛然的"事法界"为即一即二，融

---

❶ （北宋）吕大临. 蓝田田氏遗著辑校 [M]. 北京：中华书局，1993：454.
❷ （北宋）程颢，程颐. 二程集 [M]. 北京：中华书局，1981：609.
❸ （北宋）张载. 张载集 [M]. 北京：中华书局，1978：410.
❹ 《华严经义海百门》，《大正藏》第 45 册，第 627 页中。

通无碍的。澄观又于《大华严经略策》曰：

> 法界者，是总相也，包事包理及无障碍，皆可轨持，具于性分。
> 缘起者，称体之大用也。理实者，别语理也；因果者，别明事也。❶

对于此"法界缘起"，华严宗人认为，"法界"乃一至善、纯净的形上本体，为"真心""如来藏自性清净心"，且将此"真心"视作一切法的本源，而一切现象则是此"真心"的随缘显现。

> 明自心现者，如见此尘时是自心现也，今尘既由心现，即还与自心为缘，终无心外法，而能为心缘，以非外故，即以尘为自心现也。离心之外，更无一法，纵见内外，但是自心所现，无别内外，此无过也。❷

> 离佛心外，无所化众生，况所说教？是故唯是佛心所现，此义云何？谓诸众生无别自体，揽如来藏以成众生，然此如来藏即是佛智，证为自体，是故众生，举体总在佛智心中。❸

华严宗这种以世间诸尘、十方理事及一切众生皆为此至善"真心"本体所现的思想，正是《西铭》"理一分殊"之"理"思想的直接来源。"法界缘起"第二层意思为"法界为体""缘起为用"。万事万物、凡圣众生皆由此"缘起"而现。"夫玄宗渺渺在缘起而可彰，至道希夷入法界而无见故。标体开用助道之品盖多，就性明缘差别之门不一。合则法界寂而无二，开乃缘起应而成三，动寂理融方开体用。"❹ 华严宗这种以"法界缘起"的体用关系联系"真心"本体与诸法万象的观点，亦正是《西铭》"理一分殊"之"分殊"之义。华严宗心性论方面的核心思想"性起说"，即以"法界"为体、"缘起"为用思想在生佛关系上的应用。相对于伦理等差基础上的"分殊"而言，华严宗虽未明言"等差"思想，但此"性起"亦是凡圣，乃至万事万物在随顺佛理，依据诸法功用，众生与佛关系，在认肯世间诸因缘基础上的"现实归位"；且分别就张载、华严宗人而言，二者皆承认此"和谐"秩序的合理性。

---

❶《大华严经略策》，《大正藏》第36册，第702页上。
❷《华严经义海百门》，《大正藏》第45册，第631页下。
❸《华严经探玄记》，《大正藏》第35册，第117页下。
❹《华严经义海百门》，《大正藏》第456册，第634页下。

三

《西铭》曰:"乾称父,坤称母;予兹藐焉,乃浑然中处。故天地之塞,吾其体;天地之帅,吾其性。民吾同胞,物吾与也。……富贵福泽,将厚吾之生也;贫贱忧戚,庸玉汝于成也。存,吾顺事,没,吾宁也。"❶ 对于其中之"故天地之塞,吾其体;天地之帅,吾其性",结合张载"气化论"有关思想来看,其认为人皆由气构成,具体到万物,"'性者万物之一源,非有我之得私。'故以乾坤称父母,民物为胞与。"❷ 即万物皆是由此种气构成。因天地之性乃至善、公正的,故从这个角度而言,天地吾父母,民众吾同胞,万物吾朋友。从整体看,张载这种"民胞物与""天人一体"境界蕴含佛教"无情有性""慈悲"思想,以及天台宗、华严宗等宗派的心性思想。张载不仅认为"民吾同胞",且认为"物吾与也",即将儒家传统的道德伦理实践贯穿于无情识的"草木瓦砾"等物,此亦正同于周敦颐之"窗前草不除",因"与自家意思一般"。皆体现了圣人将自己与天地万物视作一体的至高境界;佛教方面,依印度瑜伽行派佛性论,世间有一类众生无佛性,永无成佛可能。中土则自《大般涅槃经》译出,认为"一切众生皆有佛性":

> 一切众生悉有佛性,烦恼覆故不知不见,是故应当勤修方便,断坏烦恼,若有能作如是说者,当知是人不犯四重;若不能作如是说者,是则名为犯波罗夷。❸

中唐后,佛性思想则出现由众生有性到万物有性方向发展的倾向,代表人物为天台九祖荆溪湛然。湛然于《金刚錍》中首倡"无情有性"思想。"假梦寄客,立以宾主。"❹ 其指出,如果依实教之圆人圆理,则"心外无境,谁情无情? 法华会中,一切不隔;草木与地,四微何殊? 举足修途,皆趣宝渚;弹指合掌,咸成佛因"。❺ 对于佛教的"众生皆有佛性""无情有性",一方面,这是对真如遍在,佛性遍一切众生,及万事、万物

---

❶ (北宋)张载. 张载集 [M]. 北京:中华书局,1978:62.

❷ 同上书,第391页。

❸ 《大般涅槃经》,《大正藏》第12册,第405页上。

❹ 《金刚錍》,《大正藏》第46册,第781页上。

❺ 同上书,第785页上。

佛性思想的诠释；另一方面，则体现出佛教的"众生平等"理念，以及对包括"草木瓦砾"等无情识之物的慈悲、怜悯之情。见张载语：

> 大人者，有容物，无去物，有爱物，无徇物，天之道然。天以直养万物，代天而理物者，曲成而不害其直，斯尽道矣。❶
>
> 张子厚闻生皇子，喜甚；见饿莩者，食便不美。❷

又，谢良佐所记二程先生平日语："周茂叔窗前草不除去，问之，云：'与自家意思一般。'子厚观驴鸣，亦谓如此。"❸"问：'横渠观驴鸣时如何？'先生笑曰：'不知他抵死着许多气力鸣做甚？'良久复云：'也只是天理流行，不能自已'。"❹可见，张载重德性之修养与践行，倡容物、爱物；将上至皇子、下至饿莩者，皆看作此"大家庭"一员；闻驴鸣，亦能与自家意思贯通，勘破"天理"。由此，我们可看出其"天人一体"思想与佛教的"慈悲""平等"理念的融通之处。然而，此两者却不完全等同。张载作为儒家之传统君臣伦理、纲常的忠实维护者，并不提倡绝对平等，而是将"仁"的理念贯穿于情感层面，体现出等差之别，故张载的"平等"是一种人与天地万物既相互差异，又相互融通的存在状况，与佛教相关理念既有联系又存在区别。其次，张载"天人一体"的道德境界与天台宗、华严宗相互融通。天台智者大师于《四念处》中云：

> 此之观慧，只观众生一念无明心，此心即是法性。为因缘所生，即空即假即中，一心三心，三心一心。此观亦名一切种智，此境亦名一圆谛。❺

作为天台宗心性论核心范畴，此"一念心"即空即假即中，由此"一念心"即可成立"圆融三谛""一念三千"。天台宗人正是在"圆融三谛""一念三千"理论基础上整体把握宇宙万有，觉悟"万有"一体；华严宗讲"真心"：

> 若依圆教，即约性海圆明，法界缘起，无碍自在，一即一切，一

---

❶ （北宋）张载. 张载集 [M]. 北京：中华书局，1978：35.
❷ （北宋）程颢，程颐. 二程集 [M]. 北京：中华书局，1981：60.
❸ 同上书。
❹ （北宋）张载. 张载集 [M]. 北京：中华书局，1978：342.
❺ 《四念处》，《大正藏》第46册，第573页中。

切即一，主伴圆融。故说十心，以显无尽。❶

华严宗人依据本体与现象间的相即相入、圆融无碍的思想，实现理事无碍、事事无碍的万相"圆融一体"境界。可以说，张载于"大其心"基础上实现的"天人一体"境界，与天台、华严宗的觉悟境界大致是一致的。

综上，张载关于"天地之性""气质之性"等思想的探讨，以及对于儒家之"性"的改造，实为在吸取佛教本体论思维模式基础上，对儒家传统心性论做出的极大调整。据笔者看来，张载的这种调整，使儒家心性论的形上学地基更加深厚，原有心性论的内涵更加充实，从而能够与佛教在其擅长的本体论、心性论领域进行有效的交锋与论辩。

（耿静波　天津社会科学院　天津　300191）

---

❶ 《华严一乘教义分齐章》，《大正藏》第45册，第484页上。

再思"牛津辩论"*

柳博赟

摘　要：1860 年的"牛津辩论"是进化论思想史上的一次重要事件。在维多利亚时期的后半期，宗教与科学之间的关系已经出现了根本性的变化。自然科学渐渐脱离了从属于宗教的地位，开始独立发展。这种独立发展分别出现在科学和宗教两个阵营。但是，有的人同时身处科学和宗教两个阵营，并且拒绝接受这种区分。有的神学家身为非专业的科学家而去质疑进化论的真实性，有的科学家在神学理论的指导下去进行科学论证。这种情况在 1860 年的"牛津辩论"（the Oxford Debate）中得到了充分的展示。所以我们不能简单地将"牛津辩论"视为科学压倒宗教，理性战胜信仰，而是要具体看待当事双方的背景和立场，才能对这一事件做出准确的评估。

关键词：宗教　科学　牛津辩论

在两卷本巨著《维多利亚时期的教会》（*The Victorian Church*）中，著名教会史学家欧文·查德威克（William Owen Chadwick）区分了"反科学的宗教"和"反宗教的科学家"。[1] 赫胥黎（Thomas Henry Huxley，1825—1895）明显属于后者。他所反对的是已建构的基督宗教，而首当其冲的就是神学家，因为神学家是基督教教会和基督教教义的代表。或者，我们可以更明确地说，赫胥黎是"反神学家的科学家"。在他的眼中，科学本身虽然外在于基督教，和基督教有着不同的辖区，但是科学家为了科学的独

---

*　本文为北京语言大学校级一般项目（博士科研启动基金），项目号 13YBB18。

[1]　Owen Chadwick, *The Victorian Church*, Vol. 2 (New York：Oxford University Press, 1970), p. 3.

立自主发展，免不了和神学家有一场对决；神学家之死，即科学家之生。❶

当赫胥黎为《物种起源》辩护的时候，他也为科学之独立于宗教的必要性做了声明。在他看来，从伽利略以降，无数寻求真知的自然科学家都受到了迫害。迫害者不是别人，正是那些以字面释经为唯一释经方法的人。赫胥黎称之为"以圣经为偶像的人"（bibliolators），说他们"虽然有充足的热心，但是发错了地方"。而那些试图在科学与《圣经》字面含义之间调和的人无异于"将科学美好的新酒装在犹太教的旧瓶里"，结果白白浪费自己的生命。实际上，科学的发展完全可以冲破宗教的阻碍；二者之间会有冲突，但最终的胜利一定属于科学："在每一门科学的襁褓边，都有神学家气绝身亡，躺在那里，就像被扼死的蛇躺在赫拉克勒斯身边一样。历史记载着，无论科学和教条主义在什么时候起了正面冲突，教条主义都会被迫败退。若非被歼灭，就是流着血、受了伤；若非被屠宰，就是被烤焦。"❷ 我们可以非常清楚地看到，被戏称为科学"教宗"的赫胥黎所持的是"科学家对抗神学家"的观点，而且他还身体力行。他说自己是"专吃主教的"（episcophagous），而他打算"吃掉"的主教中，就有牛津主教威尔伯福斯。

赫胥黎和威尔伯福斯（Samuel Wilberforce，1805—1873）的那场对决已经成为神话。很多人都出口能诵据说是赫胥黎的"名言"："我宁可自己的祖父是猴子，也不愿他是主教。"按照流行的看法，那场对决的双方是科学和宗教，最后以科学大获全胜、宗教一败涂地而告终。日后在美国还出了一场"猴子审判"（The Monkey Trial，1925），也是以宗教被理性羞辱、基要派全面败退而告终。这两场对决，一场在英国，一场在美国，结果是分别在这两个国家遏制了宗教对进步性科学的压制。

但是，事实也许并非这么简单。诚然，在科学家从神学家手中抢夺宇宙理论的时候，并不是所有的神学家都决定放开手。但是，有一点我们要注意：那些不放手的神学家未必是出于自己的神学立场，或是出于对科学和宗教关系的看法，而放弃自己对科学的发言权。有的人甚至没有诉诸自

---

❶ 这种对抗性观点也可以在基督教保守阵营中见到，比如美国神学家查尔斯·贺治（Charles Hodge，1797—1878）。他在《达尔文主义是什么？》（*What is Darwinism?* 1874）一书中说："宗教为了生存，必须与一大帮科学人士交战。"Charles Hodge, *What is Darwinism?* （Princeton, N. J.；New York：Scribner, Armstrong, and Company，1874），p. 142.

❷ Thomas Henry Huxley, *Darwiniana* （London：John Murray，1893），p. 52.

己的神学家或神职人员身份。他们是以科学家的身份来与另外一位科学家叫板的。而威尔伯福斯就是这样的一位神学家兼科学家。他是皇家学会院士，也是英国科学促进会副主席，而那场出名的对决正是发生在 1860 年英国科学促进会的年会上。

赫胥黎是怎样"吃掉"这位主教大人的呢？事情的起因还要追溯到《物种起源》出版之后。那时有一位权威级别的生物学家欧文（Richard Owen，1804—1892）在《爱丁堡评论》（Edinburgh Review）上发表了一篇匿名文章，指出：没有任何证据表明物种在演化；达尔文在《物种起源》中举岩鸽为例，但这个例子是无效的，因为达尔文无法证明岩鸽确实可以变为其他物种。❶ 而且，当年居维叶在反驳拉马克的时候早就指出了，埃及的墓穴中保存的动物木乃伊表明物种是恒定的。从法老的时代至今都已经数千年了，可是家养的猫狗等动物的形态完全没有变化。❷ 除此之外，如果物种真的在演变，那么必然有过渡期的形态，但迄今没有化石证据表明中间型的存在，这种打破"存在之链"的情况是不可能出现的。达尔文不仅说这是可能的，并且说现在还没有发现中间型，是因为化石记录不完整。可是，这就无异于臆测了，不能作为科学的依据。达尔文说，也许很快就能从地层的某个地方发现中间型。然而，我们唯一合理的预测方式，就是依照现在所发现的生物及其存在规律，来推断未来可能发现的生物："例如，我们也许可以预测，从二叠纪的岩石中能够找到有内室的贝壳，但若是介于乌贼和圆鳍鱼之间的生物，那是连个影子也找不到的。"❸

在此之后，欧文还指导威尔伯福斯写了篇文章，发表在《每季评论》（Quarterly Review）上。威尔伯福斯在这篇文章中说：达尔文的研究方法根本就偏离了归纳法这一王道。牛顿见苹果落地而推知引力定律，而达尔文未见物种演化就妄称物种由"自然选择"而来。如果达尔文真的用了正确的推理解释我们的由来，那么即使我们和蘑菇是亲戚也无所谓。否则，如果只是假说和想象，而不是逻辑严密的论理，就难以服人。❶

---

❶ Richard Owen, *Review of Origin and Other Works. Edinburgh Review* 111：487 – 532. 1860. pp. 493 – 94.

❷ 同上，p. 531.

❸ 同上，p. 530.

❶ Samuel Wilberforce, *Review of On the Origin of Species*, *by Means of Natural Selection*；*or the Preservation of Favoured Races in the Struggle for Life*. By Charles Darwin, M. A., F. R. S. London, 1860, *Quarterly Review* 108：225 – 264. 1860. p. 231.

威尔伯福斯同样使用了鸽子的例子，说从埃及第五王朝至今，鸽子一直是鸽子，没有演变为非鸽子物种。何况，如果真的有一个过渡性物种存在于鸽子和非鸽子之间，那么它就可以被视为种间杂交（hybrid），但我们都知道，种间杂交的生物是没有生育能力的。无法产生后代的物种如何可能存在？❶ 此外，威尔伯福斯还宛若传声筒一般，用了六页的篇幅来阐述欧文的另一个观点：没有任何地质考古发现可以证明一个物种演变成了另一个物种。❷ 随后，1860 年英国科学促进会在牛津召开年会的时候，威尔伯福斯基于自己的这篇文章做了发言，而正是这场发言引发了赫胥黎的反击。

在讲述威尔伯福斯的发言之前，我们先来看一下当时牛津年会的大致情况和相关的发言内容。年会于 1860 年 6 月 29 日召开，赫胥黎、植物学家胡克（Joseph Dalton Hooker，1817—1911）、欧文和威尔伯福斯被分在 D 组，即动物学、植物学（包括生理学）的组别，地点是新建的自然历史博物馆（Natural History Museum），担任主席的是矿物学家亨斯陆（John Henslow，1796—1861）。达尔文因为健康状况不佳没有出席。

第一天，亨斯陆首先点名要赫胥黎阐述达尔文的进化论，但遭到了赫胥黎的拒绝，因为"观众群体的情感会不合时宜地扰乱他们的头脑，所以对这一话题的讨论并不适于在这一场合进行"。但欧文不会轻易放开这个话题，于是开始了对进化论的批评。他说进化缺乏事实作为证据，而人类和大猩猩之间的差距要远远大于大猩猩和其他灵长类动物之间的差距。赫胥黎马上做出反驳，说人类和大猩猩之间的亲缘关系只怕更近些。❸ 该日并未出现冲突。

第二天，由于观众人数太多，会议场所从博物馆的报告厅改到了图书馆。会议开始后，首先发言的几位不是大谈神学，就是故意捣乱，于是主席亨斯陆决定只允许科学性质的发言。威尔伯福斯先是提议让一位教授朋友发表自己的看法，之后更是亲自登台。

---

❶ Samuel Wilberforce, *Review of On the Origin of Species, by Means of Natural Selection; or the Preservation of Favoured Races in the Struggle for Life.* By Charles Darwin, M. A., F. R. S. London, 1860, *Quarterly Review* 108: 225 – 264. 1860. pp. 234 – 235.

❷ 同上，pp. 239 – 245.

❸ Francis Darwin, ed., *The Life and Letters of Charles Darwin, including an Autobiographical Chapter*, Vol. 2 (London: John Murray, 1887), p. 320.

威尔伯福斯事先已经被欧文培训好了，而且所讲的内容也是基于自己事先发表的文章，所以口若悬河地发言半个小时，指出："自然选择"的理论违背了归纳法，没有事实作为依据，事实反而证明该理论之不成立——他引用了埃及墓穴中的木乃伊和家养状态下的鸽子为例，大家一听便知又是欧文支的招——并且语带讥讽地论及达尔文和赫胥黎。主教大人此时可能是太陶醉于自己的雄辩了，他转向赫胥黎，问道："您说您是猴子的后代，那究竟您祖父是猴子，还是您祖母是猴子？"❶

威尔伯福斯在学术会议上居然使用了人身攻击的语言，这不能不说是一个失误。赫胥黎闻听此言，马上转身对身边的皇家学会主席布罗迪爵士（Sir Benjamin Collins Brodie）❷ 说："这是上帝将他交在我手里了。"❸ 他随即起身，做出了那场著名的宣称："即使我的祖先是猴子，我也并不以之为耻；但是，如果某人虽然有出色的才能，却用它来歪曲真理，而我与该人有血缘关系，这才是真正的耻辱。"❹

根据《达尔文生平与书信集》的记载，观众当场大乱，还有一个女人昏倒被抬了出去。主席亨斯陆随后请胡克发言，从植物学的角度解释达尔文的理论。胡克上台之后说：主教实际上根本没有理解《物种起源》的原理，也对植物学完全无知。❺ 威尔伯福斯没有做出回应，也许是因为欧文

---

❶ 这是 "Reminiscences of a Grandmother"，*Macmillan's Magazine* October 1898 的叙述。根据另一位目击者的叙述，情况略有不同：主教诉诸于观众的心理感受，说即使有人愿意自己的祖父是猴子，难道也同样愿意自己的祖母是猴子？参见 Leonard Huxley, ed., *Life and Letters of Thomas Henry Huxley*, Vol. 1（New York：D. Appleton and Company，1900），p. 197.

❷ 实际上，布罗迪支持威尔伯福斯的观点。威尔伯福斯的支持者还有欧文、植物学家道布尼（Charles Giles Bridle Daubeny, 1795—1867），以及大部分到场的著名博物学家。达尔文的支持者反而是少数。参见 Charles Darwin, *The Correspondence of Charles Darwin：1860*，Vol. 8. eds. Frederick Henry Burkhardt and Sydney Smith（Cambridge：Cambridge University Press，1993），p. 591.

❸ 赫胥黎借用的是《撒母耳记上》所载 "这是上帝将他交在我手里了"。这话是以色列第一任国王扫罗（Saul）追杀日后的第二任国王大卫（David）的时候说的，但扫罗始终没有擒住大卫。与此相似，赫胥黎实际上并没有辩倒威尔伯福斯。

❹ 这也是出自 *Macmillan's Magazine* 的叙述。根据皇家学会院士、牛津大学化学家沃尔农·哈尔库特（Augustus George Vernon Harcourt, 1834—1919）的叙述，赫胥黎是这样说的："如果我们在思考这个问题的时候，并不将其视为对科学的严肃探究，而是诉诸于情感；如果有人问我，我愿意自己的祖先是一个卑微的动物，智能低下、弯腰行走、咧嘴而笑、尖叫不休，还是一个人，能力出众、身居高位，却以自己的本事来贬损和压制谦和地寻求真理的人，那么我要踌躇选择哪一个了。"此外还有其他的版本，但区别都不大。Leonard Huxley, ed., *Life and Letters of Thomas Henry Huxley*, Vol. 1（New York：D. Appleton and Company，1900），p. 199.

❺ Francis Darwin, ed., *The Life and Letters of Charles Darwin*, Vol. 2. 1887. p. 322.

于植物学不甚精通，没有在这方面培训他。

这就是"牛津辩论"的过程。实际上这并不是一场辩论，无论是赫胥黎还是威尔伯福斯都没有就达尔文进化论进行一场专门的交锋。赫胥黎也并没有像传说中讲的那样，得到了大家一致的钦佩和认可。实际上，绝大多数人认为赫胥黎是输家。威尔伯福斯主教当然认为自己得胜而归，他在写给考古学家安德森爵士（Sir Charles Henry John Anderson）的信中说："跟赫胥黎打了场大仗，我认为我彻底打败了他。"苏格兰物理学家斯图尔特（Balfour Stewart）事后也在给地质学家福布斯（David Forbes）的信中说："我认为是主教占尽了上风。"塞支维克太太后来写回忆录（1900）的时候也承认，当时赫胥黎的支持者极少。❶ 而胡克在向达尔文汇报牛津会议情况的信中讲述的情况更是不利于赫胥黎：会场面积很大，容纳了足有七百人到一千人，都是来听主教讲话的。结果主教讲的全是欧文教的，和《每季评论》上的文章完全一样，没有什么新意。而赫胥黎发言的时候，并没有指出主教的论述的弱点所在，也没能打动观众。而且，赫胥黎的声音不够大，很多人压根就没听清他在说什么。❷ 如果情况确实如胡克所言，那么所谓的威尔伯福斯—赫胥黎之争实际上不如说是威尔伯福斯—胡克之争，至少胡克就达尔文进化论的原理这一问题正面回应了威尔伯福斯，并使后者无言以对——用胡克自己的话说，就是"彻头彻尾地击打亚玛力人"。❸

达尔文自己是怎样看待"牛津辩论"的呢？他首先从胡克那里得知了具体情况，然后给赫胥黎写了两封信，指出：当面回应主教是自己力不能及的，只有赫胥黎这种有见识又有胆识的人才做得到。而且，牛津的这场交锋使人们认识到，一流科学家虽然数量少，但也能够毫不隐藏地表达自己的意见。❹ 他没有感谢赫胥黎对自己的理论进行了精彩的阐述，因为赫

❶ J. Vernon Jensen, *Thomas Henry Huxley: Communicating for Science* (Cranbury, New Jersey; London; Mississauga, Ontario: Associated University Press, 1991), pp. 77–78.

❷ Leonard Huxley, *Life and Letters of Sir Joseph Dalton Hooker*, Vol. 1. (Cambridge: Cambridge University Press, 2011), p. 526.

❸ 胡克借用的是《撒母耳记上》所载："现在你要去击打亚玛力人，灭尽他们所有的，不可怜惜他们，将男女、孩童、吃奶的，并牛、羊、骆驼和驴全部杀死。"根据《旧约》的记述，亚玛力人是以色列人的仇敌，是以色列人要灭尽的族群，二者争战一直到波斯薛西斯王（《以斯帖记》中的亚哈随鲁王）的时代。

❹ Francis Darwin, ed., *The Life and Letters of Charles Darwin*, Vol. 2. 1887. p. 324.

胥黎实际上并没有这样做。至于"以猴子为祖先"的指责，达尔文倒是不以为忤，日后还在第一版《人类的由来及性选择》（*The Descent of Man and Selection in Relation to Sex*，1871）中坦承，宁可自己是无私的猴子的后代，也不愿是残忍愚昧的野蛮人的后代：

> 对于我来说，我倒愿意是那带有英雄气概的小猴子的后代；它勇敢地冲向可怕的敌手，去挽救它的看护者的生命。我也愿意是那老狒狒的后代；它从山峰下来，胜利地将自己的小同伴背走，留下一群惊呆了的狗在后面。我反倒不愿意是那野蛮人的后代；那野蛮人以折磨敌人为乐，血腥地献祭，毫无悔意地杀掉幼童，对待妻妾有如奴隶，毫不知体面为何物，并且受到最可憎恶的迷信所蛊惑。❶

达尔文虽然明言后者是野蛮人，但暗指的很可能就是《旧约》中的希伯来人先祖。当时的读者对《圣经》文本熟悉的程度很高，读到这段话的时候，很容易就可以联想到《旧约》中的一个人物。按照《创世记》的记述，他率领三百一十八壮丁杀败五王，路程相当于从今天的约旦沿着约旦河经过加利利海跑到叙利亚；将母牛、母山羊、公绵羊劈为一堆肉块，为的是与上帝立约；捆了自己的宝贝儿子以撒，要杀他献祭；允许太太赶走小妾和小妾的儿子，结果他们差点死在旷野里；两次谎称自己的太太撒拉是妹妹，太太于是被别人娶走；他和上帝交谈，请天使吃饭，认为割礼是维持家族与上帝关系的仪式——这个人就是被称为"信仰之父"的亚伯拉罕。在达尔文看来，这样的野蛮人，甚至包括信仰野蛮人的上帝，并将自己视为犹太—基督教这一"亚伯拉罕传统"（Abrahamic Tradition）继承者的现代人，或许还不如猴子。

至于达尔文对威尔伯福斯的观点的看法，我们可以参考他写给胡克的一封信。达尔文在信中讲了自己对威尔伯福斯之前发表的书评的感受："我刚刚读了《每季评论》。这份书评写得极其精明，手法熟练地指出了最具假说性的部分，还头头是道地指出了理论的难解之处。"❷

因此，有些人认为，"牛津辩论"并不是所谓的神学家和科学家之争，虽然赫胥黎确实认为神学家和科学家势同水火。威尔伯福斯和赫胥黎一

---

❶ Charles Darwin, *The Descent of Man and Selection in Relation to Sex.* 1st edition, Vol. 2（London: John Murray, 1871）, pp. 404 – 405.

❷ 同上，pp. 324 – 325.

样，出发点都是科学，诉诸的都是科学的方法论和实例作为评判标准，而且威尔伯福斯的看法也不是全然没有道理，在当时还获得了很多科学界人士的支持。❶

那么，我们应当如何为"牛津辩论"做出一个最终的评价呢？第一，就整体而言，这确实不是神学和科学的对决，因为威尔伯福斯主要的理论依据并不是基督教教义，而且他对达尔文进化论的很多批评也是达尔文当时无法回答的：例如，家养鸽子从未变成其他物种，人工选择和自然选择的类比不成立；中间型也不可能存在，种间杂交的生物无法产生后代。日后还有其他人就这些问题质疑达尔文，而达尔文也没有给出一个合理的解释。赫胥黎在会上同样无法回答，后来倒是提出了"跳跃式的进化"这一理论（Saltationism/ Saltational Evolution），但没有得到达尔文的认可。

第二，威尔伯福斯将弗朗西斯·培根（Francis Bacon, 1561—1626）开创的归纳法视为科学研究的不二法门，而达尔文在没有事实依据——无论是可以当场见到的物种演化，还是能够证明物种演化的古老化石——的情况下就做出了推断，这在威尔伯福斯看来是犯了方法论上的大忌。真正的归纳法就像丹麦天文学家第谷（Tycho Brahe, 1546—1601）和他的助手德国天文学家开普勒（Johannes Kepler, 1571—1630）所做的那样：第谷积累了大量数据，之后开普勒在所有这些数据的基础上才总结出了行星运行的三条规律，称为"开普勒定律"（Kepler's Laws）。只有这样的方法论才是科学的方法论。对于威尔伯福斯来说，达尔文的做法背离了正确的方法论，达尔文的理论与异想天开无异。

第三，威尔伯福斯虽然号称是鸟类学家，而且还有皇家学会院士和英国科学促进会副主席的头衔，但是他的科研水平未必很高。不然，他何必总是依赖欧文的指导？我们在讲述"威尔伯福斯的观点"的时候，甚至还不如说是欧文的观点。威尔伯福斯对其他科学领域也涉足不深，否则就不会被胡克指责为完全不通植物学。他虽然可以算是"脚踏两只船"的神学家兼科学家，但他的科学造诣是业余级别的，而这正是致力于科学专业化的赫胥黎看不过眼的一点。

第四，威尔伯福斯背后的欧文才是赫胥黎真正的对手。欧文与赫胥黎

---

❶ 关于威尔伯福斯观点的合理之处，参见 J. R. Lucas, "Wilberforce and Huxley: A Legendary Encounter," *The Historical Journal*, Vol. 22 (Cambridge: Cambridge University Press, 1979), pp. 313 - 330.

素不相能，在很多科学问题上争执不下甚至于人身攻击。就是在 1860 年的这场会议上，二人还因为人类和大猩猩的亲缘问题而交锋。欧文虽然声称有解剖学上的依据来证明人类和大猩猩有天壤之别，但在赫胥黎看来，欧文是在歪曲事实以满足传统宗教的需要。欧文本人对赫胥黎等人呼吁的"科学专业化"并不感兴趣，他的自然观是基督教柏拉图主义的。在欧文看来，上帝创造物种，是以一个原型（Archetype）或曰原初的样式（primal pattern）❶ 加以变形而来，这就是为什么不同的物种会具有同源器官（homologies）。而达尔文进化论却认为，生物自发变异之后，适应自然环境者生存下来，而不适应者出局；变异逐渐积累而最终产生不同于数代之前的新物种。在欧文看来，这等于是打破了物种之间的界限，击碎了"存在之链"，使完美的"理式"成为不必要，也将上帝放逐在了创造过程之外。欧文的立场既然如此，赫胥黎的敌意也就不足为怪了。

我们可以看到，虽然赫胥黎要"吃掉"的看似是主教威尔伯福斯，实际上却是平信徒欧文。因此，如果有人说"牛津辩论"实质上仍然是科学家与神学家之争，也不无道理；虽然更准确的说法是专业科学家（赫胥黎）与作为业余科学家的神学家（威尔伯福斯）和具有神学家色彩的科学家（欧文）之争，而且胜败在当时未见分晓。如果说"牛津辩论"表明当时已经出现了以达尔文和赫胥黎为首的一些科学家以进化论的立场来否定宗教信仰的必要性和合理性，这是不符合历史记载的。这样的科学家还要留待日后的英美新无神论主义者，如理查德·道金斯（Charles Dawkins，1941 至今）等人登场。

---

❶ 欧文是这样论述"原型"的："原型亦可被称为原初的样式，柏拉图会称之为'神圣理念'（Divine idea），所有脊椎动物——也就是所有长骨头的动物——的骨质结构都是依此而被构建的。" Richard Owen, *The Life of Richard Owen by His Grandson, with the Scientific Portions Revised by C. Davies Sherborn, Also an Essay on Owen's Position in Anatomical Science by T. H. Huxley*, Vol. 1（London：John Murray，1894），p. 388. 后来赫胥黎讽刺"原型"根本不是现代科学用语："管一个现成的结构图叫颅骨的'原型'当然无害，不过我个人倾向于避免使用一个基本含义与现代科学精神违背的语词。" Thomas Henry Huxley, *The Scientific Memoirs of Thomas Henry Huxley*, Vol. 1. eds. M. Foster and E. R. Lankester.（London：Macmillan，1903），p. 571. 达尔文也在第五版《物种起源》（和随后的第六版）中暗贬欧文之援宗教入科学："一般性的观点认为每个生物都是单独受造的——我们只能说是又怎样——而创造者乐意按照统一的图式来构造每一大纲的所有动物和植物；但这并不是科学的解释。" Charles Darwin, *On the Origin of Species by Means of Natural Selection, or the Preservation of Favoured Races in the Struggle for Life*. 5th edition（London：John Murray，1869），p. 517.

参考文献

[1] Chadwick, Owen. *The Victorian Church*. New York: Oxford University Press, 1970.

[2] Darwin, Charles. *The Correspondence of Charles Darwin*. eds. Frederick Henry Burkhardt et. al. Cambridge: Cambridge University Press, 1985.

[3] *The Descent of Man and Selection in Relation to Sex*. 1st edition. London: John Murray, 1871.

[4] *On the Origin of Species by Means of Natural Selection, or the Preservation of Favoured Races in the Struggle for Life*. 5th edition. London: John Murray, 1869.

[5] Darwin, Francis. ed. *The Life and Letters of Charles Darwin, including an Autobiographical Chapter*. London: John Murray, 1887.

[6] Hodge, Charles. *What is Darwinism?* Princeton, New Jersey; New York: Scribner, Armstrong, and Company, 1874.

[7] Huxley, Leonard. *Life and Letters of Sir Joseph Dalton Hooker*. Cambridge: Cambridge University Press, 2011.

[8] *Life and Letters of Thomas Henry Huxley: A Sketch of his Life and Work*. New York: D. Appleton and Company, 1900.

[9] Huxley, Thomas Henry. *Darwiniana*. London: John Murray, 1893.

[10] *The Scientific Memoirs of Thomas Henry Huxley*. eds. M. Foster and E. R. Lankester. London: Macmillan, 1903.

[11] Jensen, J. Vernon. *Thomas Henry Huxley: Communicating for Science*. Cranbury, New Jersey; London; Mississauga, Ontario: Associated University Press, 1991.

[12] Lucas, J. R. "Wilberforce and Huxley: A Legendary Encounter," *The Historical Journal*. Vol. 22, Cambridge: Cambridge University Press. No. 2 (Jun. , 1979).

[13] Owen, Richard. "Review of *Origin* and Other Works," *Edinburgh Review* 111: 487 – 532. 1860.

[14] Rev. Owen, Richard. *The Life of Richard Owen by His Grandson, with the Scientific Portions Revised by C. Davies Sherborn, Also an Essay on Owen's Position in Anatomical Science by T. H. Huxley*. London: John Murray, 1894.

[15] Wilberforce, Samuel. "*Review of On the Origin of Species, by Means of Natural Selection; or the Preservation of Favoured Races in the Struggle for Life. By Charles Darwin, M. A. , F. R. S. London, 1860*," *Quarterly Review* 108: 225 – 264. 1860.

（柳博赟　北京语言大学　北京　100083）

传统佛学与现代心理学对比研究的
开拓性尝试

——评《五蕴心理学——佛家自我觉醒
自我超越的学说》

杨　勇　李　鲜

摘　要：跨文化式的研究，是现代佛学深入开掘自身价值的一个重要方法。本文以介绍《五蕴心理学》为契机，展示了该书对佛学与现代心理学两大领域进行比较研究的有益尝试。其显著成就表现在：将佛学中五蕴的结构、缘起的运行、内省的锻造，与心理学中认知的可能、经验的形成、超验的获得等问题和内容，做出了富有启发的探索。其研究模式和成果，是值得关注和推介的。

关键词：五蕴　心理学　对比

自释迦牟尼开始至今，佛教的发展已逾两千多年。随着历代佛教大师们对释迦所提问题的解决，兼与印度其他哲学流派的争锋，佛教的思想在诠释和创造方面得到持续绵延的充实，并逐渐形成品类繁多、性格鲜明的思想体系和派别。后世无论是研究者还是向往者，在享受丰富的思想资源时候，亦得同时为开凿进入其妙境的山门付出艰辛的努力。怎样进入佛教的思想宝藏，如何建立对佛教的总体理解，以何种方式将佛学有益的资源运用到当下的精神需求中？无疑成为任何一位研究者和向往者必须面对的课题。

随着中西学术的交汇，佛教作为一种跨文化意义下的学术思想，被现代心理学、现代精神治疗学等学科所关注，国内学术越来越重视佛教蕴含的丰富思想，并积极寻找和挖掘其中的有效因素，以期辅助、调试当代人们的身心健康，促成现代社会的和谐与幸福。从国内已经出版的学术论文和学术专著来看，与佛教心理相关的内容，主要集中在如下几个方面：第一，以佛教概念体系为中心，揭示现代人的精神困境和心理危机，并以"佛教的方式"来理解和解答现代人存在的问题，其中的佼佼者，即陈兵教授的《佛教心理学》。第二，根据现代心理学所面对的各种症候，及其所蕴含的理论，来寻找佛教思想中，宜于或者链接各种病候的可能性方案和措施。成果较为显著的，如彭彦琴教授的一系列文章。第三，强调佛教思想的作为人本主义精神的传统型研究。第四，以佛教思想和心理学思想共建平台，尝试找出佛教与心理学概念形成、运行机制等内在差异和可比性。以这样思路进行研究的，即是本文将为读者介绍的《五蕴心理学》。

《五蕴心理学》的作者是惟海法师，该书于 2006 年 2 月由北京宗教文化出版社出版。据笔者了解，它不单是以纯粹的学理方式进行探究，其中不少内容还是建立在作者十余年来闭关、禅定、阅览、功课等功夫的基础上写作出来的，因此本书不但具有通行学术作品的理论特质，又蕴含着实践佛教的生命体验。

就宏观的角度而言，该书力图将佛教的问题集中在"五蕴心理学"的范式中进行阐释和论证。所谓"五蕴"是从佛教的色、受、想、行、识的传统概念进行定义的；而"心理学"则是以从感觉开始的对人的心理研究的现代心理学来构架的。"五蕴心理学"所要实现的目标是通过哲学和心理学的方式追问"五蕴"的性质，在以"五蕴"为基础的背景下，借助心理学研究的内容、结构和方法，最终构建起一套具备实用性、可操作性的佛教心理学体系。

基于这样的理论预期，作者将"五蕴心理学"的内容分成八个章节，分别从"五蕴"的心理的系统结构、在佛学心理学的方法特征、横向及纵向系统、生成（"缘起"）过程、"内明与心悟"、"五蕴"范式的运用、理论前景等方面展开讨论。就作者的结构安排而言，可以大概划分为三大部分：首先，定义"五蕴"的哲学意义及方法论意义；其次，是本书的主要内容，分析了"五蕴心理学"的三重理论向度，即静态的"五蕴"心理特征（横向、纵向），动态的"五蕴"生成特点（"缘起"），佛教"五蕴"说的宗教指向和价值；最后，"五蕴心理学"的现代理论和实践价值。

就第一大部分而言，作者着力于以系统的角度，规划佛教心理资源的结构，并将相关内容放入一个以"五蕴"为哲学基础的构架之中。书中的四条理论原则是："身心不二""人的全体称为五蕴身""脑称为根本识或异熟识""心理生理思想的潜流"。❶ 它们的基本精神旨在说明，"五蕴心理学"是在一个生理、心理互动的关系中进行的研究，而心理，尤其是脑或者"根本识"又是直接切入问题的关键。于是，"五蕴"便不只是浅层、单一的感知现象，而是被设计成为涵盖整个心理特征的五大系统，并开显和引导出第二部分的内涵和特质。

而关于如何实现系统的研究，作者除了借用心理学的研究方法之外，还注意到佛教本身的特征，也就是说从作为心理实践的佛教看心理学，它仅仅在我们意识的层面，还没有进入深层的非意识界面，所以引入"内省"（禅定）的实践结果成为研究内容的必要一环。为此，书中描述了三个基本的研究方法："观察方法""理论方法""修心方法"。❷ 具体展开后，亦成为一套丰富的方法论理论。其中"观察方法"是以禅观为主线的方法，涉及如闻思修、观门（禅观的契入点）、所观（禅观的内容）等佛教的内省方法，几乎涵盖了从古毗昙到《瑜伽师地论》为止所提及的"五位百法"。❸ 在"理论方法"上，作者则将理性意识和佛教的批判意识结合起来，强调运用正确、健全的思维进行问题分析。最后，在"修行方法"上，其思路主要是结合佛教解脱、证悟的阶段标志来阐述"五蕴心理学"作为指导现代心理实践的价值性。

第二部分，从严格意义上讲，是"五蕴"系统哲学意义的延伸和细化，即对"五蕴心理系统"的分类说明。作者按照人的认识阶段，以为色蕴到识蕴是一个逐级递增的认识发展序列，最后甚至还加入了一个非"五蕴"系统的"出蕴"的分析，这是从佛教讲求解脱而必须增入的一个方面。作者根据心理的步骤，将色蕴标示为人的纯粹的接受外部刺激，没有任何经验在内，却是获得经验材料第一步的感觉系统，或者也可称为直观系统，其中包括了色觉等直觉因子。受蕴则主要从对直观材料的经验觉知上分析，即感受、情感等方面的心理说明，此处值得注意的是：佛学对"受"的分析更多的是一种平行的诠释，而作者借用心理学的成果，发现了佛学中的"受"具备着从前入深、从外到里的层阶特点，具体内容可在

---

❶ 惟海. 五蕴心理学——佛家自我觉醒自我超越的学说［M］. 北京：宗教文化出版社，2006.

❷ 同上，"导言"第 7 页。

❸ 世亲造：《大乘百法明门论》，安慧造：《大乘广五蕴论》，《大正藏》卷三十一。

"受蕴系统的层级结构"中获得一观。❶ 第三个系统，是想蕴系统或者认知系统，其特征是对客观进行个体化的"分别"，因而"分别"是此系统的关键。"分别"产生的概念，则赋予了客体不同的意义，这些意义又成为人们借用范畴进行分析判断的根据，即不论正确或错误的推理都源于意义的被给予，最终在想蕴中形成了人的知识体系。行蕴系统，是解决生理或心理行为的动力问题。结合现代成果，作者认为"行"即指示心理能量的因素，具体表现为"强度、速度、专注力、稳定性与智慧控制力"❷等内容，它们聚合后的强弱状况，影响着如动机、意志等心理的实践程度。最后是识蕴系统或理解系统，作者认为它涵盖了人类的所有精神性活动的特征，是一个包括直觉与理性、经验与超验、有限与无限、个体与整体的心理能力与心理活动。如果说横向分析展示出"五蕴"的个性，那么纵向的阐释则是"五蕴"各个性质的具体运用。

从书中的逻辑来看，"五蕴"横向或纵向的说明，主要采取了依类解析的方法，接下来面临的是对有机的"五蕴"统一体和各系统彼此关系的总体分析，为此，作者提出了"缘起论"以期做出解答。

该书对"缘起论"的理解主要是在心理发生、运作和实际效果等层面上，或者说是"内缘起"❸ 的层面内来说明的，其中尤为突出的是记忆规律与心理学之间关系。作者认为缘起的基本理念——"四缘说"，其实就是大脑和神经系统与外界发生反应的心理表现形式，即"因缘"揭示了大脑和神经系统通过记忆来产生延续的心理过程，"等无间缘"是神经系统处理信息时正常或非正常状态，"所缘缘"是心理所对之境界，"增上缘"是积极和消极的心理反应。在此心理过程中，"记忆"具有统摄和牵导心理程序的核心功能。作者借用唯识学的"种子说"，将"记忆"定义为能够持续保持、发挥作用的功能性心理元素，"记忆"的规律就是它在心理过程中的展现的机能。"记忆"元素具备从感知到意识，从显意识到潜意识，从潜意识到"内明"的三层结构，并表现出从低到高，从浅到深的，

---

❶ 《五蕴心理学》，第 143 页。

❷ 同上，第 199 页。

❸ 事实上，佛教的缘起包含着两个层面的意思："论曰：缘起有二，谓内及外。内缘起者，谓无明等十二有支；外缘起者，谓种芽等一切外物。"一是内缘起，即有主体参与的缘起；二是外缘起，即不存在主体的客观的条件关系。天亲造：《佛地经论》第六卷，第 314 上《大正藏》卷二十六。

从烦恼到解脱的层级特征，而这样的深化，本身体现的恰恰是"五蕴"心理系统的作用方式。"记忆"的持续作用，证明的是"十二因缘"的心理运作模式，而它的功能性因素，则力图说明不同性质和阶段的"记忆"是如何影响人的经验—理性—道德—宗教发展链条的心理行为。

作者将"内明和心悟"设定在本节的末尾部分，显示了解决"五蕴"问题对于佛教和世俗积极的价值意义。书中将"内明"或"心悟"定义为具有灵明性、圣洁性、觉悟性特征的心理状态，并力图将此状态放在精神意识或人格意识的层次上，证明其基本实质是为了达到高尚的道德精神境界。其间，大量的篇幅讨论了阻碍达到"内明"状态的各种负面心理表象，例如以烦恼为中心的佛教理论。总的来看，心理学的内容没有太多地渗透到佛教思想中，书中的烦恼论和佛果论基本是按照佛教本来面貌论述的，这是该一小节的写作特点。不过作者仍然努力在"宗门（禅学）理论"一节中，通过对禅修的原理（三关）、步骤（如参、疑、绝）地以及"意识"在禅修中地位的探讨等方面，揭示出其对于现代人道德提高和精神健康的积极意义。

本书第三部分旨在说明"五蕴心理学"的现实和实践价值，其基本态度是怎样将"五蕴心理学"中涉及的生理学、心理学、病理学、保健学、养生学、道德学等内容运用到现代的科学中去。因而，作者将个性层次分析与佛教对于"根"❶ 的理论结合，而形成"五蕴"理论在个性心理学的运用；将人格，特别是对道德的分析和佛教人性论结合，形成了在教育心理学上的融合；通过研究学习的内在机制与佛教的种子论（"记忆"）的一致性和相似性，展示了在学习心理学方面的尝试；把佛教中关于烦恼、障碍等负面心理分析与中医和心理治疗等学科结合，呈现出对医学的禅益；最后，作者试图以身心健康和道德高尚为目标，综合性、总结性地把本书中心理学和佛学相通之处剥离出来，构建了基于"五蕴心理学"上的养生论。

通过对《五蕴心理学》的一个简单概观和描述，笔者以为全书主要表现出了如下几个特点。

---

❶ 所谓"根"，简单来说就是某种事物的依据。佛教非常重视"根"的理论，如有部、唯识经典就详细论述了各种"根"的性质与相互关系，而一般佛教所说的"根"，主要是从身心、道德等方面定义的"眼等六根""未知、已知等二十二根"。具体内容，可参看《俱舍论》第一卷、第三卷，《大正藏》卷二十九。

第一，传统性和现代性的对比。如何发掘古典学科的现代意义，几乎是任何一个学者都要面对的问题，并且是古而不夭、时而不浮的学术精神和价值的基本前提。虽然佛学的心理思想并非鲜为人知的研究窗口，但是作者创建性地将"五蕴"作为支撑起心理的哲学基础，这是现代学术界尚未得到足够开垦的荒原。这样，佛学的相关内涵都能够统一地朝向"五蕴"，而成为一个体系，并进一步与现代心理学的研究模式和进路的比较提供了对话平台。一方面，实现了佛教，诸如心法、心所、烦恼等众多理论对现代心理学具有的启发意义；另一方面，心理学的思维模式则促成了佛学表达、形式、结构的现代化。

第二，哲学思考与实证分析结合。由于"佛教心理学"中的思想不少来源于历代高僧大德的禅定体验，然后进一步以哲学的方式理论化，所以在理解时必然面对如何对每一个佛教概念进行解析的课题，如核心的"五蕴"就是首先要用现代语言和哲学思想说明的观念，所以重视分析和思辨的哲学思路是必要的。另外，心理学是建立在西方科学实验基础上的，其研究过程有严密的可操作性，其结果有严格的可重复性。为此，作者通过哲学思考，梳理出每一概念背后的心理因子，再以心理学的科学方法加以解释和运用，展现出大量全新的观点，如作者从人的认识过程把"五蕴"理论理解成一个递进式的认识系统之总和。

第三，宗教体验和科学研究并重。不论怎样，佛教作为生命实践的宗教本质是不会改变的，其中包含的大量心理描述都出自禅定直观，于是在面对此一类对象时，经验的学术语言必然会义尤幽幽，词已绝绝，因此作者对如"涅槃"等一类的理念，除了进行必要的符合心理研究的解释之外，仍然保留了不可言说之处，这是对佛教本身应该抱有的尊重态度。同样的，书中的科学精神也是非常突出的，主要表现在对佛学一些理论的科学性尝试，如三界、六道等一般认为是宗教神话的内容，作者以对其心理状态的分析，定义为不同心理层次的个性特征。可说视角独特，论证新颖。

第四，心理健康与道德修养双重圭臬。作者从现实原则出发，始终没有把其内容变为纯粹的佛教心理学之哲学，而是力图挖掘和呈现佛教心理学可操作的成分，以此指导心理的锻炼，以及提供心理健康的诸多标准，比如书中对烦恼论的解析，在从负面指出病态的各种心理状态之时，亦提供了健康心理的镜鉴。而把佛教各种修行的圆满境界与现实道德高尚的标准直接关联，则反映了作者对当前个人和社会道德水平的关注与切望。

虽然惟海法师立志高远、胸怀广阔、宏论惊人，但是所面临的课题庞大精奥、资料浩荡，故而纵有机语警策开发人心，仍存斑瑕遗留其间。其中最大的缺憾是，不少论述没有准确地表达出心理学和佛学概念实质，而是生硬地进行对应和附和，从而使两边的研究者无法准确地理解自己不熟悉学科的语境特征。于是，这一问题又进一步导致作者没有用统一规范的术语，而是自造了很多陌生的用语来说明问题，致使部分章节概念混乱、解释隐晦。例如，"记忆"一节的分析，虽然书中新颖地用"记忆"元素来说明"种子"的特质，但是在解释带有某种超验性的生、死问题时，勉强地用"记忆"的性质说明生之前、死之后的状态，并将之归于心理的问题，就让人不得所指了。带着如此不明的结论去诠释其他的内容，自然无法达到明晰的目的。再如分析"五蕴"的相关内容时，本来作为心理的论证和认识发生论上的秩序是理解"五蕴"的基本线索，但是由于之前没有把"五蕴"与对应的现代心理学概念解释清楚，故而几乎只要遇到"五蕴"的时候，就要对之在上下文语境中的含义，重复的论证，致使文章变得冗长反复。

当然，笔者之晦见，非欲以此否定本书的价值，反而甚至认为一个横跨两大学术学科，超越传统与现代，洋洋七十余万字的大型论著，存在着一些问题是必然，而对这些问题的再研究和完善，或者又将成为相关学术研究的"新一期增长点"。

（杨勇　云南大学哲学系　昆明　650091；

李鲜　昆明学院社会管理学院　昆明　650206）

老子文化的海外传播

任玉娜

摘　要："上善若水""无为而治"等以《道德经》所衍生出的道教文化被看作是传统意义上的老子文化。如今随着社会的发展，与老子有关的旅游等文化也被纳入老子文化中。老子上究宇宙的生成之道，下思人世治理之道，其微妙玄通的思想，受到历代知识分子的欣赏，国内的老学研究也一直经久不衰。墙内开花，墙外亦香，以老子为代表的道家文化和道家哲学思想早在16—18世纪就得到来自海外的关注。本文对老子文化在海外传播的历程以及海外学者对老子的研究进行一个简单的梳理，并基于传播学著名的"5W"理论提出建议，以期促进中国老学在国外的传播。

关键词：老子文化　海外传播及研究　"5W"理论

一、老子文化简介

老子作为"中国哲学之父"，其本人位列世界百位历史名人之一，他朴素的辩证法思想、"无为而治"的政治思想、"上善若水"的道德观念等一直为后世所称道。传统意义上的老子文化，主要是指在《道德经》基础上形成的有关哲学、政治、宗教等文化。随着时代的发展，老子文化的外延也在不断扩大，关于老子出生地的旅游文化、老子的养生文化等也成为老子文化的重要组成部分。

作为老子的经典著作，《道德经》中凝聚了老子思想的精华。对于《道德经》思想的解释，《吕氏春秋·不二》中用了一个"柔"字来凝练其中的思想，展现了中华民族的民族特性。老子的思想在其后的庄子那里得到继承和进一步发展，并与儒家以及后来的佛教思想共同组成了中国传统文化的思想内核。

二、老子文化海外传播的过程

（一）老子文化传播的早期阶段

16—18 世纪的中国正处于明清时期，国力强盛。刚刚通过工业革命走上近代化之路的西方国家对大洋彼岸的中国充满了好奇。在这一时期，大量的传教士带着传道布教的目的来到中国，中西方文明的交流进入到一个划时代的时期。

中国古老而又深邃的儒、释、道三家的思想通过西方的传教士进入到西方社会。由于当时西方的传教士身负在中国传教的重任，为了更好地使自己的思想为中国人民所接受，他们积极地寻找中国当时的显学，以从中寻找可以共通的立足点。所以，作为中国古代社会显学的儒家学说得到了来自大洋彼岸的青睐。由此，"孔子逐渐获得了名声与美誉。一大批哲学家包括莱布尼茨、沃尔夫、伏尔泰，以及一些政治家和文人，都用孔子的名声和思想来推进他们各自的主张。"[1] 与此不同的是，老子的道家学说只是隐学，甚至老子的文化形象还带有负面的印记。利玛窦说老子从来未建立什么教派，道教的书籍根本就是"胡言乱语"[2]，至于随后衍生出的占卜、咒语、长生术、炼丹术等行为与仪式也是与这些胡言乱语连在一起的。传教士这种"合儒""排佛"的功利主义策略使得这一时期的道教学说受到了冷遇。

"利玛窦逝世以后，对中国哲学和宗教西传产生重大影响的就是礼仪之争。'礼仪之争'是中西文化关系史上最重大的事件，这一事件的发生和结果，不仅对西学东渐产生了重大的影响，同时对中学西传也起到了意想不到的作用。"[3] 儒家的礼节仪式与天主教教义的矛盾，使得西方传教士将目光转移，道教进入他们的视野。索隐派中的一些传教士开始对老子进行挖掘，白晋、马若瑟、付圣泽希望从老子思想中找到基督教教义的影子。虽然，这种对老子文化的研究还处于功利主义的目的，但确实为中国

---

❶ ［美］H. G. 顾立雅. 孔子与中国之道 ［M］. 高专诚，译. 太原：山西人民出版社，1993.

❷ ［意大利］利玛窦，金尼阁. 利玛窦中国札记 ［M］. 何高济，等，译. 桂林：广西师范大学出版社，2001.

❸ 楼宇烈，张西平. 中外哲学交流史 ［M］. 长沙：湖南教育出版社，1998：288.

老子文化在海外的传播起了推动作用。

（二）老子文化传播的快速发展期

19 世纪正是率先完成工业革命的西方国家向大洋彼岸展示其经济、军事实力的年代。武力的强大代替不了精神的征服，因此在这个时期，老子文化在海外的传播避免不了带有基督教文明以其思想来证明基督教教义的真理性、优越性的色彩，但此时国外学者对老子的研究却并不仅仅局限于宗教传播的功利主义目的，他们逐渐探索到老子的智慧。

1832 年，法国汉学家莱漠萨首次将《老子》一书翻译成法文进行出版。1842 年，法国著名的汉学家宙兰研究了《老子》七十多种中文注释本，终于翻译出一本比较完整的《老子》，这本译本在欧洲产生了重大的影响。宙兰之后，逐渐在欧洲形成一股"老子"热，多种语言的译本在此时陆续出现。

莱漠萨曾在 1825 年说过：研究了老子的书以后，我"完全改变了对老子的看法。我不再认为老子是江湖骗子的祖师、巫术教授、研究长生不老和白日飞升的术士，我发现老子是……微妙的形而上学的真正哲学家。他并不逊于柏拉图"❶。

此外，老子的思想文化在俄国也受到了该国知识分子的欣赏。俄国著名的汉学家海奥基也夫斯基于 1888 年在《中国人的生活原则》一书中指出，老子中的哲学智慧要远比古希腊最早的唯物主义者的学说更具思维上的深刻性。他说："古代哲学家老子的学说是中国一切哲学思维发展的起点，所有其他中国哲学家的体系都是在《道德经》哲学体系的各个部分的基础上发展起来的。"

19 世纪末，帝国主义的发展和第一次世界大战促进了第二次的"中学西渐"。这一阶段，战争的创伤使得西方社会怀念起东方哲人的智慧，学习中国文化成为"一种比较普通的时尚"❷。虽然这一阶段中还是有一部分西方译者如 Straus 等人，将以老子为代表的道家学说等同于西方的神秘主义、超验主义，但是老子的思想文化在海外的传播的确在广度上和深度上有了大步的跨越。

---

❶ 姜国柱.《老子》在外国 [J]. 国际人才交流, 1991（1）: 40 - 41.

❷ 许苏民. 危机与探寻——"中学西渐"的分期、特点及其规律 [J]. 学习与探索, 1992（06）.

（三）老子文化传播的繁荣期

20 世纪，老子文化在西方社会的传播进入了一个繁荣期。两次世界大战的创伤使得西方世界开始质疑将科学作为社会发展的核心力量的理念。正如成中英所说，"西方人在发现自己的哲学发生了内在的困难和矛盾的时候，往往都是中国哲学给它一个适当的调和"。❶ 因此，在西方社会背景下对老子进行研究与评述成为 20 世纪西方老子研究的一个倾向。德国汉学家卫礼贤、霍姆斯·魏尔奇等人从道家哲学中看到救助西方社会的曙光。

在这个阶段中，英国和美国逐渐成为中国老学在海外研究的重镇，同时这一阶段的老学研究也呈现出多元化的特点：

1. 回归老子本身及其《道德经》文本

20 世纪 40 年代美国著名的汉学家达布斯和卜德就老子本人确切的身份进行了辩论。1941 年、1942 年达布斯在《美国东方社会研究》发表了他关于老子身份的两篇研究论文《哲学家老子的生平与背景》与《老子的身份》，1942 年、1943 年卜德在同一刊物上发表了《老子身份新辩》《再论老子身份》，与达布斯进行辩论。同时，此时对老子的研究，"更加突出回归原文本的客观性"❷，《道德经》中的"道""无为"等核心思想得到了西方学者不同角度的解读。

2. 关注点的多元化

西方人对老子的关注起于宗教传播的目的，但是工业文明和科学理性的迅速发展引起了一系列的社会问题，结合西方世界的诸多热点问题，众多学者从老子的思想文化中汲取营养，在无政府主义、生态哲学等有所争议的领域中又有新的见解。如蒙若幸从《道德经》一书中发现了一条能够有效约束西方人过度的自主意识的生存之道，以缓解西方社会的暴力泛滥。

另外，随着中国老学研究的发展，西方学者将目光越来越多地投向中国学者在老子思想文化方面的研究，如在老子注本与老子思想上，法国学者伊莎贝尔·罗宾妮特有着自己独特的见解。

20 世纪西方老学的研究有着丰富的成果，作为一种较为复杂的跨文化

---

❶ 成中英. 东学西渐的历史与未来：访成中英先生 [N]. 光明日报，2007 - 01 - 11.
❷ 李艳. 20 世纪《老子》的英语译介及其在美国文学中的接受变异研究 [M]. 武汉：湖北人民出版社，2009.

传播现象，我们仅仅将其中较为显著的几个方面进行展示。

三、中国老学海外研究的成果

"老子西行"为西方学者带来了极具东方韵味的道家文化。西方学者对老子文化的研究从功利主义逐渐转变成学术研究，此期间也产生了许多具有价值的成果，正所谓"横看成岭侧成峰"，这些不同视角下的解读展现着道家文化的多面立体性。

（一）从文本角度

英国学者阿瑟·韦利一生致力于中国文化和日本文化的研究，研究成果丰硕。他于1934年出版《道与其力：〈道德经〉及其在中国思想史上的地位》一书，试图从老子文本原意研究出发，开辟西方老子研究史上第一本"历史"的研究成果。

在他的书中，通过他的翻译、注释以及评论，我们可以看见其对于《道德经》一书原意上的探索。例如，阿瑟·韦利认为《道德经》的第一章❶中体现的思想是对法家思想进行的一种批判，即对法家"法者所以同出不得不然者也"这种机械地认为凡是来自同一来源的事物都是相同的理念的批判。

另外，阿瑟·韦利遵循着高本汉对《道德经》语法方面的考证，认为《道德经》从年代上来讲属于公元前三世纪后期的作品，并且认为要读懂《道德经》一书中的真切含义，需要对照同时期的著作去品读，如对照同时期的《韩非子》《吕氏春秋》等。由此可见，阿瑟·韦利对于《道德经》"历史"的考察，即是一种基于书中的语法现象、思想表达等内容，依托与同时期其他著作进行解读的文本比较。

（二）从老子思想体系的角度

美国学者温诺登（Bryan W. Van Norden）是研究中国传统文化的著名学者，他在《中国哲学》《东西方哲学》《亚洲研究》等期刊上多次发表文章。他在其《〈老子〉的貌似混乱而实有条理》一文中，表达了他对于

---

❶ 《道德经》第一章："道可道，非常道；名可名，非常名。无，天地之始；有，万物之母。故常无，欲以观其妙；常有，欲以观其徼。此二者，同出而异名，同为谓之玄。玄之又玄，众妙之门。"

其他学者认为《道德经》一文不具有连贯性的反驳。

首先，温诺登认为《道德经》一文并非前人所说的神秘主义的著作，通过研究文本以及注释、评述等，可以对书中表达的思想进行全方位解读；其次，温诺登认为对于《道德经》的理解，不同身份、不同职业的人有着不同的看法，不能武断地认为一本书的连贯性取决于其存在着一个全部正确的解释；最后，温诺登认为即便以现在已有的史料和研究不能完全确定《道德经》一书实为老子所著，但是自该书诞生后，历代的注解、评述等已为该书增添了连贯性。

综上，温诺登认为《道德经》一书是一本表面看没有章法，但实际上有一种内在的价值理念的作品，而这种价值理念在他看来就是一种乌托邦式的社会观念。

（三）从科学发展的角度

国外对于老子的研究并不仅仅局限于人文主义的关怀，通过对《道德经》的研读，国外学者还发现了这本著作中所蕴含的科学之光。他们在科学发展的视域下研读《道德经》，拓展书中所包含的思想，以此解决在自然科学领域中的一些棘手难题。

汤川秀树（1907—1981 年）作为日本当代著名的物理学家，于 1935 年提出了著名的核力介子理论，其一生致力于物理事业。在他的物理生涯中，给予他灵感与帮助的除了其自身的刻苦钻研、前人的理论经验等，《道德经》一书对他也有重要的意义。他曾经承认"空域"概念正是老庄哲学对他的思想启迪的成果。

另外，物理学家 J·卡普拉（Fritjof Capra）曾经有一论断，即他认为老子的思想"对于现代物理学的正确认识之间有着平行关系"，同时他认为道家学说中"动"的概念与自然科学也有着紧密的联系。

发掘老子书中的学科思想，是 20 世纪以来西方学者研究老子的一大亮点，在整个过程中，老子文化在海外的传播又有了新的进步。

四、基于"5W"理论，促进中国老学在当代海外传播

作为传播学四大奠基者之一的美国著名传播学者拉斯韦尔曾经在 1948 年提出了传播学领域中著名的"5W"传播模式。在该模式中，"5W"是指："Who"（传播者）；"Says What"（传播的信息的内容）；"In Which

Channel"（信息传播的媒介，如网络、电视等）；"To Whom"（受众）；"With What Effect"（信息的接受者接受到信息后在行为、情感等方面的反应）。可以结合此模式为中国老学在海外的传播提供借鉴。

（一）加强传播者队伍的建设

传播者作为传播活动中的关键一环，其数量和质量对整个文化传播活动起着决定性的作用，基于此，我们在促进老子文化在海外传播的过程中要充分注意传播主体的多元化以及传播主体自身影响力的建设。就传播主体而言，个人在推进老子文化在海外传播中的作用有限，要充分发挥民间团体、政府机构的主体作用，利用其雄厚的经济实力、影响力为老子文化在海外的传播搭建广阔的平台。另外，在推进老子文化在海外的传播中还需要加强我国学术界对于老学本身的研究与发展以及提高老学研究的学者对国外文化的了解程度，一方面充分发挥我国老学研究名家的学术影响力，引领世界老子文化研究的发展，另一方面以传播对象可以理解的语言对老子文化进行编译。

（二）丰富传播内容

当今我们正处于一个快速发展的时代，各国在经济、文化、军事等方面的竞争加剧，虽然和平与发展仍是时代的主题，但是局部的动乱以及霸权主义、强权政治依然影响着世界的发展。在此背景下，老子文化中所倡导的谦虚处下、崇弱尚和、无为不争显得尤为重要。另外，我们在向外进行老子文化传播的过程中也要认识到老子文化对于海外各国来说始终是一种异质文化，因此，我们要继续深入发掘史料，加深对道家经典著作文本等方面的研究，寻找老子文化与西方文化的共通点。与此同时，近些年发展起来的老子旅游、养生文化也不失为我们向海外进行传播的优质内容。

（三）扩展传播渠道

近些年，伴随着中国的快速发展，中国在国际舞台上也越来越活跃。在各国竞争加剧的背景下，西方媒体对于中国的宣传仍然偏向于负面，中国积极向海外传播文化的过程，经常被外媒描述为"文化入侵"。加之目前在国际传播领域，西方国家占据主导地位，老子文化的传播时常遭遇重重阻碍。老子文化以柔为贵的核心理念，首先不具有文化上的强势性，同时其中还包含着丰富的养生、文艺、旅游文化，我们可以在这些政治、哲学思想色彩较淡的领域，利用民间组织、国际养生会议、国际艺术展览等方式促进中国老学的传播。此外，近年来各种通信软件、影视文化快速发展，我们也可以充分利用这些新时代的传播因素。

（四）精准的受众定位

受众，是文化传播的对象。在老子文化向海外传播的过程中，受众的文化背景、生活习惯等方面千差万别，因此，较为精准的定位对老子文化感兴趣的人群及其感兴趣的方面对于整个传播过程十分重要。恰逢大数据时代方兴未艾，这种基于对人们在网上留下的数据信息进行分析，从而较为精准地定位人群和受众偏好分析的技术为当今文化的传播带来了强大的助推力。在此背景下，我们要充分利用这种先进的分析工具，提高我们推动老子文化海外传播的针对性。

参考文献

［1］姜国柱.《老子》在外国［J］. 国际人才交流，1991（01）.

［2］张娟芳. 二十世纪西方《老子》研究［D］. 西安：西北大学，2003.

［3］张娟芳. 20世纪国外《老子》研究的新视角［J］. 南通师范学院学报，2006，18（03）：15－18.

［4］温军超. 老子文化海外传播的现状及对策［J］. 河南科技大学学报，2012（01）：12－15.

［5］温军超. 老子文化海外译介的深层逻辑［J］. 天中学刊，2012（05）：101－104.

［6］温军超. 媒介融合视角下的老子文化海外传播研究［J］. 新闻研究导刊，2013（03）：7－9.

［7］罗尚贤. 探寻流沙之西的老子［J］. Socialences in Guangdong，2005（05）.

［8］温军超. 由"西渐"到"西送"：老子文化的海外传播［J］. 今传媒，2013（02）：147－149.

［9］刘固盛. 中国老学研究的回顾与展望［J］. 华中师范大学学报，2015（05）.

［10］温军超. 中原文化海外传播现状及对策——以老子文化为例［J］. 中州大学学报，2011（06）：37－40.

［11］齐勇锋，蒋多. 中国文化走出去战略的内涵和模式探讨［J］. 东岳论丛，2010（10）：165－169.

［12］曲慧敏. 中华文化走出去战略研究［D］. 济南：山东师范大学，2012.

（任玉娜　北京信息科技大学　北京　100192）

历史·文学·法律与跨文化

论北宋王朝对外文化交流的战略思想*

张云筝

摘　要：北宋的科技文化水平处于世界领先地位，北宋王朝积极开展对外文化交流，利用文化"软实力"去加强其政治地位，实现"内圣外王"的战略思想，通过对周边政权的文化交流，建构北宋王朝的大国地位，遏制与其对等的大国辽朝势力的发展。北宋王朝对外文化交流战略思想，对北宋成为东亚的政治、经济、文化中心起到重要作用。

关键词：北宋王朝　文化交流　战略思想　朝贡体系　"内圣外王"

公元960年北宋王朝建立，凭借着其先进的文化、强大的经济实力，在东亚政治格局中成为举足轻重的"主角"。北宋王朝在对外文化交流中，不仅向周边传播儒家思想，交流文化典籍和先进的科学技术，更多的是在对外文化交流中展示王朝的"软实力"，让周边国家了解其政治、经济力量的强大，去实现"内圣外王"、树立大国地位的战略思想。战略在古代称之为谋略、韬略、方略、兵略等，北宋王朝对外交流的战略思想是指在北宋时期指导对外文化交流的全局性计划和策略思想。

一、在对外文化交流中树立北宋王朝的大国地位，构建朝贡体系的思想

宋代"其经济文化多方面的成就，不仅在当时世界上居于领先地位，并且对人类文明做出了重大贡献，产生深远的影响"。❶ 北宋自建国起，就

　＊　本文为国家社会科学基金项目"10～16世纪中国与西方国际关系理论与实践比较研究"项目的阶段性研究成果，项目编号14BSS028。

❶　朱瑞熙. 重新认识宋代的历史地位［J］. 河北学刊. 2006（05）.

希望继承汉唐时期在世界格局中的大国地位，通过对周边政权的文化交流，以展示其强大的综合实力，加强对周边政权的影响，实现与汉唐一样"众国来朝"的庞大朝贡体系的理想。

朝贡体系，也被称"封贡体系""宗藩体系""册封体制""天朝礼治体系"❶"华夷秩序"❷。所谓朝贡体系，是古代中国与外国交流时形成的特殊的外交、贸易、政治、军事、经济、文化交流的制度和秩序。外国、外族向中国赠呈礼物称"朝贡"，中国向外国、外族回赠礼物称"回赐"。早在 20 世纪初，日本学界对古代中国朝贡关系的研究就已经开始了。学者内藤湖南就曾根据"文化移动中心说"理论来解释东亚历史就是中国文化向周边国家扩张，以及这些国家对中国的文化扩张做出反应的历史。❸ 第二次世界大战后西岛定生在内藤湖南观点的基础上进一步提出"册封体制论"，他认为册封体制在意识形态上是传统的"中国中心论"的反映，在制度上是中国国内身份制度的外延。❹ 北宋王朝对外文化交流的战略思想，就是以展示其文化的"软实力"实现大国地位的战略。

为了扩大中原王朝的经济文化影响，北宋在对外经济文化交往中一直实行"厚往薄来"的招徕政策，希望能够继承汉唐以来的朝贡体系。周边国家通过建立和发展与北宋封建王朝的朝贡关系，可以获得北宋先进的科学文化，在经济上获取大量的利益，北宋王朝对外文化交流中的策略思想，就是以其强大的文化实力实现建立大国地位、构建稳定的朝贡体系的战略，因为周边政权对学习北宋先进的科技知识、获取巨大的经济利益有着长足的动力，他们积极地加入到北宋的朝贡体系中，在北宋时期，众多的周边政权在固定的时间向北宋王朝朝贡（如表 1 所示）。

表 1　北宋不同时期主要朝贡国一览表❺

时期	朝贡国家	资料来源
太祖	高丽、定定、女真、龟兹、于阗、高昌、天竺、占城、三佛齐、交阯、大食、回鹘	玉海卷 153《朝贡》

---

❶ 黄枝连. 天朝礼治体系研究［M］. 北京：中国人民大学出版社，1992：287.

❷ 何芳川. "华夷秩序"论［J］. 北京大学学报，1998（06）.

❸ ［日］内藤虎次郎. 内藤湖南全集. 第 6 卷［M］. 东京：东京筑摩书房，1970：325.

❹ ［日］西岛定生. 中国古代国家和东亚社会［M］. 东京：东京大学出版会，1983：158.

❺ 根据玉海卷 153《朝贡》与《续资治通鉴长编》中的朝贡内容进行整理。

时期	朝贡国家	资料来源
太宗	渤泥、波斯、日本、阇婆、吐蕃、西凉、渤海、高敞、占城 塔坦（卷24）、高昌（卷21）、高丽（卷21）、三佛齐（卷24）	玉海卷153《朝贡》 《续资治通鉴长编》
真宗	丹流眉、蒲端、注辇、西天金城、勿巡、角厮罗 三佛齐（卷55）、大食（卷55）、占城（卷57）、甘洲回鹘（卷57）、龟兹（卷73）	玉海卷153《朝贡》 《续资治通鉴长编》
仁宗、英宗	涂渤、石龙蕃、夏国 龟兹（卷108、110、120）、角厮罗（卷100）、大食（卷101、191 等）、于阗（卷103）、三佛齐（卷106）、交阯（卷118）占城（卷109、174、182）	玉海卷153《朝贡》 《续资治通鉴长编》
神宗	拂菻、大理、真腊、施婆罗、董氈 于阗（卷220、247、293、300、302、311、335 等）、三佛齐（卷299）、占城（卷277）、注辇（卷283）、交阯（卷292）、大食（卷345）	玉海卷153《朝贡》 《续资治通鉴长编》
哲宗	高丽、于阗（卷394、398、460、485、486）	
徽宗	蒲甘、青唐	玉海卷153《朝贡》

　　在北宋朝贡国具体数量的统计中，一般根据《宋会要辑稿·蕃夷》部分有关资料进行统计，得出了"与宋朝建立朝贡关系的国家共有 26 个，入贡次数为 302 次"❶ 的结论，但从表 1 中可以看到，北宋的朝贡国多达 46 个，这显然比前人研究中的 26 个要多出一些。在这些朝贡国中，有些国家对宋朝贡频繁，如交阯（今越南北部）、占城（今越南中南部）、三佛齐（位于苏门答腊岛）、真腊（今柬埔寨）、阇婆（位于爪哇岛）、丹流眉（今泰国）、蒲端（今菲律宾）、摩逸（位于吕宋岛）、勃泥（今文莱国）、蒲甘（今缅甸中部），也有一些国家也与宋有过几次联系，如神宗时期，

---

❶ 李金明、廖大珂. 中国古代海外贸易史［M］. 桂林：广西人民出版社，1995：104.

层檀（今非洲桑给巴尔）、日本曾经遣使到宋，宋没有对这些国家有过任何册封，也没有形成一定的朝贡制度，甚至一些国家的到来，只是一两次而已。如仁宗时到过宋的"大留"❶，后来连宋人也无法考证它在何方。如果我们除去与宋有过几次联系的国家政权，如波斯、涂渤、石龙蕃等，只计算与宋有一定朝贡制度和秩序的朝贡国，那么数字应该在 35 个左右。在这些朝贡国中，前往中国朝贡的国家甚多，而获得册封者较少，中原王朝有选择地册封若干在当地相对强大而有影响的国家，作为控制或者影响一个地区的战略支撑点。

在北宋王朝的周边地区，一部分国家政权通过与北宋进行文化交流，对其政治、经济、文化仰慕，认同了北宋王朝为中原王朝的继承者，请求北宋王朝对他们册封，并定期向北宋纳贡。北宋王朝在朝贡国中享有至高的威信，皇帝"操威福之柄以驭普天，虽远在四方万里之外，莫不欲其令之则从，禁之则止，有以明好恶之所在而不敢违"。❷ 北宋通过对周边国家的册封，建构君臣隶属关系，也使"东亚各国存在着结构性关系"。❸ 根据表 1 可以看到，从宋太祖时期开始，朝贡国的范围逐渐扩大，神宗时期达到顶峰，到了哲宗、徽宗时期随着国力的衰落，朝贡国骤减，这也在事实上反证了北宋对外交流的战略思想，不仅是为文化交流而交流，更是为了在文化交流中显示其优越的文化，建立其大国地位，构建其朝贡体系，实现其"众国来朝"的梦想。

二、北宋王朝对外文化交流中的"内圣外王"思想

北宋时期对外文化交流以传播儒家文化为核心，在经济往来、文化交流的过程中，主要用"道德"来感召周边国家，而不是用武力的手段，行"王道"❶ 使周边政权臣服北宋，实现在儒家文化中传承已久的"内圣外王"的思想。"考其祖宗立国初意，以忠厚仁恕为基，向使究其所为，勉

---

❶ 李焘. 续资治通鉴长编. 卷 167 [M]. 北京：中华书局，2008：4025.
❷ 李焘. 续资治通鉴长编. 卷 504 [M]. 北京：中华书局，2008：12022.
❸ ［日］西岛定生. 東アジア世界と冊封体制，东亚世界与册封体制 [M]. 东京：岩波书店，1962：857.
❶ 金应忠，倪世雄. 国际关系理论比较研究 [M]. 北京：中国社会科学出版社，2003：434.

而进于王道，亦孰能御之哉?"❶ 表现了宋自立国开始，统治者希望通过"行王道"，用道德感化的方法，实现"内圣外王"的思想。"从 10—13 世纪，中国并没有教条地强迫外族服从这个体系。"❷ 北宋王朝行"王道"是以中原王朝为中心，建立起一种伦理道德规范。把"仁义""德化"的原则运用于处理对外文化交流关系上，凭借文化优势，依托国内的政治原则和道德理念与周边政权建立一套道德与价值准则。北宋的最高统治者皇帝深受传统儒家思想的影响，遵奉"祖宗之法"，再加上军事力量的薄弱，北宋皇帝在对外文化交流中更加注重道德感化，通过文化交流，以"礼""义""德""仁"等儒家思想，对其他政权进行道德感化，达到"内圣外王"的目的。

在文化交流中推行"德""仁"，"仁"即处理人际关系的精神指导，"克己复礼为仁。一曰克己复礼，天下归仁焉"，把人性中的"仁"推之以外与外的关系。程颐、程颢继承儒家的传统仁政思想，把仁政作为王道政治的根本，他们说："王道之本，仁也"❸，"治今天下，犹理乱丝，非持其端，条而举之，不可得而治也。故臣前所陈，不及历指政治之阙，但明有危乱之虞，救之当以王道也"，"人君欲附天下，当显明其道，诚意以等物，恕己以及人，发政施仁，使四海蒙其惠泽可也"❹。只有施行仁政，才能像理顺乱丝一样治好天下。"德"即推行道德的对外文化交流原则，用道德的约束来代替"利害权衡"。朱熹对德的解释为："德字从心者，以其得之于心也。"德是道德上的善心，如果能从心里体现这种仁心，也就具备了德。他说"为政以德，则无为而天下归之，其象如此"，"为政以德"不是把德去为政，是自家有这德，人自归仰，如众星拱北辰。❺ 对外交流中行仁政，以德服人，行使"王道"，才能使人心悦诚服，方能实现"近者悦，远者来"。

❶ 脱脱. 宋史. 卷 126［M］. 食货上一. 北京：中华书局，1995：4156.

❷ Morris Rossabi. China among Equals: The Middle Kingdom and Its Neighbors, 10th – 14th Centuries［M］. University of California Press，1984. p. 3.

❸ 程颐、程颢. 二程文集. 卷 6［M］. 上仁宗皇帝书. 影印文渊阁四库全书 1345 册，台北：台湾商务印书馆，1983.

❹ 程颐、程颢：二程粹言. 卷下［M］. 君臣篇. 影印文渊阁四库全书 698 册，台北：台湾商务印书馆，1983.

❺ 朱熹. 朱子语类. 卷 23［M］. 为政以德章. 影印文渊阁四库全书 700 册，台北：台湾商务印书馆，1983.

"内圣外王"不是依靠武力来取得，而是通过对外文化交流，用"仁""德"的思想来感化其他政权，最终达到和平相处的局面。如至道年间吏部郎中、直集贤院田锡上疏时所言："若道尊德盛者，陛下劳谦以师之，才高识远者，陛下推诚以友之；友之则四友斯来，师之则三师可至。师道见尊，则天下何忧不理；王道得友，则天下何虑不宁。"❶ 神宗时苏轼提出对周边政权要遵守仁、爱、礼、义、信，己所不欲，勿施于人。北宋王朝对四周政权要仁义，以礼相待，以实相待，对他们要"亲之如父子，信之如心眼"。"赤心以待之，不可以丝毫伪也"，"至诚，则四夷推赤心以待"，❷ 北宋王朝的文化交流中，"内圣外王"的思想有着重要的指导地位，以儒家思想中的"仁""德"为文化交流的重要思想内容，以道德感化的思想来保持宋王朝的中心地位，得到众多周边政权的尊重与顺服。但是，宋王朝现实的地缘环境是复杂多变的，对其他政权来讲，在对外经济文化交流中行"王道"，有时并不能够满足他们对现实利益的要求，"内圣外王"的思想不免有着理想主义的成分，这些"理想"也必然会在异族政权的欲望中破灭。

三、通过对外文化交流，遏制辽势力发展的思想

宋代是一个特殊的时期，一方面，它在北方辽、西夏、金政权的攻击下，处于守势；另一方面，它具有异常繁荣的社会经济，凭借博大的思想文化、先进的政治制度，使宋王朝在东亚占据重要地位。但它并不是唯一的"主角"。宋立国前，在它的北方已经有契丹族建立的辽政权。公元907年耶律阿保机在上京临潢府（今内蒙古林西林东之间）建国称帝，在他的领导下，辽很快完成中国北部的统一，继之进入经济、政治稳定发展时期。阿保机带领契丹人频频南下、西征，以开疆拓土，耶律德光即位后，又得到了后晋石敬唐进献的燕云十六州，燕云地区地势险要，重要的地理位置使辽在地缘政治中占优势。契丹族是以游牧为主的民族，英勇善战，有着强大的军事实力，并占据着有利战略要地。辽控制着广阔的地域，宋统一中原后实际控制的版图比辽要小。北宋与辽成为10—11世纪在亚洲的两个大国，两国有着和平发展的时期，也有着剑拔弩张的时期，北宋对外

---

❶ 李焘. 续资治通鉴长编. 卷41 ［M］. 至道三年七月丙寅，北京：中华书局，2008：875.
❷ 苏轼. 苏轼文集. 卷4 ［M］. 道德. 北京：中华书局，1986：132.

交流的战略思想中，一个重要的思想就是通过与周边政权的文化交流，去遏制辽的势力发展。

同北宋王朝一样，辽太祖时期就开始建立以辽为中心的朝贡国，如回鹘、于阗、高丽等，后来又有所扩大，辽的朝贡国主要为其接壤地区，具体如表2所示。

表2　辽的朝贡国❶

时期	朝贡国
辽太祖	北汉、渤海、高丽、回鹘、新罗
辽太宗、世宗	女真、吐谷浑、乌孙、铁骊、赁烈、辖戛斯、回鹘、铁骊
穆宗	女真、铁骊
景宗	辖戛斯、回鹘、女真、于阗、夏
圣宗	女真、于阗
兴宗	女真、高丽、夏、回鹘
道宗	女真、高丽、夏、回鹘

根据表2，可以看到辽的朝贡国有十余个，除女真、高丽、西夏外，都集中在西域一带，这种情况与辽太祖西征有着很大关系，"及太祖西征，至于流沙，阻卜望风悉降，西域诸国皆愿入贡。"❷

宋辽在太祖开宝七年（辽景宗保宁六年，公元974年），双方正式建交，此后，双方互派使者，建立了正常的文化交流关系。但是五年后，宋太宗为统一燕云地区发动了对辽战争，宋辽关系断绝，两国时有冲突。真宗景德元年（公元1004年），辽圣宗南侵，双方在澶渊（今河南濮阳县西南）城下对峙，最后订立澶渊誓书，北宋每年向辽交岁币银十万两，绢二十万匹，从此双方基本维持了和平的关系。在此后，北宋、辽双方都把对方视为大国，北宋在所有交往的国家中，对辽的待遇列于其他国之上，当时"皇朝之制，西北蕃部及契丹、高丽、东南蛮、西南夷及诸外蕃国来贡者，并对于崇德殿。契丹使……他国使，或止就长春殿，皆于殿庭北向，跪奉表函，通事舍人受以进。南蛮、东夷、西南夷、海外国、西北蕃部对讫，复引对于崇政殿。……契丹、高丽、交阯使归，赴内朝奉辞，皆于崇

---

❶　根据《辽史》卷70《属国表》，北京：中华书局1995年版，第1123－1128页整理。
❷　脱脱. 辽史. 卷103［M］. 萧韩家奴传，北京：中华书局，1995：1447.

德殿。其契丹使，诏升殿受书，他国书皆有司付之，其赐物有差。"❶ 可见，当时契丹使的地位列于其他国之上。两国的国书中，称国名为"大宋""大契丹"，有时也"去其国号，止称南朝、北朝"，❷ 治平三年"大契丹"改为"大辽国"，宋亦称之为"大辽国"。虽然宋、辽双方都把对方作为文化交流中的重点，但他们的关系也不是一帆风顺，在和平发展的期间也有着冲突。

如宋仁宗庆历二年（公元 1042 年），辽乘宋、夏战争的机会向宋勒索分地。结果宋再给辽岁币银十万两，绢十万匹。宋神宗熙宁七年（1074年），辽借口宋在山西边境加修堡垒，引起了辽的不安，要求与宋划界，北宋只好又放弃了一些土地。另外，值得注意的是，辽与西夏在某一时期的亲密关系，使北宋、辽、西夏之间构成了一个"大三角"关系，西夏成为辽牵制宋的一个"砝码"，北宋陷入北边两面受敌的情况，它希望通过加强朝贡体系来改善这种被动处境。北宋在澶渊之盟后，希望通过积极的对外经济文化交流，与传统朝贡国建立更加牢固的关系，去遏制辽势力的发展。

在对外文化交流中，北宋依据中原王朝的惯例，积极地谋求主导地位，以打破孤立被动局面，然而在辽国的势力越来越强大的情况下，其经济文化交流的战略多半是事倍功半，得不偿失。多种因素的集合，使宋王朝面临着复杂的外交环境，"国朝西北有二敌，南有交阯，故九夷八蛮，罕所通道。"❸ 北方有政治和军事上都很强大的辽，西北有西夏的"叛服不常"，北宋朝廷对外文化交流的战略思想中，就有着分化辽国朝贡国的思想，北宋也积极争取辽国的朝贡国，使一些周边政权能够与北宋有联系，甚至成为北宋的朝贡国。所以在某一时期，一些政权可能接受辽的册封，而另一时期却接受宋的册封，以削减辽的势力，也有一些朝贡国为了获得更多的利益，同时接受宋、辽两国的册封。北宋为了有效遏制辽的势力，加强与传统朝贡国的联系，增加一些朝贡国的政治经济待遇，利用经济、文化上的优势，采取"以夷制夷"的思想去遏制辽，如加强与高丽的文化交流，在政治上实现"联丽制辽"。熙宁年间，对高丽实行特殊的政策，为高丽的使者建立亭馆，使者来朝后又给予非常丰厚的回赐，元丰三年

---

❶ 李攸. 宋朝事实. 卷 12 ［M］. 仪注二，台北：台湾商务印书馆，1936：220.

❷ 徐松. 宋会要辑稿. 蕃夷二之十七 ［M］. 北京：中华书局，1957：7700.

❸ 蔡攸. 铁围山丛谈. 卷 5 ［M］. 北京：中华书局，1983：96.

（公元 1080 年），神宗曾经批示："高丽国王每朝贡，回赐浙绢万匹，须下有司估准贡物乃给，有伤事体。宜自今国王贡物不估值回赐，永为定数。"❶ 此次批示说明了神宗对高丽关系的重视，北宋与高丽之间的经济文化交流，重要的是实现北宋遏制辽朝的战略思想，一些经济的损失几乎可以忽略不计。但另一方面，北宋在与高丽的文化交流中，不是高丽要求的文化典籍都会赐予高丽，因为担心高丽会把北宋的一些地理经济等情况传给辽。如元祐八年（公元 1093 年）高丽使者到汴京，想购买《册府元龟》《北史》等书，当时的礼部尚书苏轼上奏哲宗："高丽名为慕义来朝，其实为利，度其本心，终必为北虏所用。何也？虏足以致其死命，而我不能故也。今使者所至，图画山川形胜，窥测虚实，岂复有善意哉？"❷ 朝廷最后决定不准给予高丽这些书籍，这一行动虽然无利于两国的文化交流，但也说明了北宋文化交流的另一思想，即与传统朝贡国联合，"以夷制夷""联丽制辽"，以遏制辽的势力发展，维持宋辽之间的实力均衡。

北宋有着先进的文化，指南针、印刷术和火药三项的应用和发展，使北宋科技水平在世界上属领先地位。北宋王朝在对外文化交流中，一方面传播其先进的科技文化；另一方面在展示其强大的文化"软实力"的同时，实现"内圣外王"的战略思想。澶渊之盟后，在北宋政治保守软弱、军事实力下降的情况下，北宋王朝对外文化交流的战略思想，引导其对外文化交流走向繁荣昌盛，建构了北宋王朝的大国地位，遏制了辽朝的势力发展，使北宋成为亚洲的政治、经济、文化中心。

（张云筝　北京信息科技大学　北京　100192）

---

❶ 李焘. 续资治通鉴长编. 卷 302 ［M］. 元丰三年正月辛巳，北京：中华书局，2008：7346.

❷ 苏轼. 苏轼文集. 卷 35 ［M］. 论高丽买书利害札子三首，北京：中华书局，1986：994－998.

《红楼梦》中贾代儒身份及其境遇探析

王　媛

摘　要：在《红楼梦》中，贾代儒是一个十分特殊的人，他辈分高而地位卑，年龄长而无尊严，在贾家开办的义学中做教书先生。他一生仕途不顺，家庭不幸，和孙子相依为命。而孙子又为情所迷，为欲而死，最终剩下代儒一人终其一生。作为教师，代儒是称职的。他循循善诱、因材施教的教学方式也是值得肯定的。

关键词：《红楼梦》　贾代儒　身份　境遇　教学方式

一、贾代儒的辈分、身份及其在贾家的地位

四世同堂是中国传统家庭的理想，一结婚就与父母分家单过的，在中国传统家庭很少见，所谓"祖父母、父母在者，子孙不许分财异居。其父母许令分析者，听"。❶ 不分家而又企盼多子多福，家族自然就人丁兴旺。一大家子，祖、父、子、孙，兄、弟、叔、侄，关系错综复杂，同宗几代以后，年龄与辈分就昭穆难辨、伯仲难分了。叔叔的年龄可能比侄子还小的情况，在中国传统大家庭里数见不鲜。因此，仅凭年龄判断辈分就有可能出现差错。而名字的作用恰恰就在于此。

中国人的名字很有讲究，含义且不论，其中一项大功能就是定长幼、别辈分。如苏轼、苏辙、苏洵，从五行相生的关系看，水生木，明白了这一点，他们之间的兄弟、父子关系也就一目了然了。而袁宗道、袁宏道、袁中道，一看也便知是同辈兄弟。《红楼梦》中的贾府写了"水、代、文、玉、草"五世，贾代儒为"代"字辈。代字辈的有：贾代化、贾代善、贾

---

❶　徐泓. 明代的家庭：家庭形态、权力结构及成员间的关系 ［J］明史研究，1994（第四辑）.

代修等。贾代儒和贾母同辈，属于第二辈，辈分较高，是贾政的叔，宝玉的爷。但在《红楼梦》中却看不到应有的尊严和地位。为什么呢？其实，贾代儒是贾氏的嫡亲、堂亲，而不是像有些评论者说的只是同族旁支，这一点在脂批里就说得很清楚。护官符："贾不假，白玉为堂金作马"，甲戌侧批：宁国、荣国二公之后，共二十房分，除宁、荣亲派八房在都外，现原籍住者十二房。❶ 这段脂批写得很明白，"宁国、荣国二公之后"就是贾演、贾源二公之后；"宁、荣亲派八房在都外"——即现在贾府的"代"字辈应该都是在这八房之内。贾代化是贾演的长子，贾代善是贾源的大儿子，贾代儒、贾代修也应该是贾演、贾源的直系后代。那么既然是一脉嫡传，为何贾代儒如此落寞，连凤姐都敢戏弄他的孙子？笔者推测，代儒是贾家的直系宗亲不会错，问题可能就出在嫡庶上了，贾代儒是庶出。代儒是宁府一支，是贾赦爸爸的庶弟，贾政爸爸的堂庶弟。嫡庶在宗法社会是有严格区别的，贾环和贾宝玉就是证明。代儒由于是庶出，加之他自己书没有读成，官路又不通，因此，在贾家做教书匠。

另外，代儒的教书生涯一是他的特长使然；二是贾家的传统。第八回写宝玉和秦钟上学，原文这样写道："原来这贾家义学离此也不甚远，不过一里之遥，原系始祖所立，恐族中子弟有贫穷不能请师者，即入此中肄业。凡族中有官爵之人，皆供给银两，按俸之多寡帮助，为学中之费。特共举年高有德之人为塾掌，专为训课子弟。"到底是名门望族，为了长宜子孙，始祖想得真周到啊！这段话中至少传达出三个信息：一是办义学之目的；二是办学的资金来源；三是师资。

办学目的是"恐族中子弟有贫穷不能请师者，即入此中肄业"（本族内有教无类）；办学资金来源是"凡族中有官爵之人，皆供给银两，按俸之多寡帮助，为学中之费"（由家族内事业编人员资助）；师资是"举年高有德之人为塾掌"（首选年龄德行，不论学历才能）。

在这一标准下，贾代儒就成为族中家塾教师的不二人选。

二、贾代儒的遭遇及其必然性

前已述及，贾代儒在贾府就是一个教书先生，族中稍微有点头脸的人，都不会高看他。这固然与他庶出的身份以及在贾家的地位有关，但也

---

❶ 脂砚斋. 脂砚斋重评石头记　第四回［M］. 天津：天津古籍出版社，2006.

不可否认，他仕路不通、才情不高、家门冷落、后继无人也是重要原因。

《红楼梦》中没有交代贾代儒科举考试的情况，但根据他的处境推测，他至多是一个秀才，若是举人的话，当知县的资格都有了，何苦在家塾里做个娃娃头呢？这也从一个侧面反映代儒此人学识不高、水平有限。我们可以拿他和贾雨村进行对比。《红楼梦》第二回："原来，雨村因那年士隐赠银之后，他于十六日便起身入都，至大比之期，不料他十分得意，已会了进士，选入外班，今已升了本府知府。"程高本为"已中了进士，选入外班，今已升了本县太爷"。从这段文字可知，贾雨村是进士无疑，而贾代儒充其量是一个秀才。这一点起码说明代儒在对儒家经典理论的掌握上，功底不如贾雨村深厚。再者，贾雨村有远大的抱负，"玉在椟中求善价，钗于奁内待时飞"。❶可见其自信的程度。而贾雨村在诗文方面的才情绝对在贾代儒之上。例如，第一回，写贾雨村到甄士隐府上，"二人愈添豪兴，酒到杯干。雨村此时已有七八分酒意，狂兴不禁，乃对月寓怀，口占一绝云：时逢三五便团绍，满把清光护玉栏。天上一轮才捧出，人间万姓仰头看。士隐听了大叫：'妙极！弟每谓兄必非久居人下者，今所吟之句，飞腾之兆已见，不日可接履于云霄之上了。可贺可贺！'乃亲斟一斗为贺。"这种即兴吟诵的才气，贾代儒是难以比肩的。而且，能和甄士隐推杯换盏，被甄士隐看好的，也绝非等闲之辈。至于贾雨村的世事洞明，人情练达，贾代儒更是望尘莫及。但贾雨村的致命弱点是知行不一、势力奸猾、人品低劣，而贾代儒方正迂腐，人称"现今之老儒""年高有德之人"。这也许是贾代儒唯一能胜过贾雨村的地方。但在那样一个社会，不论是贾雨村的圆滑世故，还是贾代儒的迂腐方正，其不幸的结局都是在所难免的。

贾代儒的不幸遭遇还在于他家丁不旺，后继无人。儿子、儿媳均早亡，书中未提及妻子，想必也已不在人世，只剩下孙子贾瑞。而孙子又是如此的不争气。笔者揣测，对王熙凤毒设的相思局，以致害死他孙子的事，贾代儒不可能知道得很详细，但也绝不会完全相信贾瑞的"往舅舅家去了，天黑了，留我住了一夜"。因为接下来打了贾瑞三四十板子，不许吃饭，跪在院内，补出十天功课的原因，就是他认为贾瑞撒谎。他是教书先生，其弟子来自贾府的各个角落，是道听途说的好场所，孙子的风流韵

❶ 曹雪芹. 红楼梦 第一回［M］. 北京：人民文学出版社，1982.

事怎会不飘进他的耳朵？但他就是知道与凤姐有瓜葛，又能怎么样？没有贾府，哪来他的饭碗？所以，这也就注定了这个孤老头子的凄凉结局。

三、贾代儒教学方式探析

众所周知，《红楼梦》中人物的名字都有其谶意，或预示人物的遭遇，或预示人物的结局，或预示人物的性格、身份，就如同袭人为戏子之人一样。贾代儒的名字有何寓意？代儒者，代表儒家也，但可惜的是贾代儒——假代儒。

《红楼梦》中，作者对儒家思想是褒是贬，学界观点不一，且各自似乎都论据充分。笔者认为书中看似儒释道并存，其实作者还是有先后顺序的。儒是第一，佛道第二，这是很明显的。第五回《贾宝玉神游太虚境 警幻仙曲演红楼梦》中，受荣宁二公嘱托，警幻仙姑开导宝玉："从今后万万解释，改悟前情，留意于孔孟之间，委身于经济之道。"其实，第一回作者就借顽石之口表达了不能补天的遗憾："无才可去补苍天，枉入红尘若许年，此系身前身后事，倩谁记去作奇传。"这里，女娲补天的神话显然只是个类比。天塌在前，补天在后。那么，此前的天是谁的天？自然是大清的天，是以儒家思想为官方统治思想的大清朝的天。但作者生不逢时，半生潦倒，况且，社会也没有给他补天的机会，以致发出"枉入红尘若许年"的无奈、幽怨。而这恰恰从反面证明了作者真正向往、真正追求的是希望加入到补天的行列。但僵化的"八股取士"制度，加之现实中太多借圣贤之言"饵名钓禄"之人，这些假代儒（贾代儒）统统被作者称之"禄蠹"。

作为教书匠的贾代儒虽然学识可能不深，但教学经验丰富，教学安排合理。教学方法也是非常灵活的。他的教学安排是：早起理书，饭后写字，晌午讲书念文章。

《红楼梦》第八十二回是一堂课堂实录，讲《论语》的"后生可畏"❶和"吾未见好德如好色者也"❷。代儒的教学过程分三个阶段：一是阅读；二是提炼节旨；三是串讲。在讲"后生可畏"一章里，小说这样写道——

宝玉把这章先朗朗地念了一遍，说："这章书是圣人劝勉后生，

---

❶ 杨伯峻. 论语·子罕第23章［M］. 北京：中华书局，2012.
❷ 杨伯峻. 论语·子罕第18章［M］. 北京：中华书局，2012.

教他及时努力，不要弄到……"说到这里，抬头向代儒一瞧。代儒觉得了，笑了一笑道："你只管说，讲书是没有什么避忌的。《礼记》上说'临文不讳'，只管说，'不要弄到'什么？"宝玉道："不要弄到老大无成……"

看到这里，读者可能都会忍俊不禁，"老大无成"，这不是在影射老师嘛，也不怕老师生气。而代儒一句"'临文不讳'只管说"，就化解了尴尬，这种随和大度的气量，鼓励学生大胆直言的教学方式不正是我们今天应该提倡的吗？接下来，贾代儒要求宝玉讲一讲"吾未见好德如好色者也"。宝玉一看题目，开始有点不想讲，不料遭到老师严厉批评："胡说！譬如场中出了这个题目，也说没有做头么？"宝玉只好讲了一番。大概意思是假如人人爱好道德都达到本能好色的地步，那天下就圆满了。不可否认，宝玉讲得还是不错的。待宝玉讲完后，老师的评价是"罢了"。但接着，代儒话锋一转——

"我有句话问你：你既懂得圣人的话，为什么正犯着这两件病？我虽不在家中，你们老爷也不曾告诉我，其实你的毛病我却尽知的。做一个人，怎么不望长进？你这会儿正是'后生可畏'的时候，'有闻''不足畏'全在你自己做去了。我如今限你一个月，把念过的旧书全要理清，再念一个月文章。以后我要出题目叫你作文章了。如若懈怠，我是断乎不依的。自古道：'成人不自在，自在不成人。'你好生记着我的话。"宝玉答应了，也只得天天按着功课干去。

看到这里，我们才恍然大悟，原来如此，贾老师终于点明了这堂课的教学目的。在这一过程中，我们看到了一个严谨的、循循善诱的、对学生严格要求的教书先生。他既教书又育人，对学生因材施教，希望宝玉做一个知行合一的人。这些都表明贾代儒作为一个教师还是比较称职的。只是由于家庭及环境的原因，他孤老一生，令人可悲可叹！

（王媛　北京信息科技大学　北京　100192）

"责己"并非"虚无"*

——再论胡适的东西文化观

石桂芳

摘　要： 作为"20 世纪影响力最大也最长久的思想家"，胡适在救亡图存的时代大背景下，学贯中西的深厚文化底蕴以及他对国家、民族前途与命运的深切关注，促使他对中国传统的批判不遗余力，也因之被同时代人与后来人误解为"西化派"甚至是"民族虚无主义者"。在文化与文明全球化与充分世界化的今天，重新审视、评估胡适的东西文化观，对于我们当下如何融会中西、建设有中国特色的社会主义新文化将有所裨益。

关键词： 胡适　东西文化观　"责己"　"虚无"

作为"20 世纪影响力最大也最长久的思想家"❶，胡适从新文化运动时期因提出"文学改良刍议"而"暴得大名"，到 1962 年在台北中央研究院的酒会上遽归道山，他经历了"誉满天下，谤亦随之"的坎坷人生。在救亡图存的时代大背景下，学贯中西的深厚文化底蕴以及他对国家、民族前途与命运的深切关注，促使他对中国传统的批判不遗余力，也因之被同时代人与后来人误解为"西化派"甚至是"民族虚无主义者"。在文化与文明全球化与充分世界化的今天，重新审视、评估胡适的东西文化观，对于我们当下如何融会中西、建设有中国特色的社会主义新文化将有所裨益。

---

❶ 余英时对胡适的评论。余英时，祖籍安徽潜山，1930 年生于天津。1956—1961 年就读于美国哈佛大学，获博士学位。曾任密歇根大学副教授、哈佛大学教授、香港新亚书院院长兼香港中文大学副校长、耶鲁大学历史讲座教授、普林斯顿大学讲座教授，系台湾"中央研究院"院士。著有《士与中国文化》《历史与思想》《朱熹的历史世界：宋代士大夫政治文化的研究》《宋明理学与政治文化》等著作数十种。2006 年，获美国国会图书馆"克鲁格人文与社会科学终身成就奖"。

一、"我的主张只是责己而不责人"

自近代西方列强发动一系列旨在灭亡中国的侵略战争以来，中国身陷亡国灭种的深刻危机之中，在中西文化的剧烈碰撞中，无数仁人志士也开始了对中国传统文化的认真反思，曾留美 7 年并深谙中国传统文化的胡适在新文化运动的洪流中发起了"整理国故"运动，旨在通过"研究问题，输入学理"来"整理国故，再造文明"。在"整理国故"的过程中遂走上了"捉妖""打鬼"之路。此后，在长期的东西文化论争中，胡适对传统文化进行了深刻而激烈的批判，对中华民族遭受空前劫难的症结进行了不懈的探索与反思，并旗帜鲜明地提出"我的主张只是责己而不责人"，原文如下：

> "鸦片固是从外国进来，然吸鸦片这究竟是什么人？何以世界的有长进民族都不蒙此害，而此害独钟于我神州民族？"❶

> "帝国主义者三叩日本之关门，而日本在六十年之中便一跃而为世界三大强国之一。何以我堂堂中华便一蹶不振如此？此中症结究竟在什么地方？岂是把全幅责任都推在洋鬼子身上便可了事？我的主张只是责己而不责人，要自觉地改革而不要盲目地革命。"❷

在胡适的认识里，堂堂中华一蹶不振的根本症结不在西方列强，而恰恰在于我们自己。正如他在《我们对于西洋近代文明的态度》中所指出的那样：

> "东方的文明的最大特色是知足。西洋的近代文明的最大特色是不知足。知足的东方人自安于简陋的生活，故不求物质享受的提高；自安于愚昧，自安于'不识不知'，故不注意真理的发现与技艺器械的发明；自安于现成的环境与命运，故不想征服自然，只求乐天安命，不想改革制度，只图安分守己，不想革命，只做顺民。"——这样受物质环境的拘束与支配，不能跳出来，不能运用人的心思智力来改造环境、改良现状的文明，是懒惰不长进的民族的文明，是真正唯

---

❶ 胡适.《答梁漱溟先生》[A]. 胡适文存·四 [M]. 合肥：黄山书社，1996：325.
❷ 同上.

物的文明。这种文明只可以遏抑而不能满足人类精神上的要求。"❶

因此，这种"懒惰不长进的民族"与之相对应的是"这样不发达的交通""这样不发达的实业"，在把科学奉为上帝的西方列强面前，我们的遭遇就可想而知了。落后就要挨打，这不仅是不争的事实，也是近代中华民族无法逃避的必然命运。

二、"责己"主张的历史考察

胡适于 1910 年考取"庚子赔款"第二期官费生赴美国留学，先后就读美国康乃尔大学和哥伦比亚大学，师从杜威。在美国留学的 7 年中，他深入到美国普通人民的生活里去，教会的活动、社区的活动、学校的活动，他都参与，而且他跟许多美国家庭保持了长期的友好关系。从这个意义上讲，他对美国文化的了解比其他留学美国的人都来得更深入。同时，在对中西文化进行了深入的研究与比较后，他极力推崇以"民主"和"科学"为核心的西方文化并批判中国传统文化的惰性，以期推进中国传统文化的现代化。

（一）"责己"源于自知

1. 中西文明的差距

针对"五四"前后一部分知识分子的主张：东方文明是"静的文明"，西方文明是"动的文明"，而且"动的文明"以"静的文明"为基础❷。胡适反驳道：

"今日最没有根据而又最有毒害的妖言是讥贬西洋文明为唯物（Materialistic），而崇东方文明为精神的（Spiritual）。……凡一种文明的造成，必有两个因子：一是物质的（Material），包括种种自然界的势力与质料；一是精神的（Spiritual），包括一个民族的聪明才智感情和理想。凡文明都是人的心思智力运用自然界的质与力的作品；没有一

---

❶ 胡适. 我们对于西洋近代文明的态度［A］. 胡适文存·三［M］. 合肥：黄山书社，1996：10.

❷ 梁漱溟（1893—1988 年），著名的思想家、哲学家、教育家、社会活动家、爱国民主人士、学者、国学大师，主要研究人生问题和社会问题，现代新儒家的早期代表人物之一，有"中国最后一位儒家"之称。著有《东西文化及其哲学》，主张东方文明是"静的文明"，西方文明是"动的文明"。

种文明是精神的，也没有一种文明单是物质的。"❶ ……"西洋近代文明的特色便是充分承认这个物质的享受的重要。西洋近代文明，依我的鄙见看来，是建筑在三个基本观念之上：第一，人生的目的是求幸福。第二，所以贫穷是一桩罪恶。第三，所以衰病是一桩罪恶。"❷

因此，"我们可以大胆地宣言：西洋近代文明绝不轻视人类的精神上的要求。我们还可以大胆地进一步说：西洋近代文明能够满足人类心灵上的要求的程度，远非东洋旧文明所能梦见。在这一方面看来，西洋近代文明绝非唯物的，乃是理想主义的（Idealistic），乃是精神的（Spiritual）。"❸

因此，与梁漱溟等一些知识分子的观点不同，胡适认为，我们这个民族的文明非但不是精神的，恰恰相反，是"完全被压死在物质环境之下，成了一分像人、九分像鬼的不长进民族"的文明，是有着"种种懒惰苟且的表现"的"不能征服物质"的民族的文明。❹

质言之，从性质上讲，东西文明不仅不能简单而笼统地区别为"精神文明"和"物质文明"，而且，从时代上讲，西方文明的发达程度要远远高于东方文明。"东西文化之区别，就在于所用的器具不同"。"东方文明是建筑在人力上面的，而西方文明是建筑在机械力上面的"。"它们原来不过是进步之程度不同，后来时日久远，就变为两种根本不同的文化了"。❺

2. 认错就是自知和反省

胡适对中西文化进行了一番对比，让国人看到两者的巨大差距，以期国人能客观地承认这种差距。他进一步指出：

"我们如果还想把这个国家整顿起来，如果还希望这个民族在世界上占一个地位——只有一条生路，就是我们自己要认错。我们必须承认我们自己百事不如人，不但物质机械上不如人，不但政治制度不如人，并且道德不如人，知识不如人，文学不如人，音乐不如人，艺术不如人，身体不如人。"❻

---

❶ 胡适. 我们对于西洋近代文明的态度［A］. 胡适文存·三［M］. 合肥：黄山书社，1996：1.

❷❸ 同上书，第3页。

❹ 胡适. 介绍我自己的思想［A］. 胡适文存·卷首［M］. 1930.

❺ 胡适. 东西文化之比较［A］. 胡适语粹［M］. 北京：文汇出版社，2003.

❻ 胡适. 介绍我自己的思想［A］. 胡适文存·四［M］. 合肥：黄山书社，1996：459.

虽然，在某些人看来，这些指摘和批评未免有些"过分"。但是，在当时如此衰败的中国，我们只有坦诚地承认这些差距，认真反思并反省，才能"死心塌地"地学习别人的长处，并奋发向上。

（二）"责己"的出发点是自信

胡适坦白承认，他之所以对中国传统文化进行激烈地批判，说了好多的"坏话"，其目的"不是要人消极，是要人反省；不是要人灰心，是要人起信心"。又说："实事求是才是最可靠的反省。"❶ 他在《信心与反省》一文中明确强调："我们的民族信心必须站在'反省'的唯一基础之上。"……"真诚的反省自然发生于真诚的愧耻。孟子说得好：'不耻不若人，何若人有？'真诚的愧耻自然引起向上的努力，要发宏愿努力学人家的好处，铲除自家的罪恶。经过这种反省与忏悔之后，然后可以起新的信心：要信仰我们自己正是拨乱反正的人，这个担子必须我们自己来挑起。"❷

我们中国这个向来伟大的民族，"只要有急起直追的决心"，不仅有生存自立的机会，而且有赶上列强的可能。我们应对前途充满乐观与信心，因为欧洲亦有过与我们一样黑暗的过去，只不过他们较早一步挣脱出来罢了。胡适要我们做到三点：一是实事求是承认这种差距；二是真诚的反省、彻底的改革；三是树立信心和勇气，迎头赶上先进的西方文明，使中国立足于世界强国之林。

（三）"责己"的目的是救国

胡适对中国传统文化的批判虽然未免尖刻，但这样尖刻的指责实在是出于一种对国家、民族前途与命运的思考。胡适谆谆告诫国人："请大家认清我们当前的紧急问题。我们的问题是救国，救这衰病的民族，救这半死的文化。"❸ 三千年中国文化的救治是沉甸甸一副担子，压在我们一代人的肩上，胡适深切地感到自己肩上担子之重，他常常说："世界的关键全在我们手里，正如古人说的'任重而道远'，我们岂可错过这绝好的机会，放下这绝重大的担子。"❹ 要抓住这绝好的机会，挑起这副重担子，必须回

---

❶ 胡适. 三论信心与反省 [J]. 独立评论.1934（107 号）：07 – 01.

❷ 胡适. 信心与反省 [J]. 独立评论.1934（103 号）：06 – 03.

❸ 胡适. 介绍我自己的思想 [A]. 胡适文存·四 [M]. 合肥：黄山书社，1996：459 – 460.

❹ 胡适. 介绍我自己的思想 [A]. 胡适文存·四 [M]. 合肥：黄山书社，1996：459 – 460.

到"反省"与"认错"两个字眼上，承认差距并认真反思，才能赶上并实现超越。

在拯救中国传统文化的旅途中，胡适在很大程度上是抱着"知其不可为而为之"的态度黾勉而行的。胡适在《人权论集·序》中引用明末周栎园《书影》里一则著名的寓言：

> 昔有鹦鹉飞集陀山。山中大火，鹦鹉遥见，入水濡羽，飞而洒之。天神言："尔虽有志意，何足云也？"对曰："尝侨居是山，不忍见耳。"❶

> 胡适接着说："今日正是大火的时候，我们骨头烧成灰终究是中国人，实在不忍袖手旁观。我们明知小小的翅膀上滴下的水点未必能救火，我们不过尽我们的一点微弱的力量，减少良心上的一点谴责而已"。❷

从这里我们很明白地看出，胡适对救治中国文化的效果是很悲观的，尽力尽职，尽一点微弱的力量实在是为了"减少良心上的一点谴责而已"。他在给吴稚晖的一封信里曾悲观地叹气道："深信一个民族的兴亡强弱，绝非偶然侥幸的事，回头看看咱们这个民族，实在只有低头叹气。"

叹气归叹气，他还是抱着积极的、乐观的态度用心医治，以期通过他的努力使国民有所奋兴，出现转机。胡适始终认为自己对这个问题是不可袖手旁观、躲避责任的，绝不肯因为悲观失望而干脆撒手了事，或钻进故纸堆中不问不闻，一心去做高深的学问，或视中国文化为仇雠，终日冷嘲热讽，愤愤而已。对中国母体文化那份深挚而永恒的爱，使他对中国文明的再造始终抱着一丝不灭的希望。是的，爱之愈深，则恨之愈切；恨之愈切，则责之愈重，联想到胡适对中国文化传统的激烈批判，他的那些切切有声的指责与批评就是可以理解的了。

三、结语

纵观胡适对中国传统文化的态度，我们清晰地看到，他是站在世界历史和世界文化的高度上，通过中西文化的客观考察和对比，让国人特别是

❶❷ 胡适. 人权论集·序 [A]. 胡适文集·五 [M]. 北京：北京大学出版社，1997.

那些自吹自擂的虚骄分子从"以我为中心"的迷梦中清醒过来，认清我们民族文化的病症。并寄希望于那些"肯往前看的人们"，去虚心接受这个"科学工艺的世界文化和它背后的精神文明"，借它的朝气、锐气来打掉一点我们的老文化的惰性和暮气。"将来文化大变动的结晶品，当然是一个中国本位的文化，那是毫无可疑的。"❶

因此，胡适不是一个"西化派"者，更不是什么"民族虚无主义者"，而他对中国传统文化的批判，恰恰从另一个方面印证了他是传统文化的捍卫者。当然，他所希望的民族传统文化是融合中西文明而又推陈出新的、带着本民族特点的、有着中国作风和中国气派的新文化。

（石桂芳　北京信息科技大学　北京　100192）

---

❶ 胡适. 试评所谓"中国本位的文化建设" [A]. 胡适文存·四 [M]. 合肥：黄山书社，1996：398.

中西法律文化差异及其启示

唐 彦

摘 要： 中国传统法律文化与西方法律文化存在多方面的显著差异，这种差异根植于中西方不同的社会历史与文化传统中。本文分析中西方法律文化差异的产生原因、中西法律差异的具体体现，并提出中西方法律文化差异比较研究对中国法治化进程的启示。

关键词： 法律文化 人治与法治 公法与私法 个人本位 程序正义

中西法律文化比较一直是国内比较文化研究以及法律文化研究的热点问题。中国法律自成体系，绵延千年，在中国两千多年封建社会中起着很好的维护社会秩序与调整社会关系的作用。然而，时至清末，中国的传统法律在西方法律文化的冲击下轰然倒塌，个中尴尬和困惑一直缠绕在中国学者心头——中西法律文化的差异在何处？产生这种差异的原因究竟是什么？透过这种差异给我们带来了哪些启示，中国的现代法治之路应该走向何处？本文拟就中西法律文化差异的产生原因、中西法律差异的具体体现做一定探讨，通过比较中西法律文化的差异，谈谈对今日中国法治化进程的启示。

一、中西法律文化差异产生的原因

任何国家法律的产生与发展都不能彻底抛开历史，也不能抛开其成长的环境和土壤。就法律制度的产生发展来说，它必然是一个国家或一个地区社会文化发展的反映。在此语境下的中国文化与西方文化，往往作为一个统一的文化来理解。事实上，无论是中国文化还是西方文化，在其发展的四千多年过程中，都有诸多渊源传统，这些渊源在长期的历史发展过程中逐渐磨合形成了今天呈现在我们眼前的中国文化与西方文化。

（一）地理与历史的原因

西方法律文化的主要渊源之一是古希腊的克里特文明。克里特岛地处爱琴海的特殊地理位置，决定了它是地中海的商业交往中心，频繁的商业航海交往使得克里特文明又融合了部分埃及文明与两河流域文明的成果。在这种地理环境和历史条件下产生的法律思想与文化传统一开始就具有开放性与多元性的特点。西方法律文化的另一大主要渊源的是古罗马文明，古罗马国家地理位置优越，有温暖的地中海气候和丰富的渔盐之利，交通便利，这也决定了古罗马文明注重商业，具有开放性与融合性。无论是上述哪一种文明，都必然使得西方法律重视商业贸易规则，在私法领域制定完善的民商事法律。

而中国作为一个东亚大陆国家，东濒大海，西邻高山峻岭，南依炎热地带，北临人烟稀少的寒冷地区。地理位置相对封闭，国土面积广阔，土地和资源富饶，这足够满足当时民众的需求，从而形成了与西方游牧文化相对的农耕文化，这就使得当时的国家对外交流较少，国家法律的形成主要依靠自己本土独具的思维方式以及相应的法的观念、用语和范畴。❶

（二）政治制度的原因

中国的封建专制主义王朝存在了两千多年，中央集权思想影响深远，并且以此为基本制度下所形成的法律思想也深入人心。这使得我们国家民众的义务观念和道德观念深厚，权利观念和法制观念薄弱。而西方国家则不同，在古希腊和罗马时期，它们就已存在或形成共和制度，雅典甚至还形成了奴隶主的民主共和国，罗马私法也相当发达。所以，对于西方国家来说，民主共和观念和法治观念早已深入人心，在其社会政治生活中发挥着巨大的影响。

（三）经济制度的原因

中国古代在特定地理自然条件下孕育了农耕文明，历朝历代推行重农主义思想，忽视甚至打击商品经济。而且农业的发展需要实行集中管理，需要高度的统一和稳定。只要国家不侵犯人们的土地，使他们能通过土地维持基本生活，人民对国家就不会有更多的要求。但对西方国家来说，情况迥然。西方传统社会商品经济发展迅速，城市不断兴起，市民社会不断

---

❶ 赵林. 文明冲突与文化演进 [M]. 北京：东方出版社，2006：231.

形成。民众越来越关注国家，关注国家法律，希望国家不要干涉他们之间的商品交易，希望从国家的公权力手中取得一些权力，以保护交易正常有序地进行。这就使得民众用法制来约制权力的法治观念、个人主体地位的民事权利义务平等的观念以及契约自由等观念深入人心，形成时间年代久远，产生的影响也不可估量。

二、中西法律文化差异的体现

（一）中国传统法律文化的人治精神与西方法律文化的法治精神的差异

从法的精神来理解，人治是指法在本质上所体现的是拥有极权的个人或少数人的意志，蕴含这种意志的法既是极权的一部分，又是维护极权的工具，从而在政治上构成一种集权的治理模式。中国自秦以后，国家的立法权、司法权与行政权均臣服于皇权。换而言之，在中国传统法定制度内，皇权与行政权、司法权的关系维持与强化着中国传统法律文化人治精神。

而法治是指法在原则上所体现的不是某一个极权者或极少数特权者的意志，而是社会的一般意志。这种意志具有大众性和民主性，统治者的意志融合在社会一般意志之中，但任何与社会一般意志相冲突的那部分意志不能成为国家创制法律的依据。西方法律文化中，法律像用天平一样毫无偏袒地衡量诉讼双方提出的证据，哪一方的证据充分就胜诉，哪一方的证据不足就败诉，然后用国家强制力加以处罚。法的基本法职能是"裁断"而不是"发现"。❶ 所以，西方法学家认为，法律是一个没有感情偏私的中道的权衡，法治优于人治。因此，法官在审判的过程中应是中立的。

（二）中国传统法律文化的公法属性与西方法律文化的私法属性的差异

公法文化是中国传统法律文化的显著属性。其表现为：第一，法典的刑事化或刑法化。中国是一个成文法发达的国家，国家法律存在的主要表现形式基本上是法典。在这些成文法典中没有一部是专门的民事法典。第二，民事规定的刑法性或刑法化。中国传统法律中关于民事、婚

---

❶ 张中秋. 中西法律文化比较研究［M］. 北京：法律出版社，2009：123.

姻、家庭、民事诉讼等方面的规定，都被纳入了刑法典予以刑法化，即中国传统法律文化往往以刑法的规定和方式来理解和处理相关民事或商事问题。

与中国传统法律相比，西方国家建立在其发达的市场经济基础之上的民法与商法尤其发达。在大陆法系的国家，不仅民法典的编纂有悠久的传统，其体制的安排也具有很强的科学性。而英美法系的国家，民法的发达也毫不逊色。在近代以前，西方国家还存在一定的刑事民法化现象，然而到了近代以来，公法有了很大发展并且逐渐出现私法化的现象。

（三）中国传统法律文化的集团本位与西方法律文化的个人本位的差异

中国传统的法律的发展轨迹是从氏族到宗族再到国家的集团本位。中国法的突出特点是贯彻着宗法至上、家族本位、集体主义、义务第一的指导思想，与中国社会宗族制度发展演变息息相关，这是传统中国法区别于古代西方法的一个重要方面。❶ 到了封建时期，儒家将家与国相统一，创建了新的家族本位与国家本位相结合的理论，并使之成为封建时期中国的统治思想。

西方的法律则走的是由氏族到个人再经上帝到个人的个人本位道路。西方法律文化源于具有自由开放精神的希腊法和具有个人主义特征的罗马法，形成了保护个人权利自由的历史传统，最终确立了个人本位的法律。西方个人主义的发展在制度上主要是通过权利本位法对集团本位法的否定实现的，这与西方社会的政治、经济、文化特征及其发展是一致的。因此，权利观念的发达也是西方社会的必然特点。

（四）中国传统法律文化的伦理性与西方法律文化的宗教性的差异

中国传统的法律在西汉以后逐渐为儒家伦理所控制，儒家伦理的精神和原则日益贯穿于法律的变化和发展之中。至隋唐时，终使中国法律完全伦理化，这一情形一直延及清末而毫无变化。儒家伦理使中国的传统法律变成了一种道德化的法律，法律成了道德的工具，道德成了法律的灵魂。❷ 这不仅使中国传统法律丧失了独立的品格，也从根本上阻碍了它向现代的转变。

---

❶ 王亚东. 刮痧刮出来的中西法律文化差异 [J]. 法制与社会，2008（5）.
❷ 张琳. 中西法律文化差异之我见 [J]. 江苏警官学院学报，2006（11）.

西方法律文化则从罗马时代开始就受基督教的影响。到中世纪时，基督教逐渐控制了世俗的法律，从而给法律打上了深深的宗教烙印。虽然近代资产阶级革命使政教分离，法律在整体上摆脱了基督教的束缚与控制，但基督教对西方法律的影响至今仍然存在，并且深入到西方法律文化的思想和制度深处。

（五）中国传统法律文化中轻视程序正义与西方法律文化中重视程序正义的差异

程序正义在中国传统法律文化上是找不到影子的。我国古代诸法合体，诉讼法律极不发达，程序正义是无从谈起的。直到近年来，程序正义的观念才被引入到我国的法律文化之中。我国司法在演进过程中，过于注重实体正义而忽视了程序正义的作用及其自身价值，重实体，轻程序。在司法实践过程中，造成了对当事人权利的侵犯，从而影响了结果实现实质的正义。

而西方法律文化却具有浓厚的程序正义色彩。程序正义的理念注重达到目的或者产生正当结果的过程、手段和方式。在现代，程序正义已经有了非常广泛的含义，它不仅指程序本身的完备性，同时还指司法活动的严格独立性，以及法官对证据支持的"法律事实"的认可，对"客观事实"的舍弃等。程序正义的好处是把复杂的查明事实的活动变成一个可以预期的既定程序，由法官和诉讼参与人进入程序，共同查找法律事实，并由法官凭借自己的理性做出判决。

（六）中国传统法律文化中的"律学"与西方法律文化中的"法学"的差异

在对法学的学术研究方面，中国传统的法律学术主要表现为对法律进行注解的律学，缺乏西方那种围绕正义而展开的具有批判功能的法学。"律学"与"法学"虽然只有一字之别，但它是两种形态的法律文化的反映。此外，作为"中华法系"母法的中国传统法律文化是一个带有封闭性的体系，而代表西方法律文化的大陆和英美两大法系是开放性的。这种不同的结构形态是由它们所属的社会机制所决定的，并随着社会本身而变化。在法律文化差异背景下，直接导致了中西法律学术研究的方向和重点不同，而这种不同实际上也反过来构成了中西法律文化的差异。

三、中西法律文化差异对今天中国社会法治化进程的启示

（一）处理好法律移植与法律本土化之间的关系

外来法与本土法之间的关系是清末以来中国法制发展进程中不可回避的一个重要问题。

在中国社会的法治化进程中，始终伴随着外来法与本土法的冲突与碰撞。一种植根于希腊罗马文化与基督教文化、崇尚"民主""法治"精神的外来法律文化要与植根于礼教传统、体现"三纲五常"伦理精神的中国传统法律文化完全相容是不可能的，要让习惯于尊卑有序、皇权至上的中国人骤然接受追求自由平等、法治至上的西方法律文化也是不现实的。毕竟西方法律文化是在其独特的政治、经济、宗教、文化和历史土壤中形成的，与传统的中国社会状况格格不入，也与近代以来中国的社会基础有很大的差距。因此，近代中国在借鉴和移植西方法律的过程中走过很多弯路，也留下许多教训。但是，经过百余年的发展，中国已经在很大程度上融入了国际社会，而且清末民国时期已经引入中国的西方法律也逐渐为中国人所熟悉甚至接受，成为我们法治发展进程中的一种本土资源。

（二）尊重与继承中国传统法律文化的优秀内容

中国传统法律文化源远流长，我们应当对先辈的智慧致以深厚敬重，因为他们留下了很多优秀的法律文化内容供我们继承。每个民族都有其习俗，以及依赖于习俗的法律，一个国家的法律制度是通过无数代人的努力以一种累积性发展的方式逐渐形成的。文明是经由不断试错、日积月累而艰难获得的精神文化成果，是经验的总和，是代代相传下来的深厚的文化积淀，因此，对传统法律文化我们应秉持尊重的态度，对于其中优秀的内容我们应当予以继承并发扬。

（唐彦　北京信息科技大学　北京　100192）

基于中日文化交流的汉语日系借用词分析

白　羽

摘　要：随着网络文化的传播，日本动漫受到许多人的喜爱，日本传入的借用词随之渗透到我们日常生活中。近年来，汉语中出现了大量日系借用词回流的现象，使汉语的词汇构成不断创新，成为中日两国跨文化交流的重要产物。

关键词：词汇构成　借用词　回流　跨文化

中日两国是一衣带水的邻邦，文化交流历史悠久。自中国古代汉字和词汇源源不断传入日本，随之也带去了先进的技术和文明。随着两国交往加深，日本的一些语言词汇也逐渐回流中国。近代以来出现过两次日语词汇大量融入汉语的高峰：一次是清末至民国初期，以政治、经济、社会方面的词汇为主；另一次是 20 世纪 80 年代之后，以文化及日常生活为主的词汇大量地传入我国。中日语言文化的相互交流，极大地丰富了汉语的词汇。本文将对近年来从日本传入的词汇（含词素）加以整理，并探讨这些借用词对我国文化的影响。

一、日系借用词进入汉语的原因

从外部原因看，改革开放以后，随着我国与近邻的发达国家日本在政治、经济、文化等方面的接触日益频繁，引入了大量新事物，然而很多既有词汇不能很好地表达这些新事物，所以使用日系借用词就成为表达新事物的直接途径。另外，留学、工作、定居等原因的人员往来以及经济全球化和网络等媒体的发展，也成为日系借用词能够在社会上传播开来的重要原因。

从内部原因看，我国同日本从事贸易往来和技术交流的人员以及众多学习日语者对日系借用词的传播起到了一定推动作用。尤其近年来喜欢日本动漫和日系产品的青年人成为使用最新日系借用词的主流，他们喜欢接受新事物，在追求语言有效表达的同时，也享受使用日系借用语带来的时尚。

二、日系借用词的分类

（一）日系借用词的构成分类

郭伏良在《从人民网日本版看当代汉语中的日语借词》中对汉语里日语借词的分类是比较科学的。他在这里将其分为五类：

1. 音译型。汉语将这类词借用时，使用读音相近的汉字来表示日语词汇的发音。例如：卡哇伊（かわいい）、榻榻米（たたみ）、乌冬（面）（うどん），等等。

2. 意译型。汉语将这类词借用时，根据日语原词的意思用汉语词汇表示。例如：白色情人节（ホワイトデー）、生鱼片（刺身）、便利店（コンビニ），等等。

3. 直接借用型。汉语中直接使用日系借词，这种方式最多。由于中日两国文字在使用汉字这一点上有共通之处，所以直接借用比较便利。当然，日语汉字中有些字的书写和汉语中的汉字稍有不同，在借用时将日语汉字改为汉语汉字的情况也很多见。例如：寿司（寿司）、便当（弁当）、景气（景気）、料理（料理），等等。

4. 混合型。主要指不能归入以上三类或者兼有以上其中两种形式的日系借词。例如：卡拉 ok（カラオケ）、奥姆真理教（オウム真理教）、一级棒（いちばん），等等。

5. 词缀型。日语原词是汉字书写，借用时依然是汉字书写，作为词缀使用。例如：啃老族（～族）、大叔控（～コン）、上课中（～中），等等。

（二）日系借用词的含义与日语原词的比较

1. 中日文意思基本相同的词语

一部分这类日系借词能够在汉语中找到意义相同的词语，如果使用日系借词，会给人以耳目一新的感觉。例如：空港（空港）、便当（弁当），等等。

"空港"是"机场"的意思，经台湾地区传入内地之后，已经被广泛使用。例如：北京空港经济开发区、天津空港文化中心、西咸新区空港新城管委会，等等。多用于组织机构、企事业单位、节目名称等场合。

"便当"是"盒饭"的意思，通常用于外卖、工作餐等场合，但是使用起来要比"盒饭"好听时尚。由于"便当"一词经常出现在动漫当中，所以喜欢动漫的人尤其喜欢使用该词语。例如：放眼望去，高楼大厦林立，汽车穿梭不停，人民穿的是西装革履，吃的是快餐便当。（人民日报海外版 2016.10.11）

2. 日语原词与日系借用词的意思差别

日语原词被借用成为日系借用词之后，被赋予了新的含义。例如：美容院（美容院）、写真（写真）、留守（留守），等等。

"美容院"意思是为人们提供美容护理、皮肤保健、水疗等内容的美容服务场所。例句：网上关于美容院、足疗店拔罐操作不当引起安全事故的帖子有不少。（人民网 2016.10.14）日语"美容院"的意思是"剪发、烫发的美发店"。可见，"美容院"在成为日系借用词后，与日语原词的意思有一定差别。

"写真"一词是指经过加工的艺术摄影照，不是普通的照片。而日语的"写真"就只是指普通的照片。两者是有明显区别的。例如：除了书籍展出、买卖、推销，杂志订阅，香港书展上还有艺术表演、品牌文具的专卖、宗教文化的传播、文创企业的宣传，甚至还有现场画画的、拍写真的、看风水算命的，各国驻香港的总领事馆也在香港书展设立展位，推广自己的文化。（人民网 2016.7.30）

日系借用词"留守"在汉语里多指家人外出打工仍然居住在本地的老人、妇女、儿童等。而日语原词"留守"是指：①不在家；②看家（的人）；③忽略，思想不集中。例如：近年来，江苏省东海县结合"互联网＋"的兴起，着力推广智慧教育理念，通过实施校园网络建设和宽带接入，积极实施仿真实验室、数字化图书馆、在线学习平台、中小学同步课堂、留守儿童亲子互动平台、晶都名师网上大讲堂等"开放教学"新模式，不断拓展学生的学习体验空间，全面构建智能育人环境。（人民网 2016.11.5）

（三）词素

词素包括词根、前缀以及后缀。与以往各时期相比，近年来日系借用词出现了之前没有过的词素被借用现象。同时，与汉语既有词语相结合，出现了大量的新词。

1. 前缀

前缀是加在词根前面的构词成分，近年来常用的前缀有"问题～""宅～""萌～""超～"等。

"问题"在字典中的解释是：①要求解答的题目；②需要研究解决的疑难和矛盾；③关键、重点；④意外事故。而日语"問題"的意思有：①要求解答的题目；②需要研究解决的疑难和矛盾；③题目；④事情；⑤引起公众注目，轰动社会；⑥麻烦，纠纷。例如："问题少年""问题肌肤""问题奶粉"，等等。意思是在某方面出现问题的、需要改善的。近年来该词语经常被用作前缀，这个前缀词能够将随后名词的性质简洁概括出来。例句：有句话说的好，没有问题少年，只有少年问题。（人民网2015.6.23）

2. 后缀

后缀是加在词根后面的构词成分，例如："～族""～屋""～控"，等等。"～屋"在日语中经常出现，意思是"～店"，例如："本屋""花屋"。近年来在汉语中也大量出现了类似的用法，例如："发屋""书屋""咖啡屋"，等等。例句：光是在墨尔本大学校园中，就有不下10家大大小小的咖啡屋。（人民网2016.9.26）

三、日系借用词对汉语的影响

近年来在日常生活中，出现了越来越多的日系借用词，其对汉语的发展有着深刻的影响。汉语中引进借用的词汇是当前社会发展的需要，更是未来社会发展的潮流。只有不断地引进借用词汇，才能丰富汉语的表达，使汉语充满生机和活力。

在古代和近代，中日两国在文字和词汇方面的交流一直比较频繁。到了现代，特别是改革开放以后，我们借用了大量的日系借用词，既是对汉语词汇的创新，也促进了我国语言文化的发展，更是未来语言文化发展的趋势。

将借用词融入到汉语里，能够丰富汉语的词汇，促进汉语的发展。同时，将会对两国文化的深入交流起到推动作用，对于研究新时期两国文化的交流与拓展有着重要的现实意义。

参考文献

［1］郭伏良. 从人民网日本版看当代汉语中的日语借词［J］. 汉语学习，2002（3）.

［2］吴侃，刘志昱. 近年日语外来词对中文的影响［J］. 日语学习与研究，2010（3）：63 – 68.

［3］黄莺. 论日语借词对现代汉语及日语教学的影响［J］. 宁波大学学报（科学教育版），2011（11）：99 – 102.

［4］申秀逸. 日本外来语的来源与作用［J］. 燕山大学学报（哲学社会科学版），2006（02）.

（白羽　北京信息科技大学　北京　100192）

政治·社会与跨文化

中英社会工作人才培养比较探析
监督行政的问题浅析
社会组织登记管理体制改革的背景分析
浅析项目管理办公室的职能
社区政治：城市社区民主未来的选择
多元目标下的大学生行为管理与思想教育探讨

中英社会工作人才培养比较探析

吴晶晶

摘　要： 英国作为社会工作发展最为成熟的国家之一，其专业人才培养方面有很多值得我国借鉴之处。本文通过对中英两国社会工作发展历史与背景、大学专业培养体系、人才流向等方面进行对比，针对我国社会工作专业人才培养的实际情况及社会需求现状，提出了构建更加全面完善的人才培养体系、发展专业资格认证、提高实务培训在培养体系中的地位、加大政府支持力度、促进行业认同的发展建议。

关键词： 社会工作　人才　培养体系　发展策略

社会工作是一项致力于解决人们与环境互动过程中产生的各种问题的专业，其包含了大量实务内容。社会工作者接受专业训练，以大量理论知识为依托，以各种实务技能帮助各种社会弱势群体重新融入社会，提升自我效能。社会工作在协调社会关系、预防和解决各种社会问题、提升社会管理效率方面起着重要作用。

英国作为社会工作起步最早的发达国家之一，随着社会经济的发展，社会工作专业不断走向成熟，逐渐形成了较为完善的人才培养体系和工作模式。英国政府早在 1893 年已经开始重视由英格兰济贫院和慈善组织会社合作开设的"慈善训练"，该运动被称作"社会工作专业开创的先河"。之后在政府扶持和直接推动之下，英国社会工作领域的人才培养和学科设置日趋完善并显现出鲜明的特点，形成了走在世界前列的社会工作体系。另一方面，我国自 1987 年社会工作专业被纳入国家普通高等学校社会科学本科专业目录，并决定在高校试办社会工作专业以来，该专业教育开始得到重视；之后民政部召开了"社会工作教育发展论证会"，这次会议标志着社会工作教育的开始。20 世纪 90 年代后，社会工作专业教育层次和规模均得到提升和扩张。

相较于中国社会工作专业教育起步晚、基础薄弱、难以满足国家社会发展对专业人才迫切需要的现状，英国的专业教育与人才培养方法具有一定的借鉴意义。本文通过对中英两国社会工作领域工作者培养方式与特点之比较，针对专业人才发展路径，为当前我国社会工作队伍培养提出了发展建议。

一、英国社会工作者培养模式

在英国，"社会工作者"这一职业称谓是受到《2000 年照顾标准法案》保护的，社会工作经常会承担家庭成员的责任，以此辐射整个家庭层面的利益，甚至影响区域性的社会生活和谐程度，它是一个对从事相关工作的人员具有很强专业要求的学科。英国社会工作专业教育的一大特征是研究导向的人才培养体系与实务导向的资格教育体系并行不悖的二元结构。前者主要包括硕士和博士研究生的培养，是为了培养专业的研究型人才，为专业理论体系研究的延续提供保障和支持。后者则以 1970 年 "社会工作教育训练中央委员会"（CCETSW）主管英国社会工作教育为起点，至 1995 年，这一阶段社会工作的专业化体现在职业资格的认定，职业资格的登记机构包括社会照顾委员会（GSCC）（英格兰）、北爱尔兰社会照顾委员会（NISSCC）、苏格兰社会照顾委员会（SSSC）和威尔士照顾委员会（CCW）等，授予的资格证书主要有社会服务证书（CSS）和社会工作资格证书（CQSW）。之后社会工作职业资格认定与专业教育进一步融合，在本科和专业硕士教育阶段学生大学毕业即获得职业资格，可进入相应岗位从事专业工作，换言之，只有经过大学阶段专业训练与实习经验的积累才可获准毕业。

英国社会工作本科教育（BSW）通常为 3～4 年学制，和社会工作硕士（MSW）一样，两者培养方案和课程设置分为 3 个部分：理论课程、实习、毕业论文与设计。本科阶段的理论课程是较为基础性的，以东伦敦大学为例，课程主要涉及社会工作者法律、社会工作发展理论、社会政策与社会结构等，也有技能类的培训，如以案主为中心的实务技巧、沟通技巧，内容结构基本涵盖了社会工作服务及其使用者、价值观和伦理、社会工作理论和社会工作实践等几个方面。与中国社会工作本科教育不同的是，英国有大量的专业机构，本科教育即要求有 50% 以上的时间在这些机构里进行实习。在将前面所学的理论与技巧融合的过程中积累实际面对问题、解决问题的经验，同时可以激发学生对所学内容产生新的认识和理解，验证他们对所学知识的掌握程度。通过前两部分对专业知识的获得与巩固应用，学生才可最终做出符合专业范围的毕业论文，顺利毕业从而获得在机构工作的机会。

　　硕士研究生阶段通常分为两种类型，也有学校分为三类：第一类，从事学科研究的硕士研究生（Mphil），这类硕士主要学习包括社会工作在内的社会科学研究方法及其理论建构，可以看作是博士研究生的准备阶段，通常学制为 1~2 年。以笔者曾经学习过的杜伦大学为例，其课程的学习大致包括社会科学研究视野、统计方法与分析、研究设计与过程、定性与定量研究方法、政策评估等，其明显特点是弱化了社会工作背景与实践在学习过程中的地位，而将广义的社会科学研究方法进行细化，以课程的形式为下一阶段的博士学位提供技术支持和理论准备。第二类，社会工作专业硕士（MSW），学制是 2 年，第一年部分课程是在本科基础上进一步的理论学习，更注重的则是实务训练，所学课程如社会工作背景与实践、专业与个性化发展、社会工作前沿、专业化实践研究等。机构实习穿插于整个硕士学习过程，所学课程多属于易于理解的技能技巧类，如何在不同情况下恰当地运用所学的某一部分知识来处理危机事件是该类硕士生学习的难点。相当数量的该类硕士生具有社会工作本科背景，具备基础理论储备，甚至部分学生已经在机构承担专业工作，机构评估结果对于决定学生是否能够毕业颇具分量。第三类，此类硕士生因学校而异，依笔者学习经历，此类硕士生主要涉及国际社会工作领域，旨在培养具有国际化视角、能够在不同文化语境中做出职业判断、发挥职业能力的人才。学习内容涉及国际社会工作、基于机构实地的理论考察、社区政策与实践、青少年工作与实训等，可以看出中观层面的社会工作理论与实践占了很大比例。

　　值得一提的是，英国社会工作者的培养体系虽然已经发展得非常成熟，且社会工作者作为令人尊敬的职业为个人和社会的发展起着重要的协调作用，其对于学科和专业的调整和完善始终没有止步。例如，杜伦大学将国际社会工作与社区发展作为硕士专业方向也是近两年被提出的，加上之前提及的两种类型以及本科阶段的基础教育，社会工作者培养体系从专业和学科的各个层次以及具体领域来看都是较为合理的。

二、中国社会工作专业发展面临的问题

中国社会工作尚处于探索和起步阶段，至 1999 年，我国社会工作培养依然分为大专（本科）、本科（学士）、研究生（硕士）3 个层次。随着社会转型期新旧体制转轨产生的撞击和摩擦，社会结构失衡产生新的社会问题，社会工作者因此成了社会管理和维护社会稳定与和谐的中坚力量。党的十七大以来，社会工作人才培养和制度建设不断推进，目前我国拥有的社会工作人才总数已将近 20 万，全国有 200 多所高校开设了社会工作专业，每年培养的社工毕业生约为 10000 人。《国家中长期人才发展规划纲要（2010—2020 年）》也提出要求，到 2020 年社会工作人才总数要达到 300 万。由此可见，我国专业人才需求尚存在巨大缺口，而职业人才缺口折射出的诸多问题可以从以下两个方面来理解。

（一）专业和学科内容结构设置不合理

我国社会工作在本科阶段将更多的关注点放在基础理论课程的学习及一些通识教育方面。以某"211"大学社会工作本科专业概况为例，该学校将专业基础课程多开设在本科一、二年级，主要内容与英国专业课程差别不大，但是实践学习的机会和条件基本不具备。本科生很难在具有规模的社工机构中长期实习，而短期的志愿服务、义工工作则很难满足学生对所学知识应用的需要。尽管该校在小组工作学习中设置了实验和场景模拟环节，使实践教学在课堂教学的比例占到了 20%，但学生对于理论的理解主要来自课堂案例分析及讲解，这对于本科毕业即将涌入专业机构的学生来说远远不够。无论在微观还是宏观层面，教学内容中并未安排个人进入社区工作的实践机会，学生很难接触到真正的案主、案例，不能直观地体会个体成长态势与社区发展的关系。

教学环节上的缺失不止于上述内容。由于道德、心理因素限制，本就为数不多的案主中很少有人自愿将个人问题公之于众，换言之，案主或服务使用者很难出现在课堂与学生进行感受交流，学生也就没有作为准社工提前介入案主心理的机会。另外，没有大量的实习、临床经验为依据，学生对知识的内化限于浅层次，实习、分析报告等重要总结和吸收知识的环节也缺省，我国社会工作培养体系要培育出能够处理各种突发事件、在不同场合灵活运用各种介入途径、方法的人才是有相当难度的。

（二）毕业生对专业认可度低

社会工作在欧美发达国家已然发展成一门成熟的学科。在英国，约有7.95万名具备等级的社会工作者，其中75%在地方政府工作，约有1.59万名社会工作专业学生。英国的公共事务基本由地方政府管理，而社会工作是地方政府的重要工作之一，社会工作者作为一种职业与公务员地位平等，这意味着社会工作专业的学生在英国有很广阔的就业前景。此外，地方政府社会工作机构分为两级建制：社会工作总部与区一级的社会工作部。两级组成的网状服务结构不仅可以培养管理型社工人才，同时可以给从业者提供基层服务实践机会。

反观我国的社会工作机构，大多缺少较完善的服务体系，多数从业者甚至没有基本的资格认证，社会工作从业人员总体上学历较低，实务技能较差，相当一部分人没有接受过系统的社会工作专业教育，因而工作方法和手段相对落后，难以提供系统化、个性化、差异化的服务，无法满足多样化的社会需求。此外，我国从业人员的待遇基本得不到保障，据2010年《中国公益人才发展现状及需求调研报告》显示，我国公益从业者薪资月收入在5000元以下的约占90%，2000~3000元最为集中，其中无固定收入和月薪在1000元以下的占18.4%。专业发展前景不佳，价值薪资待遇得不到保障，这种现状使社会工作专业的学生对自己的专业不敢抱有过多期望。据上海有关调查显示，40%以上的社工对自身职业评价是"很低"或"比较低"，主要原因在于社会对社会工作的认可和评价较低，因此毕业之后选择从事本专业工作的毕业生数量甚少，这对于专业队伍的建设更加不利。

由上述可知，我国社会工作者培养体系与社会工作发展至成熟阶段的英国等西方发达国家、地区的确存在一定差距，而随着我国城市化进程的不断加快，社会管理及个人发展对社会服务领域的需求不断增多，我国社会工作的发展还具有很大潜力。

三、中国社会工作者培养的建议与策略

首先，我国应构建更加全面完善的社会工作人才培养体系。据统计，目前我国已有280多所高校在培养社会工作专业人才，这些高校大部分涵盖了本科阶段的教育，但是接收硕士、博士研究生的高校甚少。英国高校

培养不同层次、不同导向人才的模式值得我国学习，这样才能实现理论建构与实务实践兼得的目的。另外，针对培养实务导向型人才的目标，我国社会工作应清晰明确高职阶段学生的培养路线，使这类学生能够有适合自己能力和水平的学习方案，从而为大量基层社会服务组织、社区服务中心做好专业人员输送。

其次，我国应发展社会工作专业资格认证。针对从业人员素质、水平不均衡，且多数人员上岗未经过资格认证的现状，我国应积极建立健全资格认证体系，使社会工作职称序列、人员队伍水平与不同工作内容、强度相匹配，提升行业资格的含金量与社会认可度，使学生、各级从业人员持证上岗，上岗即成为可信赖的专业社工人员。

再次，提高实务培训在培养体系中的地位。提高从业人员的行业素质与能力、社会认可度，加强行业队伍的建设归根结底需要社会工作者在专业学习中获得过硬的实务技能和知识储备。因此我国应在本硕阶段的教学计划中提高机构实务的比重，像英国一样将实务看作人才培养中最重要的环节，为学生创造多与真实案例、案主接触交流的机会，在今后的工作中他们才能成为对社会管理、社会和谐起到协调作用的工程师角色。

最后，政府层面要支持社会工作的发展，促进社会对于该行业的了解与认同。一方面，在政府的干预和支持下，社会工作机构、高校、各类社会服务组织才能形成联动机制，为社会工作各个层面的开展提供更多社会资源和保障，促进行业标准、行业资质相关规定的出台，规范社会工作者队伍，明晰本土化状态下的行业职责、任务；另一方面，政府力量可以有力推动社会工作的行业认可，增强专业学生的从业、就业信心，使其对职业生涯有清晰的规划，并能使个人使命与为社会管理服务的目标达成一致。

我国社会工作发展及人才培养虽然面临诸多困境，但通过向英国等发达国家与地区借鉴经验，并有选择地、科学地对之进行本土化利用，相信其发展成果在不久的将来一定能够得以显现。

参考文献

[1] 马天芳. 我国社会工作专业人才发展困境调查分析 ［J］. 辽宁行政学院学报，2014（1）.

[2] 李迎生，张朝雄，孙平，等. 英国社会工作教育发展概况及其启示 ［J］. 社会学

与社会工作，2007（3）.

［3］ 王爱华. 英国社会工作人才培养模式对中国社会工作教育的启示［J］. 沈阳工程学院学报（社会科学版），2014（2）.

［4］ BASocialWorkCourse Brochure［EB/OL］.［2013－09－17］. http：//www. birming-ham. ac. uk/Documents/college－so－cial－sciences/social－policy/course－brochures/2013/ba－social－work－nov2013. pdf.

［5］ 张瑞凯. 英国社会工作教育对我国高职教育的启示［J］. 福建广播电视大学学报，2008（5）.

［6］ 董志峰. 对我国高校社会工作专业人才培养的思考［J］. 社会工作，2012（10）.

［7］ 袁光亮. 社会工作专业人才培养初探［J］. 北京青年政治学院学报，2008（4）.

［8］ 张晓媛. 社会建设与社会工作人才培养问题探析［J］. 重庆科技学院学报（社会科学版），2011（18）.

［9］ 方英. 从英国经验看社会工作发展与 NGO 及政府的关系［J］. 社会建设，2015（4）.

（吴晶晶　北京信息科技大学　北京　100192）

监督行政的问题浅析*

伊　强

摘　要： 监督行政是我国监督体系的重要组成部分，它直接制约着行政管理的效益和政府的信用。本文结合我国当前政府管理的实践，就制约政府管理效益的监督行政问题给予归纳和分析，并结合目前我国监督体制特点，阐释和分析了进一步健全和完善监督行政机制的思路。

关键词： 公共管理　监督行政　机制

可以说，我国的监督体制经过多年的发展正在不断走向完善。同时我们也看到"腐败问题"依旧严重存在并侵蚀着我国社会的发展和我们党的执政地位。特别是随着社会主义市场经济体制改革和发展的不断深入，更加呼唤建立起与之相适应的监督机制。其中，监督行政体的紧迫性和重要性尤为突出。然而，由于监督行政"位缺"导致的"寻租"等现象和问题仍然还比较突出，需要我们努力探索和完善监督行政的新机制。

一、当前监督行政现状及存在的主要问题

健全的监督体制是权力运行的保障，是社会秩序得以实现的条件。尽管我国监督体制已经比较健全，并在社会管理中发挥了巨大的作用。但是距离"理想状态"仍有一定差距，这些问题主要表现在以下几个方面。

（一）人大的监督行政权行使力度不够，监督效用不高

尽管我国宪法和相关组织法等法律规范赋予人民代表大会关监督行政的权力，但在实践中却常常不能落到实处，"纸面化"监督现象严重。可

---

* 本文系北京市教委社科计划面上项目阶段性成果（项目号：71E1310984）。

以说，人民代表大会的监督的法律地位高而实际地位低。在我国，人民是一切权力的来源。作为人民代表的工作机构，人民代表大会应当享有至高无上的权力，其中就包括对各类国家机关实施监督。从我国实际政治生活实践来看，人大每年一次的会议对政府的监督作用有限，缺乏经常性的监督，监督的力度也不够，难以真正体现人大作为最高权力机关对行政机关应有的监督权。监督工作依然是人大工作的薄弱环节。突出表现在监督制约的法规不完善，对人大监督的具体方式和程序没有专门的法规规定，使人大在实施监督时无章可循，无从下手；人员素质不高，兼职委员多、专职少，而这些专职通常是从党政机关、司法机关一线退下来的老干部，没有实权；机构设置不健全，强度不够；手段不配套，深度也不够。可以说，具有最高法律地位的人大监督权的缺失是监督行政系统不能有效运行的主要原因之一。

（二）司法机关监督行政的权力因受其制约导致监督效果低下

尽管司法权和行政权是并行且相互制约的，但是在我国明显表现出行政权膨胀乃至限制司法权作用的发挥。例如，在财政经费方面，地方各级司法机关的经费列入本级政府预算，由财政全额拨给，在这种财政管理体系下，各级司法机关的财政经费、工资福利、后勤保障等都受制于同级行政机关。特别是在当前我国"党政不分"的领导体制下，县级以上各级党委设立的政法委员会在实际工作中制约着法院和检察院，公检法遇到重大疑难问题都要提交政法委讨论，由政法委出面协调、研究并提出处理意见。在这种领导体制下，检察院和法院当然难以真正独立行使司法权。正因为如此，存在着较为严重的司法权受控于行政权的倾向。其结果就必然导致司法机关不能独立、公正地行使其监督权力，导致司法权在监督政府行为方面缺乏独立性和权威性，难以形成对行政权的有效制约。

（三）社会监督仍然任重而道远

社会监督包括群众、社会团体乃至舆论监督等。学术界常常把它称为"无权监督"。相对于人大、司法机关等"有权监督""无权监督"的实效相对较低，它常常只能通过"有权监督"才能产生监督效果。尽管我国《宪法》赋予了公民享有批评、建议、申诉、控告等基本监督权利，但是在实践中难以落到实处。公众的批评监督权利在很大程度上变得"有名无实"。甚至在行使监督权利的同时不得不冒着被打击报复的风险。再者，由于对于大众传媒的管控使得本可以发挥监督行政更大作用的舆论工具也不能秉持客观、公正的新闻从业使命，甚至制造和传播虚假新闻，这更与舆论监督背道而驰。在现实中，政府在行政管理过程中必然会出现一些问题或偏差。问题是，政府为了自身的形象，有时为了保护政府官员自身在上级眼中的形象，往往对自己辖区内的重大事件实现消息封锁，甚至责令媒介做歪曲报道。总体来看，我国对行政进行社会监督的外部环境还不尽如人意，这些社会监督主体要真正发挥作用往往要承受各方面的压力和阻力，这就需要我们营造一个宽松的社会监督环境。

（四）行政内部监督仍需强化

行政内部监督包括一般监督和专门监督。一般监督是指存在于行政机关上级和下级间的监督。从我国行政系统内部监督关系看，上级对下级的监督本来应当是非常有效的，在实践中也发挥着比较好的监督作用。但是，仍然存在着一些薄弱环节。主要表现在上级机关对下级机关的抽象行政行为监督不够，很少真正撤销或改变下级不适当的行政规范性文件；上级政府对下级具体行政行为的审查，普遍处于不告不理的阶段。简单而言，上级机关对下级机关监督易受"视角限制"和感情心理上的限制，尤其是当下属的一些问题涉及领导责任问题时，就会产生"自我手术效应"，其结果就易于导致"官官相护"。

就专门监督而言，由于体制的限制也不能充分发挥其作用。我国的行政监察机构和审计机构作为专门监督机构的设置并非是独立的，而是受同级行政机关和上级业务部门的双重领导。这种附属型的隶属关系体制，使得专门监督主体在人事、财政等方面受制于监督客体，也就严重削弱了专门监督的权威性。可见，专门监督体制的改革势在必行。

二、监督行政效益不高的成因

从我国现实状况来看，"腐败问题"高发的区段也主要是在行政管理领域。究其原因，就是始终没有形成真正有效的监督机制。究其根源，笔者认为有以下三个制约因素。

（一）监督体制不完善、不合理

尽管从机制上建立起了若干监督机构，但是一个恒平的有效的监督机制在我国还没有真正形成，"阵风"似的监督贯穿于过往的历史，"运动反腐模式"和"权力反腐模式"交替存在。也就是说，始终没有建立起"有根本性、稳定性、全局性和长期性"的监督体制。新中国成立以来，我们也实施过多轮政治体制改革，但在监督体制建设方面存在着总是被忽视、被弱化的倾向。特别是目前，我国在行政权配置上，上下垂直领导部门不断增加，上级直接指挥功能被增强；即使不采取垂直管理模式的系统，上下级机关之间利益一体化倾向严重。正是由于这些体制本身的原因，使得最该经常发挥作用的一般监督缺乏监督动力。因此，改革当下监督行政的体制是当务之急。

（二）监督法治滞后

新中国成立以来，围绕着监督行政问题我国也先后出台了许多政策文件。特别是在改革开放之后，我们党和政府也在不断加强监督和反腐败制度建设。其中最具代表性的是 1994 年通过的《中华人民共和国行政审计法》；1997 年通过的《中华人民共和国行政监察法》；2004 年 2 月出台了《中国共产党党内监督条例》和《中国共产党纪律处分条例》；2006 年通过了《中华人民共和国各级人民代表大会常务委员会监督法》；等等。加之各类有关监督的法规和规章，可以说我国的监督法律体系已经基本形成。那么，为什么监督行政效果不明显呢？有句法谚讲到，"徒法不足以自行"，问题的关键出现在监督制度实施环节方面。具体表现在监督手段单一、效果差，监督过程中的"形式主义"严重；监督本身违法的责任体系不健全，特别是对监督责任主体、责任种类、责任形式的规定不全面、不明确；监督程序的某些规定不清晰、不明确，特别是层级监督，缺乏具体的法律依据，到目前国家缺少这方面的专门立法；对于监督过程中不作为以及责任的追究制度尚未形成等。概言之，监督效果不仅取决于监督制度自身建设，更决定于监督法制的实施状况。

（三）监督意识不强和反监督意识高涨

人的一切行为都源于意志和意识。监督行政的权威和效果来自人们内心对它的敬畏、信仰和服从，如果行政执法者对于来自人大、司法、社会的监督没有这种敬畏、信仰和服从观念，这就表明我们的监督体制和制度形同虚设。现实的状况是，长期以来由于我国反腐败率太低，许多行政机关工作人员对于国家的监督制度置若罔闻，对于监督机关和人民群众的监督态度蛮横。这种"蔑视"监督的思想观念有着深深的社会基础。"权高于法、利重于法、人情大于法"等传统观念使得监督效果大打折扣。在不少党员和官员的意识中，内心根本没有一个明确的"公仆"意识，有的是"唯我独尊"和"专权"。甚至都不能容忍任何不同意见，还怎么能容忍批评和监督呢？"官员缺乏主动为民的敬业思想导致行政体制的政治化色彩浓厚而真正落实的行为非常有限。"❶ 意识的形成不是孤立的。但是，我们又必须重视意识的养成，重视对广大行政机关工作人员自觉接受监督和廉洁奉公的教育。

三、进一步完善监督行政机制

通过上面的分析，我们看到我国监督行政立法在最近十多年取得了长足发展。良好的法制是法治的前提，是依法实行监督行政的前提和基础。就当前我国监督行政发展状况看，态势已经出现了一些喜人的变化。监督行政的健全和完善是一项社会系统工程，要保持和实现更积极的监督行政效果，我们还必须注重以下几个环节建设。

（一）明确监督权限划分，处理好党纪监督和其他监督的关系

首先是处理好纪检机关和检察机关的关系。从当前来看，我国纪检和检察机关职能不分，机构重叠，导致资源浪费。"在行政监督领域，我们有必要使党的纪律委员会与行政监察机关适度分开，增强行政监督机构自身的监督职能与监督权威，使得两者在各自的领域更好地发挥监督效能。"❷ 另外，还要协调好党纪监督与人民法院、人民检察院的关系。一方面工作上要密切配合，另一方面在职能分工上，纪委负责党纪处理，政府监察机关负责政纪处理，法院、检察院负责法纪处理。这样，从不同层次上设计监督行政的分工问题，各监督机关相互联动，形成一个庞大的监督网络，进一步优化对行政权的制约，从源头上发挥监督作用。

（二）强化人大及其常委会监督机制

《各级人民代表大会常务委员会监督法》作为专门规制人大监督权的法律规范，已经在依法保障人大监督方面发挥了作用。但是，人大监督弱化状况仍未明显改变。要充分发挥人大的监督作用，首先是要健全人大组

---

❶ 刘军宁. 做官，还是从政［J］. 南方周末，2004（04）.
❷ 黄健柏，李奇. 我国行政监督机制的生态解读与思考［J］. 行政与法，2005（01）.

织机构，包括建立人大监督委员会等专门监督机构，真正担负起人大及常务委员会的日常监督工作，保证人大监督权落到实处。特别是要加强人大的立法监督功能，使得包括行政立法在内的行政规范文件普遍受到监督，这应当是人大监督职能的核心。另外，还必须从上到下改变人大代表对自身地位和性质的广泛误解，要清楚地意识到自己担任代表不是荣誉，而应当是责任；彻底扭转人大代表的"怠惰"现状，真正形成一种有效机制，使人大代表的监督职责落到实处。简单来说，就是从整体上扭转人大这种长期的被动监督状态，提高人大的监督质量和监督效果。

（三）进一步推动司法独立，强化司法机关对行政机关的监督

基于当前体制的限制，司法机关不能发挥真正意义的监督作用。也就意味着必须推进我国司法体制改革。首先必须加强中央对司法部门的垂直管理，减少司法部门在人事和财政经费上对地方政府的依赖。例如，就财政经费的管理来看，不应把地方各级人民法院和检察院的执法经费列入本级政府的预算之中，而应列入国家的专项预算中，由国家权力机关审批，给予法律保障，从而改变过去那种依靠行政部门批、拨、给的方式，从体制上摆脱行政的支配和控制。也要改革当前法官的等级制度和目前的审判委员会制度，增强法院的独立性，保障法官独立自主地行使审判权，同时进一步改革法院行政诉讼审判程序，加强公开审判的力度，把行政权系缚在司法监督范围之内。

（四）充分利用互联网这一新媒体，保障人民群众、社会团体和媒体的监督权利

可以说，互联网这一新科技带动了民主的巨大发展。我们也惊喜地看到，广大网友对国家公共事务进行评价、表态的积极性空前高涨；当然，对那些违法失职的国家工作人员批评、检举的势头也在壮大。对于这些巨大的变化，我们不否认这里蕴藏着某些不良的声音，但主流是人心向善的。对于某些失实的言论和线索，只要不是恶意中伤就不应该受到非难、阻碍。反之，要因势利导，呵护好人民群众的监督权利和监督积极性。有权监督的国家机关更要高度重视人民群众监督的问题，要为人民群众提供良好的监督环境，对人民群众反映的问题要及时给予回应，要及时介入。这样，才能使监督真正社会化，使行使监督权变成人民生活的一部分，形成全民积极监督的氛围。只要人民群众以高度的主人翁责任感进行监督，

国家行政机关工作人员对权力的使用就将会被限制到最小的程度。针对媒体监督而言，要创造良好的舆论环境，既不允许利用舆论阵地进行造谣诬陷，同时又要保护舆论监督的自主权和独立权，做到记者对事实负责，媒体对法律负责，在此基础上支持和保护舆论监督。

总之，监督问题是人类社会中一个永恒的问题。而监督行政又是整个监督体系里的核心组成部分。只有不断完善和加强我国各类监督主体之间的协调合作，监督体系中的不同主体各司其职、各负其责，切实使国家行政机关及其工作人员的行政行为和职务行为受到各个方面的有效监督，才能兑现我们对人民的"阳光政府"的承诺，使腐败分子无处遁形，才能对行政权力形成有效制约，更好地构建和谐社会。

（伊强　北京信息科技大学　北京　100192）

社会组织登记管理体制改革的背景分析

杜世智

摘　要： 社会组织登记管理体制改革是最近一年来影响我国社会组织发展的具有里程碑意义的事件，也引起了学界对这个问题的广泛讨论。本文结合当前国家对社会组织实施直接登记管理的相关规定，以及我国一些地方对社会组织登记管理的新的尝试，对我国本轮社会组织直接登记管理的背景做了归纳和分析。

关键词： 社会组织　登记管理　改革

为充分发挥社会组织服务社会、服务民生的作用，积极推进社会组织参与社会建设的进程，不断满足城乡居民日益增长的物质和文化生活需求，社会管理的改革与创新发展已经逐渐成为整个社会的共识，其中社会组织登记管理体制改革条件已经成熟。

国务院办公厅关于实施《国务院机构改革和职能转变方案》任务分工的通知中又进一步提出，2013 年 12 月底前民政部会同法制办完成《社会团体登记管理条例》等相关行政法规修订工作，对行业协会商会类、科技类、公益慈善类、城乡社区服务类社会组织实行民政部门直接登记制度。届时，民政部门按新制度对社会组织进行监督管理。到 2017 年，要基本形成政社分开、权责明确、依法自治的现代社会组织体制，基本形成统一登记、各司其职、协调配合、分级负责、依法监管的社会组织管理体制。可以说，我国社会组织发展迎来了历史的转折点。

一、我国社会管理创新呼唤社会组织登记管理体制创新

（一）党和国家把推进社会管理创新、大力培育社会组织放到更加突出的位置

2004 年召开的党的十六届四中全会通过的《中共中央关于加强党的执

政能力建设的决定》，提出加强社会建设和管理，推进社会管理体制创新的任务，勾画了新的社会管理模式的基本框架，要求深入研究社会管理规律，完善社会管理体系和政策法规，整合社会管理资源，建立健全党委领导、政府负责、社会协同、公众参与的社会管理格局。该决定同时也提出，加强社会建设和管理必须"充分发挥社团、行业组织和社会中介组织提供服务、反映诉求、规范行为的作用，形成社会管理和社会服务的合力"。

2005 年 2 月 19 日，胡锦涛总书记在省部级主要领导干部提高构建社会主义和谐社会能力专题研讨班的重要讲话中部署了促进和谐社会建设的十项重点工作，其中"切实加强社会建设和管理"作为一项重要工作被提到突出的位置，再一次提出要"发挥社团、行业组织和社会中介组织提供服务、反映诉求、规范行为的作用"。2006 年党的十六届六中全会进一步明确了社会管理体制改革的基本方向和目标，进一步强调要坚持培育发展和管理监督并重，完善培育扶持和依法管理社会组织的政策，发挥各类社会组织提供服务、反映诉求、规范行为的作用，为经济社会发展服务。

胡锦涛总书记在党的十七大报告中再次强调指出："要健全党委领导、政府负责、社会协同、公众参与的社会管理格局，健全基层社会管理体制。"党的十七大报告中多次阐述社会组织的作用、社会组织的建设及管理，要求"规范发展行业协会和市场中介组织""发挥社会组织在扩大群众参与、反映群众诉求方面的积极作用，增强社会自治功能""政府与市场中介组织分开"重视社会组织的建设和管理"。党的十七届五中全会提出要"发挥群众组织和社会组织作用，提高城乡社区自治和服务功能，形成社会管理和服务合力""培育扶持和依法管理社会组织，支持、引导其参与社会管理和服务"。

2011 年 2 月召开了省部级主要领导干部专题研讨班，研讨的主题是社会管理及其创新，胡锦涛总书记就当前要重点抓好的工作提出八点意见，其中两点都涉及社会组织，包括"引导各类社会组织加强自身建设、增强服务社会能力，支持人民团体参与社会管理和公共服务，发挥群众参与社会管理的基础作用""进一步加强和完善非公有制经济组织、社会组织管理，明确非公有制经济组织管理和服务员工的社会责任，推动社会组织健康有序发展"。2011 年 5 月，加强和创新社会管理成为中共中央政治局会议的研究对象。9 月，中央决定，为了进一步加强对社会管理创新的领导和协调工作，中央社会治安综合治理委员会更名为中央社会管理综合治理委员会，并充实了委员会的领导成员和办事机构。当前，推动社会管理创新已经放到党和国家重要议事日程，放在更加突出的位置。

（二）社会组织登记管理体制改革成为社会管理创新的主要内容

当前，随着我国的经济体制由计划经济体制向社会主义市场经济体制转变的基本完成，社会成员的选择性和流动性增强，党和政府运用行政权力直接控制社会的作用空间已大大缩小。在市场经济条件下，出现了群众利益多元化、生活方式多样化，政府若仅仅用行政的方法直接管理社会，将会越来越吃力，管理成本也将越来越高。在这种情况下，只有推进社会管理体制改革，进行社会管理创新，改变传统单一行政化的社会管理方式，充分发挥社会组织的作用，使社会组织与政府共同管理社会事务，建立与市场经济相配套的社会化管理方式，才能适应新形势、新情况。

社会组织为增强社会自治功能、实现政府与社会各方面力量有效衔接和互联互动的格局，提供了重要平台，成为人民群众参与社会管理、实现社会良性治理的重要载体，发挥了提供公共服务、反映利益诉求、扩大公众参与、整合社会资源、增强行业自律、维护社会稳定和增强社会活力及居民凝聚力的重要作用。培育和规范发展社会组织，成为加强和创新社会管理的重要内容。

我国社会组织登记管理一直采取"双重登记管理"制度。所谓双重管理，是指登记机关和业务主管单位分别对社会组织实施管理。根据《社会团体登记管理条例》《民办非企业登记管理暂行条例》《基金会管理条例》，社会组织按照主体特点和功能分为社会团体、民办非企业和基金会三大类。按照三部行政法规的规定，所有社会组织的注册登记都需要两个部门的批准：一个是业务主管部门的业务审核，另一个是登记主管部门的登记审核。其中，最为重要的是前者，只有业务主管单位审核同意，才能进入登记主管部门的登记审核环节。三个条例对业务主管单位的范围也有严格限定，仅限于与社会组织业务范围相关的政府职能部门，或者政府授权的单位。在一定社会历史条件下，特别是在计划经济时期，双重管理体制发挥了加强社会管理的作用，有其积极意义。但是，随着社会主义市场经济的深入发展，随着社会管理创新的推进，双重管理体制的弊端越来越明显，许多业务主管单位成了社会组织注册合法身份的一大障碍。许多社会组织的业务范围由于涉及多个领域的业务主管部门，因此难以找到一个业务主管单位，或业务主管部门出于多一事不如少一事的心态，不愿意作为社会组织的主管单位。当前社会组织双重管理体制，虽然在某些领域仍然对加强社会组织管理起到一定积极作用，但在越来越多的领域的确造成了社会组织的登记困难。

社会组织作为社会建设的主体，在经济社会发展中具有重要的作用，社会组织的双重管理体制与当前社会建设新形势的发展不相适应，社会管理创新要求逐步推进社会组织登记管理体制创新。在保持有效监管的前提下，必须对社会组织登记管理体制进行改革，更好地培育发展社会组织，激发社会活力。但这种改革，需要积极稳妥稳步进行，需要从试点抓起。

作为社会组织的主管部门，民政部高度重视推动社会管理创新，一直致力于培育发展社会组织，以充分发挥社会组织在经济社会发展中的作用。从2008年起，民政部会同国务院有关部门开始了对《社会团体登记管理条例》《基金会管理条例》和《民办非企业单位登记管理暂行条例》的修订工作，力图进一步完善社会组织发展的法律法规。为推动社会组织规范化建设，民政部2007年8月16日发布了《关于推进民间组织评估工作的指导意见》。文件下发以后，民政部开展了全国性的行业协会商会的评估，全国各省、自治区、直辖市也进行了社会组织评估，取得了良好的效果。在各地评估的基础上，2010年12月，民政部发布《社会组织评估管理办法》，进一步完善了社会组织的评估工作机制。2011年7月4日在民政工作年中分析会上，民政部部长李立国表示，民政部门将对公益慈善类、社会福利类、社会服务类社会组织履行登记管理和业务主管一体化职能。同年12月23日，李立国部长在全国民政工作会议上表示，要推广广东经验，支持有条件的地方将社会组织业务主管单位改为业务指导单位，推行公益慈善、社会福利、社会服务等类社会组织直接向民政部门申请登记。2012年民政部继续协调、配合社会组织三个行政法规的修订工作，做好相关衔接配套工作。

2011年年底，民政部、国家发改委联合印发的《民政事业发展第十二个五年规划》（以下简称《规划》）提出在"十二五"期间我国将推进社会组织登记管理创新，拓展社会组织直接登记范围，探索登记管理和业务主管职能一体化，提出要建立政府资助社会组织发展的机制。在此后五年，中国政府将向社会组织开放更多资源，向社会组织转移职能，并扩大税收优惠。《规划》明确，要推动政府部门向社会组织转移职能。除开放公共资源和税收优惠外，《规划》还要求各地建立政府资助机制，推行政府购买社会组织服务，扶持社会组织发展公益项目，实施社会组织孵化培育工程。这些举措表明，尽管社会上对社会组织直接登记管理的认识仍然存在许多分歧，但是积极推进社会组织登记管理体制改革已经成为党和政府既定的方针，成为社会管理创新的重要内容。

二、我国各地创造了社会组织登记管理体制改革的丰富经验

在党的社会管理创新精神指引下，我国各地区社会组织双重管理体制改革已经提前逐步推进，积累了一些丰富的经验。

（一）深圳社会组织登记管理体制改革工作探索

深圳市以敏感度较低、风险较小的行业协会作为突破口，逐步扩大试点领域，对社会组织登记管理体制进行改革。

一是实现行业协会民间化。2004年，深圳市成立行业协会服务署，统一行使行业协会业务主管单位的职责，并以此为契机，强力推动行业协会民间化改革。其主要内容是：各行业协会在机构、办公场所、人员和财务等方面与原业务主管单位全面脱钩，切断各行业协会与政府各职能部门的行政依附关系，使行业协会真正拥有独立的社团法人地位。

二是实现行业协会无主管。2006年年底，深圳市将行业协会服务署和市民政局民间组织管理办公室整合为市民间组织管理局，作为市民政局下设的副局级行政事务机构。从此，深圳市实现了行业协会单一登记。

三是扩大直接登记范围。2008年9月，深圳市加大改革步伐，出台了《关于进一步发展和规范我市社会组织的意见》，对工商经济类、社会福利类、公益慈善类社会组织实行由民政部门直接登记管理。

深圳市在进行社会组织登记管理体制改革的同时，配合行政管理体制和事业单位改革，加大政府职能转变力度，重新厘定和规范政府、市场、社会三者的关系，着力从发展规范、职能转移、财政扶持等方面，加强社会组织建设。一些原来准备成立为事业单位的机构，改成社会组织登记注册。深圳市要求"对政府分离出的或新增的社会管理和公共服务事项，凡可委托社会组织承担的，通过政府采购等法定方式，向符合条件的社会组

织购买"。出台了《深圳市推进政府职能和工作事项转移委托工作实施方案》，对社会组织承接政府职能做了制度性安排。深圳探索以不同方式向社会组织购买服务：一是政府采购，从 2009 年 5 月开始，深圳将购买社工服务纳入政府采购中心的招投标系统，部分条件成熟的领域，向具备资质的社会组织公开竞标；二是建立购买服务"种子基金"，将福利彩票公益金设为向社会组织购买服务的"种子基金"；三是协议购买，社会组织通过法律规定、合作协议与政府建立购买服务关系；四是项目资助，深圳市财政委出台《深圳市实施标准化战略资金管理办法》，明确对行业协会参与标准化制定给予专项资助。在 2009 年深圳大部门制改革中，31 个部门共取消、调整和转移 284 项职责和行政审批事项；以购买服务的方式将相应的经费转移给社会组织，通过"费随事转"，将过去的行政性拨款改为项目性资助。2009 年深圳市政府和国家民政部签署的《关于推进民政事业综合配套改革合作协议》，对深圳市的这一改革成果给予肯定。

（二）杭州社会组织登记管理体制改革试点工作探索

杭州市在社会组织登记管理体制改革中，由市工商联作为行业商会业务主管单位。2003 年 2 月，在杭州市第十届人民代表大会第三次会议上，杭州工商联提出了《关于请求市委、市政府授权杭州市工商联作为行业商会（同业公会）业务主管单位的议案》。2004 年 1 月，杭州市政府召开关于市工商联作为同业公会、行业商会业务主管单位有关问题的专题会议，会议同意杭州市工商联作为同业公会、行业商会的业务主管单位，并由市民政局、民间组织管理局予以行文明确。后来，温州也明确了市工商联作为同业公会、行业商会的业务主管单位。这种改革，虽然基本沿袭了双重管理体制，但解决了行业协会或商会找不到业务主管单位的困难，客观上有助于社会组织的发展。

（三）上海社会组织登记管理体制改革试点工作探索

上海市的社会组织登记管理体制改革起步比较早。2002 年 1 月，上海市成立了行业协会发展署，新成立的行业协会如果找不到业务主管单位，可以以行业协会发展署作为自己的业务主管单位。2004 年 6 月，在行业协会发展署的基础上合并改组为上海市社会服务局。社团管理局负责行业协会的设立、变更、注销的登记和备案，对行业协会实施年检和监督检查。业务主管部门则依法对行业协会的相关活动进行指导和监督。

（四）广州社会组织登记管理体制改革试点工作探索

广州市的社会组织登记管理体制改革力度较大。2011 年 11 月，广州市民政局下发了《关于进一步深化社会组织登记改革助推社会组织发展的通知》。其中规定，"除依据国家法律法规需前置行政审批外，行业协会、异地商会、公益服务类、社会服务类、经济类、科技类、体育类、文化类社会组织等可以直接向登记管理机关申请登记"；"允许慈善、文化、教育、体育、卫生、环境等公益服务性社会团体名称加'字号'。只要名称不相同，可以在同一行政区域内申请成立业务范围相同或者相似的公益服务类社会团体"；"允许同一行业根据实际需要成立多个行业协会。允许适当吸纳非本地籍会员加入本地行业协会。允许港澳台人士投资兴办并在我市工商注册的企业加入我市行业协会，其代表可担任除法定代表人以外的负责人职务。允许跨行业、跨地域组建行业协会。对我市扶持的优势产业、新兴产业、外向型产业，以及经济组织较少的行业，成立行业协会的会员数量不够 50 个的，可根据实际适当放宽至 30 个以上"；"逐步扩大异地商会登记范围。除地级市外，历史约定俗成地区以及县级同一籍贯自然人或法人在我市投资兴办并在我市工商注册的企业也可以向广州市民政局申请成立登记异地商会。允许各异地商会根据业务发展需要设立分支（代表）机构"。

广州还进一步简化社会组织成立登记程序，取消社会团体申请筹备的审批环节，取消登记管理机关对民办非企业单位名称的预先核准环节。并进一步减轻社会组织办理登记负担，社会组织申请成立登记时可以暂缓提交场所使用权证明，民办非企业单位申请成立登记可以暂缓提交验资报告，登记管理机关先审查其他规定提交的各项申请材料，在收到登记管理机关补交通知规定的时间内提交。市民间组织管理局统一制定全市社会组织登记行政许可自由裁量权标准、办事指南以及有关登记表格、示范文本等。但《关于进一步深化社会组织登记改革助推社会组织发展的通知》规定的各项政策仅为试行，从 2012 年 1 月 1 日起实施，有效期为 3 年。

（五）广东省社会组织登记管理体制改革试点工作探索

2011 年 11 月，广东省民政厅出台了《关于广东省进一步培育发展和规范管理社会组织的方案》，从 2012 年 7 月 1 日起，除特别规定、特殊领域外，将社会组织的业务主管单位改为业务指导单位，社会组织直接向民政部门申请成立。这也是我国率先在省级层面提出摒弃社会组织"双重管理"，实现直接登记的地方改革方案。

（六）其他地方的社会组织登记管理体制改革试点工作探索

河北省通过省工经联、鞍山市通过市工经联来履行行业协会主管单位的职责。以上各地有关行业协会管理体制的改革，都是针对现有"双重管理体制"在运行中存在的问题进行的，在实践中也取得了一定的效果。

国内的社会组织登记制度改革主要以敏感度低的行业协会为突破口，各地的探索各有侧重，从不同角度突破了双重管理体制的限制，有利于社会组织的登记注册，为以后的社会组织登记管理体制改革积累了丰富经验。特别是深圳市在实施社会管理体制改革中，配套进行政府职能转换，为社会组织发展提供空间的经验很值得学习借鉴。但由于受有关法规的限制，除广东省外，这些地区的社会组织登记管理制度改革没有对双重管理有实质性的突破。中关村示范区的社会组织注册登记在全国率先不再需要政府部门作为业务主管单位，真正取消了业务主管单位的前置审批。

参考文献

［1］庞成伟. 社会组织行政执法［M］. 北京：中国社会出版社，2010.

［2］马仲良. 论社会管理体制改革［M］. 北京：中国人民大学出版社，2007.

（杜世智　北京信息科技大学　北京　100192）

浅析项目管理办公室的职能

佟 岩

摘 要： 项目管理办公室被定位为项目管理的业务支持机构或内部咨询机构，提供项目相关的专业化服务以满足组织的各种业务需求，在项目管理过程中具有重要作用，不论是对于项目经理还是对于企业主管人员来说，建立项目管理办公室并使之发挥应有的职能将对项目的顺利实施产生积极的推动作用。

关键词： 项目管理 项目管理办公室 职能

项目管理办公室（Project Management Office，简称 PMO）是项目管理中一种常用的组织形式，在实际应用中对这一组织形式存在着各种不同的叫法，常见的有项目支持办公室（Project Support Office）、计划支持办公室（Program Support Office）、项目办公室（Project Office）、项目管理支持办公室（Project Management Support Office）、计划办公室（Program Office）。

项目管理办公室（PMO）出现于 20 世纪 90 年代初期，当时项目管理办公室仅提供很少的服务和支持工作，更多被企业用来"管制"项目经理，而不是为项目经理提供项目管理的方向和指导。到了 20 世纪 90 年代后期，对于企业领导来说，将项目放到整个企业的运作中统一管理的需要变得越来越明显，项目管理办公室随之大量出现。不论是对于项目经理还是对于企业主管人员来说，建立项目管理办公室都被证明是明智的选择。

一、项目管理办公室的定义

国外不同的组织对 PMO 有不同的定义和理解。美国项目管理协会对 PMO 的定义：PMO 就是为创造和监督整个管理系统而负责的组织元素，这个管理系统是为项目管理行为的有效实施和为最大程度地达到组织目标而存在的。美国 Gartner 公司认为 PMO 是一个组织为了集成所有的项目经验而设计的一个共享资源。这种资源可以为组织各个部分服务。项目管理办公室是在项目的分析、设计、管理和总结评价阶段建立组织能力的一个关键来源。

目前各界对于项目管理办公室的争议一直没有间断，对于项目管理办公室的定义也不完全相同。过去，项目办公室就是为了保持与培养出最好的习惯，以维护项目管理的规则，它原被认为是项目管理信息的静态智囊团，受到培训组织的制约。现在，这一概念由于实际需要而有所改动，确定了其对项目经理的组织维持功能。目前各界普遍接受的一种定义是：项目管理办公室是一个协助项目经理达到项目目标的组织实体，它对项目进行计划、估计、行程安排、监控与控制。

二、项目管理办公室的职能分析

项目管理办公室被定位为项目管理的业务支持机构或内部咨询机构，提供项目相关的专业化服务以满足组织的各种业务需求，并可将项目经理从日常的琐碎事务中解放出来，其主要职能如下。

（一）开发和维护项目管理标准和方法

项目管理办公室作为组织内部进行项目管理的专业技术指导机构，担负着开发和维护项目管理标准和方法的重要功能。因为要想使项目管理方法得到很好的贯彻和实施，组织中的所有人员保持步调一致、节奏统一至关重要，而这种一致性、统一性就体现在项目管理办公室所确立的项目管理标准和方法之中。有了完善的标准和方法，组织中的所有人员就有了统一的操作指南，从而才能确保不同项目所交付产品的一致性。

统一的标准和方法在很多领域都应得到开发和维护，具体包括：①执行程序标准。项目管理办公室必须制定出适用于跨部门的协调一致的项目管理执行程序，如果没有一致的执行程序，项目管理工作就很可能陷入混乱。开发统一的项目管理执行程序需要做细致的平衡工作，其中最重要的就是确定程序的涵盖范围和详细程度。项目管理执行程序不能凭空创造，开发程序的人员必须与将要使用这些程序的专业人士保持密切的沟通，同时要想使有效的程序得以开发和执行，必须要求所有主要的干系人接受这些程序并愿意用其指导工作。应该使用项目管理执行程序标准来明确规定的重要项目活动包括投标准备程序、项目选择程序、工作分解结构、变更管理程序、PERT/CPM 网络程序、风险评估程序等。②文档标准。项目通常是以文件的形式记录下来的，一个项目的确立通常也是源于文件。项目管理办公室要为项目组成员提供指导，告诉他们应该选择使用何种文档、何时使用以及如何使用等，从而保证项目的参与者协调一致地工作。项目管理办公室应该予以标准化的文档包括项目状态报告、员工工时表、变更单等。③软件标准。项目管理办公室在建立用于项目管理软件的标准方面起着主导作用。统一的软件标准能够加强组织内的交流，使得一个部门的工作人员能够看懂另外一个部门用软件制作的报告，员工之间可以进行项目数据的交换，组织能够维护项目活动的数据库。

（二）提供项目管理的咨询和指导

项目管理办公室的重要角色在于最大限度地集中项目管理专家，为组织提供项目管理的咨询与顾问服务。随着组织在项目管理方面的成熟，对于项目管理方法的策略性的要求越来越高，整个组织可以把项目管理办公室看作致力于项目管理的专家的资源库。项目管理办公室所集中的顾问和专家不仅能够清楚地理解项目管理科学，更能透彻地理解计划与管理项目的艺术，因此可以在很多方面为组织提供建议，如团队建设、领导力、沟通、与客户或供应商谈判、问题解决等。例如，没有丰富的项目管理经验的市场部领导者可以向项目管理办公室寻求项目启动帮助和建议。项目指导者与顾问的角色是把他们所具有的专业知识传授给项目经理及项目团队，使他们在现有的和将来的项目中工作得更好。

（三）为组织培养项目经理

随着越来越多的组织以项目的方式开展工作，对项目经理的需求也随之增加。对于一个项目来说，能够找到合适的人选是至关重要的，合格的人才必须既有综合管理才能，又有技术知识，还要具有适合做这项工作的性格。项目管理办公室的一项重要职责就是满足其所在组织对项目经理的需求以实现组织的价值。

这要求项目管理办公室做到以下工作：①明确各项工作所需的技能。项目管理办公室必须能够确定各项工作所需的技能，这些技能包括技术与管理两个方面。例如，对于一个数据库建设的项目，是否需要项目经理具备丰富的数据库建立的实际操作经验？某个项目是否需要一个有成熟的领导才能的人担任该项目经理？等等。②确定具体项目所需的人选。项目管理办公室应该有能力审阅一份候选人名单并从中找出最适合某个具体项目的人选，挑选合适的人选意味着找到既有管理才能又有技术技能的人才。这就要求项目管理办公室开发一个数据库，列出本组织中所有项目经理的资历。③适时分配适当的人才。分配人力资源的时间把握非常重要，为了使人力资源能够及时分配到位，项目管理办公室必须充分掌握项目进度，确切地了解何时需要项目经理，以确保从项目阶段向运行阶段的顺利过渡。由于优秀的项目经理是非常稀缺的，他们必然会因同时进行的多个项目所提出的要求而应接不暇，为此，项目管理办公室必须善于帮助项目经理从多项工作的时间需求中解脱出来，合理平衡各个项目对项目经理的需求。④获得合适的项目经理。在当今的组织中，管理者在工作中经常需要做出"生产或购买"的决策。而在获得项目经理的过程中，项目管理办公室也必须进行同样的决策——"生产或购买"，具体而言，就是说项目管理办公室在决策中必须考虑这样的问题：我们的组织是否应培养自己的项目经理？我们是否应该外聘具有丰富经验的资深项目经理？我们是否应该干脆把项目分包给合同制的项目经理来管理？当然，这些办法都是各有利弊的，需要项目管理办公室根据具体情况来做出抉择。⑤评估项目经理的能力。项目管理办公室必须能够对项目经理的业绩进行考评和审核。通常，在一个小型项目管理办公室中，项目管理办公室主任可以承担该项工作；在大型项目管理办公室中，由分管副主任负责对项目经理进行业绩评审工作。

（四）提供项目管理培训

项目管理办公室在对组织内部的员工提供项目管理培训方面扮演着非常重要的角色，根据具体情况的不同，它可以通过不同的方式来完成这一职责——或者是协同培训部门开发培训课程，供培训部对员工进行培训；或者是由项目管理办公室自行授课；或者是物色和选择能设计培训课程及材料的外部培训机构。

当前，组织内部的员工对项目管理培训的需求不断增加，项目工作人员需要采用不同形式的培训以增强其项目组织和实施的能力。通常，项目管理办公室可提供的培训应该包括以下几类：①项目管理基础知识培训。项目管理基础知识的培训对象是项目管理的新手，主要目的是让受训者了解什么是项目管理，项目管理做什么，以及项目管理怎样与组织相结合，培训内容以项目管理的核心内容为主，如时间、成本和人员管理，项目的生命周期，项目管理执行人，项目政治环境，控制以及评估，等等。②高级项目管理培训。高级项目管理培训主要是培养项目成员的计划编制、成本管理以及资源分配的技能。与项目管理基础知识培训不同的是，该项培训主要是通过做练习、案例研讨和角色扮演来使学员掌握项目管理的各项高级技能。③PMP考前培训。当前，越来越多的企业和政府机构把美国项目管理协会的"项目管理知识体系"（PMBOK）作为其项目管理的最高标准，PMBOK是PMP资格认证考试的基础，这类培训主要是向学员介绍PMBOK的基础知识和资格认证考试的相关内容。④项目管理软件应用技能培训。当前在许多组织中，完成项目的方法通常是围绕着以计划为核心的应用软件来设计的，项目管理软件对组织如何实施项目管理的影响是非常重大的。因此，学习如何使用这类软件的需求非常大，要求项目管理办公室提供相关项目管理软件应用技能的培训。⑤专业化知识培训。针对那些需要承担较大责任的高级项目管理人员，项目管理办公室还要为其提供更专业的知识培训，如风险管理、成本收益分析等课程的培训。⑥通用商务知识培训。项目经理不只是为他人提供解决方案的执行者，同时还需具备广泛的财务、市场营销以及客户关系等方面的技能，项目管理办公室应该为项目经理及其他项目人员掌握通用商务知识和技能提供培训。

（五）提供有关项目管理的其他支持

除了上述功能外，项目管理办公室还担负着提供项目管理的其他方面支持：①文档管理。任何一个项目的实施，随之都会产生各种各样的执行结果，对这些结果必须进行记录并分发给与之相关的项目人员；随着项目的完成，其产生的大量资料数据如果不经过系统化的档案管理，就很可能会丢失，因此，就需要收集项目实施数据并存档以记录当时项目是如何完成的。项目管理办公室能提供集中的文档管理，例如，现状报告、变化分析和基准计划的变更、风险列表和风险管理文件、基于优先成功的和不成功的项目以及经验教训的数据的信息。②进度管理。项目进度表能够让项目组成员知道谁该做什么工作和什么时间要完成工作，这些信息通常通过计算机的进度软件来编制。项目管理办公室最早的职能之一就是提供能够代表项目成员进行项目计划编制的人员，他们跟项目组成员共同工作，并根据项目需要对计划进行及时的更新。③工时管理。填写工时表是项目组成员必须做的一项工作，项目管理办公室的人员能够帮助维护工时表，他们通过了解每个项目组成员完成工作的情况，汇制总的工时报告，逐项列明在报告期内所完成工作的详情，而项目组成员只需为项目管理办公室的人员提供自己花费在逐项工作中的时间就可以了。④成本跟踪。在拥有成熟项目管理过程的组织中，会计系统可以被变更为通过项目管理软件直接向项目经理提供实际成本数据。如果组织不能通过软件直接获得项目级别的成本信息，就需要收集大量的信息以向项目经理提供最新的、准确并完整的成本信息。项目管理办公室中的项目支持团队成员从可获得的数据资源中"挖掘"所需的信息，如果没有项目管理办公室提供的这些支持，项目经理就不能清楚地获悉其项目的成本差异。⑤风险管理。项目管理办公室提供的支持还包括风险管理，由项目管理办公室中的风险分析专业人士对项目中的每一项风险进行识别、分析、缓解并采取后续措施，设立如何处理风险事件的计划，并采取行动确保及时实施应对措施。⑥软件支持。项目执行中会大量用到计算机，计算机能够有效地帮助项目组制订进度计划、进行项目预算分析和资源分配。目前，已经开发出了一系列项目管理软件来帮助项目管理人员进行项目运作。围绕项目管理软件，提供各方面的软件支持也是项目管理办公室的职能之一。

参考文献

［1］黄玉清. 创建高绩效的项目团队［M］. 上海：华东理工大学出版社，2008.

［2］宋伟. 项目管理学［M］. 北京：人民邮电出版社，2008.

［3］张阿芬. 项目管理学［M］. 厦门：厦门大学出版社，2008.

［4］宋伟. 项目组织与团队管理［M］. 北京：机械工业出版社，2007.

［5］毕星. 项目管理精要［M］. 北京：化学工业出版社，2007.

［6］朱春瑞. 杰出项目管理员工作手册［M］. 北京：中华工商联合出版社，2007.

［7］骆珣. 项目管理［M］. 北京：北京理工大学出版社，2006.

［8］丁荣贵，杨乃定. 项目组织与团队［M］. 北京：机械工业出版社，2005.

（佟岩　北京信息科技大学　北京　100192）

社区政治：城市社区民主未来的选择*

刘娴静

摘　要：社区民主建设在中国政治建设中具有重要的地位和作用。本文在对中国城市社区民主研究的不同观点进行分析的基础上，阐述了论争的价值所在，提出城市社区民主是社区政治最常态的表现，社区民主是社会民主的具体体现，是国家民主的基石。

关键词：社区民主　社区政治　国家与社会

一、城市社区民主研究的论争及价值

随着社区多维架构中的社区组织与权力网络的丰富与扩展，社区成为一个不断扩大的社会公共空间。这一日常生活空间的形成首先通过国家社区制建设的政策从原有的行政单位一体化的政治社会中向单位外推移，然后社区内各种组织根据政策确定相应策略，同步扩展自己的活动空间，从而使这一空间整体日益扩展，大量的社会关系、社会组织在新的权力秩序中不断生产和再生产，从而构造出新的互动领域。这一形成中的空间基本的象征与权力制度是社区与社区制。

这一空间由于社区内多维权力网络的同时存在，因此存在着多个权力主体，区街政府组织虽然具有最重要的影响力，但并不构成完全支配性权力。不但政府组织内部可能相互制约。权力的共强与磨合也会给网络中的组织提供更多的权力生长点。同时也可以看到，在这一空间还存在大量非网络化的组织，它们虽然不构成社区的权力结构框架，但对社

---

　*　本文为作者主持的北京市教委人文社科研究计划面上项目《北京市社区公共服务研究》（项目编号：SQSM201210772005）研究成果之一。

区权力仍有制约作用。网络化组织形态和非网络化组织形态共同构成整个社区的公共空间。无论是哪种，其权力的运行都不完全是科层制的、自下而上的，而是国家与民间社会的权力双向运行并且相互磨合的过程。因此社区为国家合法性的重建与基层社会的民主与自治提供了一个相对合适的空间。

20世纪50年代以来，推进中国的民主化进程、建立一个高度民主的社会主义国家，一直是中国决策层的共识和矢志不渝的目标。但是在1978年以前，由于受政治形势、经济发展水平、历史传统和意识形态等方面的影响，民主可以说是历尽坎坷、步履艰难，尽管也有过一段民主空气比较浓厚的历史时期，但从总体上来看，在全能主义政治的笼罩下，那一段时期的民主化进程基本上处于停滞状态。1978年以后，政治的民主化和经济的市场化是中国的双重目标，经济的市场化和政治民主化的关联度以及社会主义的价值诉求，决定了在逐步建立社会主义市场经济的过程中，政治民主化必须与之紧紧相随。政治的民主化无论是作为一种价值合理性还是作为一种工具合理性，它对于实现我们这个超大型国家的现代化不仅表现在政治体系合法性的维护、增强和政治资源的开发上，更为重要的是，它还表现在作为一种新的社会调控模式上，也就是从计划年代自上而下的权威调控转向自下而上的民主管理。

无论是学界还是政界，在推进中国的民主化进程与实现中国现代化之间的逻辑联系的认识上并无多大的分歧，但对民主化的路径选择却有着不同的观点，最突出的表现是民主进程中的高层民主和基层民主之间的争论：前者是基于中国共产党在国家政治生活中的领导地位，认为中国的民主化进程应该从中国共产党党内民主制度的建立和完善开始，从党内民主到国家民主，党凭借其在组织、制度和意识形态等方面的优势来推进整个国家的民主化进程；后者认为，中国的民主化进程应该从基层开始，通过基层社区的民主实践来提高民众的民主能力，培养民众的民主习惯，使民主从基层一直向高层渐进推进，从而使整个国家的政治生活运行在民主化、理性化的轨道上。实际上，在中国这样后发型的现代化国家，民主的成长必须以经济成长为基础，不是一种可以随意设定的发展，如邓小平所说：民主化和现代化一样，要一步步地前进，不能用"大跃进"的做法；另一方面，要在民主化传统和民主基础薄弱的条件下比较有效地推进民主成长，就必须进行多方面的努力。❶ 由此，我们可以得出这样的结论：在推进民主成长的过程中，不仅需要高层的民主建设，而且需要基层的民主建设，其中基层的民主发展对中国民主成长更具有战略意义，这是中国民主发展的现实基础所决定的。

我们之所以认为基层民主建设对中国民主成长更具有战略意义，是因为在我们看来，经过 30 多年的改革开放和现代化发展的探索，中国经济、政治和社会的发展已形成了这样的内在发展逻辑：以社会主义市场经济的建设和发展为动力，通过经济的成长和社会的进步来全面推动中国的政治民主化进程，从而形成经济成长、社会进步和政治民主三者的良性互动发展。在这样的发展逻辑下，政治如何及时有效地反映和吸纳经济与社会发展的成就，并转化为政治发展的动力，是政治发展的关键。在这方面，基层政治民主的发展无疑具有得天独厚的优势，因为，它是人民参与政治生活、表达利益要求、实现合法权益的最直接舞台，经济和社会关系的任何变化都会迅速地反映到这个舞台上来。因此，如果基层政治能够及时反映和吸纳由经济发展直接决定的基层社会的变化，积极地进行自我发展和自我完善，则不仅能够为整个民主发展积累宝贵的政治资源，也能有效地缓解经济和社会发展给政治体系带来的过度压力，以维持社会和政治稳定。而另一方面，基层政治民主发展，也为公民在广泛而直接的政治参与中增强民主意识、提高民主能力提供了重要基础。政治生活的主体是人，是具有政治权利的公民。公民良好的政治意识和政治能力是民主政治建设的重要基础，也是维护和巩固政治发展成果的重要保障。在中国这样缺乏民主政治文明基础的社会，这一点尤其重要。后发型现代化发展国家的民主政治发展，虽然需要整个政治体系民主化发展的有力推动，而且这种推动从民主政治发展的全局来看也是具有战略意义的，但是要真正建立成熟而稳定的民主政治，基层民主的发展所形成的民主动员和所确立的国家与社会的良性互动关系，则具有更长远的战略意义。因此，中国的民主政治建设必须从战略的高度把握和推动基层民主的建设和发展。

因而，社区民主建设在中国政治建设中具有重要的地位和作用，这种地位和作用只有在中国政治民主形成整体发展的态势下才能形成，并发挥有效作用。所以，中国政治民主化必须有社区民主建设与发展的支撑和推

❶ 邓小平. 邓小平文选 [M]. 北京：人民出版社，1994：168–169.

动。对于中国政治民主化发展来说，社区民主发展所具有的价值和意义主要体现在以下三个方面。

第一，社区民主发展为政治民主化建设提供民主生长的基础和空间。民主是人类社会发展的本质要求，但是，在中国社会发展的历史逻辑中，民主是作为外来的现代化因素被引入的。实践表明，仅仅把民主作为一种国家制度引入对民主的成长是不够的，因为，民主在本质上是一种政治生活。因而，中国政治民主建设的关键不是把民主制度引进来，而是使民主在中国社会生长起来，运作起来。社区无疑是使民主生长起来、运作起来的最好空间，一方面它是社会的基层，能够进行有效的民主实践；另一方面它的发展能够使民主的发展具有很强的生长性，这是社区民主发展的"溢出效应"带来的，因为，民主一旦动作起来，就会自觉地寻求新的生长空间，从而逐渐蔓延到社区空间之外，进入更高的发展空间。

第二，社区民主发展为政治民主化提供合格的公民。人有天生的民主权利，但是人并不天生就能过民主的政治生活。人过什么样的政治生活，需要一个学习和实践的过程。任何一种类型政治生活的展开，都需要有了解和熟悉这种政治生活的合格的公民参与和支撑。就民主建设而言，"如果公民和领导人对民主的观念、价值和实践给与强有力的支持，一种稳定的民主的前景就更加光明。"❶ 对于正努力推进政治民主化发展的中国来说，民主的学习和实践以及合格公民的培养，不仅关系到国家正常政治生活的展开，而且关系到国家民主政治建设的社会基础和发展进程。❷ 在民主的学习和实践方面，在培养合格公民方面，社区无疑具有不可替代的作用。

第三，社区民主发展为政治参与提供必要的空间。政治参与的扩大是现代化过程中政治发展的必然趋势。有效容纳政治参与，是民主政治建设的基础，也是民主政治建设的重要内容。因为，一旦现实的政治体系无法有效容纳日益扩展的政治参与，政治体系以及整个政治生活就可能陷入危机。❸ 这将直接危及民主政治的建设和发展。从另一角度讲，在人们的多层面政治参与中，作为整个政治生活基础的社区政治生活，不论在什么条

❶ ［美］罗伯特·达尔. 论民主［M］. 北京：商务印书馆，1999：165.
❷ 孙中山. 孙中山选集［M］. 北京：人民出版社，1956：339 - 419.
❸ ［美］塞缪尔·P. 亨廷顿. 变化社会中的政治秩序［M］. 王冠华，等，译. 北京：华夏出版社，1988：32 - 59.

件下，都必然是政治参与的主要空间。所以，不管是在民主政治发展的过程中，还是在民主政治比较成熟的条件下，社区都必然是人们政治参与的有效空间。对于今天的中国民主政治建设和发展来说，开发这个空间具有全局性的意义。这正是中国共产党努力推进基层民主政治建设的关键之所在。❶

二、社区政治：在国家与社会之间

社区在人的政治完善和国家的政治进步中起何作用？在政治学领域引入社区这一纯社会学概念并非是研究者的猎奇，因为有许多政治现象的确在这一界域上发生着，不借助于它，就无法把空泛抽象的政治理论具体化、形象化，无法验证政策推论的正确性，自然也就无法解决科学对现实社会的功能问题，无法真正把政治学研究推向深层次。

心理学研究表明，人们首先关心的是发生在身边的事和关系自己切身利益的事。个人→亲属→朋友→同事家庭→单位→社区→地域→国家……关心程度逐级递减。社区作为人们生活和休息的场所，发生在它之内的事同社区的居民有着极大的关系。社区维系着人们的生活、娱乐、休息、权利等各个方面，人们自然会对社区的公共事务表示关注，并积极参与这些事务的决策和处理。而参与区域性政治事务正是参与国家政治事务的前提，它既可以训练民众的参政能力，又可以培养和提高人们的政治热情。

在现代社会，人们的社会流动性不断扩大，地域迁徙和临时性迁居以及外出工作、游览的机会越来越多，固守一方田园、老死不相往来的现象越来越少。然而，即使如此，人亦不可能成为无根的浮萍。不管走到哪里，即便四海为生，他都不可能没有一个相对稳定的家。社会学家常说，人不可能脱离社会而存在。具体而言，就是人不可能脱离各类社区而存在。社区是人的社会活动场所，是人的工作、学习、生活、休息、娱乐之地。社区也是人的政治活动场所，在这里，人们既可以实际地参与本区域的政治活动与事务，也可以利用社区对国家政治施加影响，由此社区政治必然会具有两大价值取向：一是辖域内的政治完善；一是对国家政治的影响力。❷

---

❶ 林尚立. 社区民主与治理：案例研究［M］. 北京：社会科学文献出版社，2003：323.
❷ 王振海. 社区政治论［M］. 太原：山西人民出版社，2003：62.

社区权力日益受到人们的重视，在现实中愈益发挥出重要的作用，而现代科学技术的发展，通信、交通设施的更新，人的素质的提高等更为社区权力的施展插上了翅膀。现代人不仅没有舍弃社区，反倒更加依赖社区。政治参与还得由各人的心态来决定，任何人都无法凭借自己对政治的偏爱去推度别人对政治的态度，更无权擅自代表别人去参与政治。政治只有同生活接近，使人们能够方便地投身进去，才能吸引更多的人特别是普通居民参与其中。据此似乎可以预言，伴随着现代民主政治的发展，社区作为人们最基本的政治活动场所的地位将越来越显要。对社区政治的研究不是简单的概念性引入，必将成政治学的基本领域。

政治学研究的深入所带来的成果一方面是理论上的高度概括、凝练，另一方面则是研究领域的多重分化。就其价值而言，在国家社会，民众无法脱离政权而存在，政权也无法脱离民众而存在，二者具有很强的相互依赖性。同时，民众与政权又总存在一定的矛盾，力量的倾斜所带来的往往是双向的灾难。这种依存与矛盾关系必然反映到社区中来。在社区中如果政权组织势力过大，一切都处在其控制之下，则必然带来社区组织和社区权力的萎缩，并给政权组织带来过度膨胀和威信、效益下降的负效应；反之，如果社区权力过于强大，政权组织的影响力无法渗入，则同样会带来社会的多重灾难。更进一步讲，城市社会结构的复杂性、多元性和在一定程度上的脆弱性，是乡村社会所无法比拟的。和建立在土地、风俗、血缘这些自然联系上的乡村共同体相比，城市共同体要人为得多，一旦它被摧毁，几乎不可能像乡村共同体那样自然地恢复。实际上，国家结构功能的强弱只能影响而不能完全取代社会结构的功能，国家更不能使自己完全免受其他因素的制约。因此，即使在所谓"全控体制"下，长时段的、大规模的社会变迁仍然是可能的，而这种变化一旦发生，最终会导致国家结构的变化。

对实践政治的思考使我们认识到，对社区政治问题的研究是中国学术界的薄弱环节，社区问题亦未能引起人们的普遍重视，甚至有人说，中国没有真正意义上的社区，中国人在心理上并未真正树立起社区意识，更没有想到通过社区和社区组织实现自己的权利。社区意识需要树立，社区组织需要建立，社区功能需要实现，这是政治民主化建设的重要环节。

社区是民主的第一操场。每个人都生活于具体的社区中，首先属于社区，然后属于国家；具体属于社区，总体属于社会。在发达的社区形态下，人不仅可以得到完善的服务与娱乐条件，而且可以施展自己的政治才干和抱负，保障自身的政治权利。从总体上讲，公民个人民主权利的行使与保障，单元民主、基层民主、区域民主的实现，都是社区民主政治建设的组成部分。社区民主是社会民主的具体体现，是国家民主的基石，通过社区，民众可以实现对社会与国家具体的、实际的、第一步的占有。一句话，"人必须恢复他在社会中至高无上的地位"。

（刘娴静　北京信息科技大学　北京　100192）

多元目标下的大学生
行为管理与思想教育探讨

郑珊珊

摘 要： 大学生个人目标与行为方式的多样化，高等教育中以学业成才为主要导向的培养模式，使大学生价值取向的目标引领工作受到了很大的冲击。近年来大学生的价值取向之所以走向偏颇或极端，主要原因就是其社会多元价值主观化中缺乏对核心价值的认同或接受，缺乏对群体和他人的正确判断与价值认可，在张扬个性的同时排斥他人的个性化价值。高等教育应大力开展共同准则的建立工作，健全教育机制，规范化、严格化地开展学生行为管理，在保障学生多样发展、全面发展的同时实现对社会的核心价值观念的认同。

关键词： 大学生 行为模式 行为管理 思想教育 多元化目标 核心价值

在当代大学生成长过程中，资源的获取途径不再是计划经济时期的配给方式，而是市场经济中多样和无形的分配渠道，这必然形成大学生个人目标与行为方式的多样化。高等教育中以学业成才为主要导向的培养模式，在大学生目标引领中的权威性也受到了很大的冲击。学习动力与个人目标对大学生群体的行为表现起着决定性的因素，高等教育本着提升学生全面素质的目的，也要形成思想教育方式的多样化。与此同时，在尊重个体多样化发展的同时构建统一的群体核心价值，是对思想教育方式进行反思的重点。

一、大学生个人目标的多样化与社会背景现状

（一）社会背景现状

第一，家庭生存发展的社会资源分配现状。我国由计划经济向市场经济逐渐转变的过程中，社会转型特征日益凸显，不同家庭的资源获取途径不再是计划经济时期的配给方式，而是通过市场经济的多样性得以实现，同时，社会分层逐渐产生，不同家庭的生存发展资源逐步出现分化现象。❶

第二，高等教育人才培养政策现状。高等教育取消了根据国家需要分配工作的用才制度，大学毕业生的个体选择和市场的双向选择得到了实现的可能。因此，根据学生个人特长进行人生规划尤为必要。学业规划所体现的多元价值目标广泛存在，高等教育的管理制度在传统的培养模式下，也在逐步改变，以求在多方面培养综合性的高素质人才。例如，从以学习成绩为单一考量依据的奖励制度，改革为综合素质的考察和测评。大部分高校也在尝试设立以鼓励特长发展为目的的单项奖学金项目，组建各个层次的社团组织和实践团队，满足不同学生的发展需求。

（二）大学生行为模式现状

大学校园中，多元目标状态下的大学生群体行为表现，主要表现在对同一个管理制度下的不同方面体现出反应的差异性。

第一，在个人目标的设定方面体现出较大的差异性。在大学学习生活中，有的学生能够主动寻求课上、课下多种途径的学习资源，而有的学生经常出现课堂行为的失范现象，甚至产生旷课、缺考等行为；有的学生学习成绩一般，但拥有与众不同的才艺和兴趣，在特定的实践活动中能取得骄人的成绩；有的学生利用课余时间勤工俭学甚至兼职创业，在学习和生活中自立自强；但是，也有的学生比穿、比吃、比消费。

第二，在集体生活行为习惯和价值认同方面的差异。在校园生活中，不同的个人目标本无冲突，但随之而来的行为习惯和价值认同差异，导致单一的教育方式和管理体制凸显不足。在学校的学习、生活资源有限且共有的情况下，大学生在张扬个性、强调个体目标的同时，可能会出现忽略共性、侵害他人利益的情形。

---

❶ 王骚，沈亚平. 社会转型与行政发展［M］. 天津：南开大学出版社. 2005：12.

二、多元目标对大学生行为模式的影响及其关系探究

分析调查对象，结合实际工作，对学生的成长背景和价值立场进行了解，探讨其中的不同要素对大学生行为和思想状况的影响力。在宏观和微观层面，针对不同影响要素对行为模式体现的相关性进行分析探讨。

（一）接受高等教育的动机差异影响学生学习动力与个人目标的设定，多样化的个人目标导致不同行为模式

接受大学教育是影响学生个人生涯发展的重要因素，但已不再是获得就业分配的唯一途径。不同学生接受高等教育的动机，体现出越来越大的差异性。

动机一：相信知识改变命运，希望通过高等教育提升专业知识和能力。本文以"传统型"概括此类型动机的学生。这部分学生学习动力较强，能够认真对照学校各项奖励制度，积极参与各项学习活动，同时对自身学习成绩有一定的要求，希望在大学获得奖学金，考取各种资格证书，增加毕业求职的砝码。传统型学生往往勤奋好学，自律性强，重视学校的常规评价体系，对学校和教师的信任程度高，重视来自学业的奖励和荣誉。

动机二：大学四年最重要的是兴趣发展和实践能力锻炼，希望通过建立自己的人际圈子获得更多的平台。本文以"兴趣型"概括此类型动机的学生。这部分学生学习动力一般，对很多课程缺乏兴趣，但热衷参与特定的社团组织和文体活动，重视学校提供的文化交流活动平台、课外实践平台。

动机三：大学只是一种经历，除了文凭之外并没有太多用处。本文以"消极型"概括此类型动机的学生。这部分学生学习动机较低，往往成为学业困难群体而受到重点关注。

一方面，相对于偏远地区的普通高校（传统型学生比例更高），接受高等教育的动机多样性在北京市属高校的体现更加显著；另一方面，文科、理科专业学生的动机差异相对于应用型的工科专业来说更加突出。导致接受高等教育动机差异性的原因，既有社会方面的影响因素，更有家庭背景及资源分配现状方面的原因。总体上，家庭祖辈、父辈两代人对高等教育价值的认可，对学生的学习动机影响深远。在调查中发现，工人、农

民等群体在社会资源的配给过程中渠道相对单一，他们往往将高等教育作为唯一的阶层流动途径，对大学教育的价值期待非常高。这部分学生在传统型的教育动机中占有很高的比例；在政府机关、国有企事业单位工作，曾通过高等教育获得发展机会的家庭，其子女普遍对高等教育的价值抱有较高的认可程度，但也更重视综合素质及兴趣的培养，因此在传统型和兴趣型的群体中都占有一定比例；在市场经济中萌生的新的社会阶层，各有不同的资源获取途径，也在更加具体的方面影响学生对高等教育的认可程度和学习动机。对这部分原因更深入的探讨不是本文研究的重点，因此只做浅略的归纳。

（二）大学生多元化的目标与行为方式不是一成不变的，可能兼而有之，也有摇摆不定

大学生处于成年初期，思维方式仍处于从形式逻辑思维走向辩证逻辑思维阶段的初期，容易受到环境的影响而改变自己的认知与目标。因此，有的学生在传统型的目标指引下也会受到多方启发，培养了新的兴趣与特长；也有一部分大学生在入学以后的不同阶段，价值观念和行为方式发生突然变化，原本成绩优良、努力进取，突然产生迷惘，失去奋斗目标。

（三）不同学生行为模式之间既有冲突性也有一致性

拥有相同目标价值的学生，在行为逻辑统一的情况下，不可避免地体现同质化特点的竞争性，例如，在资源有限的情况下，高校奖励项目的竞争；同一群体中多元目标主体之间，也存在资源的竞争和冲突，例如，在集体宿舍中开展音乐创作与课后学习之间的冲突。

庞卫国认为："多元以内在的统一为内在规定。多元目标的存在，如果仅仅是多样而无某种内在的一致性，那这个群体就不是凝聚的，而是离散的，因此称不上真正的多元，仅仅是无序的杂多。"❶ 学生行为模式的多元目标的一致性也是如此，它既是学生实现个人价值的体现，也必须符合教育和社会对人才的主流价值。认可不同的目标价值，有助于构建多样化的成长环境，避免同质化竞争的压力，也有益于开拓个体自身的资源范围。

---

❶ 庞卫国. 价值多元与主导价值观［J］. 求索，2003（1）：129－131.

三、大学生思想教育的相关思考与建议

转变工作思路，改进工作效果，有益于帮助学生职业发展和个人发展的实现，满足社会对人才的多样化需求。与此同时，应当大力建设核心价值建设，引导学生在实现多元目标的同时践行和维护基础的核心价值。

（一）行为管理与思想教育方式既要有普遍性，又应该体现多样化

首先要认可多元目标。不要求所有的学生都要成为学习优秀的人，鼓励学生在高等教育过程中获得其他成长。其次，对于不同的学生，通过了解其具体的求学动机、个体特点，结合就业意向和人生规划，有针对性地选择使用约束机制、激励机制对学生进行行为管理和思想教育。运用奖励制度、考勤制度、学生组织的管理、社会实践的推动及校园文化的建设，开展综合性的教育和引导。搭建更多的平台，鼓励多样化的个性发展。

（二）各方教育主体对核心目标引导的一致性

大学生教育的主体包括对其构成影响的方方面面，最主要的是社会、家庭、学校及大学生本身的四方面参与。❶ 社会教育主体的功能主要体现在价值的引领，高等教育应当及时解读社会热点，用正确的价值观念引导学生心态。学校教育主体的功能是积极发挥文化育人作用，在"推进文化传承创新"中向大学生传播先进的思想观念，使大学生在复杂的背景下保持正确的价值判断能力。家庭是以伦理哲学为主要特征的社会存在。家庭作为教育主体具有其他主体无法替代的作用。家长的行为直接影响大学生的行为，高等教育并不是在白纸上写字，因此需要注重对学生成长背景的分析，加强与学生家庭的联系。社会、家庭、学校与学生本人一起，才能有效地构建合理而一致的学生教育目标。

（三）大力推进多元目标特点下核心价值与共同准则的建立

多元目标有存在的客观性与合理性，但个体的目标必须兼顾核心价值观的主张，这应成为学生多元目标实现过程的道德底线。大学生的价值取向近年来之所以走向偏颇或极端，主要原因就是其社会多元价值主观化中缺乏对核心价值的认同或接受，缺乏对群体和他人的正确判断与价值认

---

❶ 杨凤云. 价值多元背景下大学生的行为失范与教育关怀［J］. 现代教育科学，2012（1）：153.

可，在张扬个性的同时排斥他人的个性化价值，在多元目标设定的同时忽视核心目标的一致性和群体性。

因此高等教育应大力开展共同准则的建立工作，健全教育机制，规范化、严格化地开展学生行为管理。一方面引导学生既要获得应有的资源，又不能损害其他群体多元化目标的实现；另一方面倡导学生遵守贡献与所得相平衡的理念，做自己道路选择的责任人。不因教育者、被教育者不同而产生对一部分个体的纵容，保障其他个体的合理发展，使学生在培养包容心和责任感的基础上理解高校乃至社会的管理制度，认同社会的核心价值观念，在自身发展中更多地发挥个人的能动性，并在集体生活和社会生活中起到积极作用。

（郑珊珊　北京信息科技大学　北京100192）

大学·教育与跨文化

跨文化交际的文化差异在大学英语教学中的体现
网络文化对大学生文化认同的影响及解决路径探析
新媒体时代传统音乐在大学生中的传播策略
基于就业指导现状的高校大学生就业指导体系构建
新形势下进一步提高大学生安全教育实效的研究
优秀辅导员的成长规律与培养机制探讨
英国高等教育的状况与发展趋势

跨文化交际的文化差异
在大学英语教学中的体现

金　兰

摘　要： 在现代大学英语听说读写各种教材中，跨文化现象随处可见。本文从价值观的角度对全新版《大学英语》综合教程教材一、二册使用过程中遇到的跨文化交际的问题进行了探讨。得出结论：中国学生与教材选文作者处于不同的文化背景，从价值观这一文化维度来处理涉及文化差异的现象，能改善学生的理解，提升教师的教学效果。

关键词： 跨文化交际　价值观　大学英语　教学　文化差异

一、前言

《大学英语课程教学要求》明确指出，大学英语以英语语言知识与应用技能、跨文化交际和学习策略为主要内容。大学阶段的英语教学要求分为三个层次，即一般要求、较高要求和更高要求，这三项要求包括英语语言知识、应用技能、学习策略和跨文化交际方面的内容。（教育部高等教育司，2007：1，26）由此可见，英语文化的了解是大学英语教学的重要组成部分。

在精读课的教学过程中，理解错误出现的频率非常高。错误不仅限于语言上，还有文化上的错误。在书面语和口语的交流过程中，通常语言上产生的错误最容易被忽略，一个微不足道的因文化不同而产生的误会可能会成为交流中最大的绊脚石，也可能成为之后要花费很大力气也无法解决的问题。因此应尽早地将这种文化冲突产生的不良后果扼杀在萌芽状态。

从这一意义上来说，英语教学的本质就是跨文化英语教学。英语教学是语言的教学，语言是文化的一部分，是文化的重要载体。学生要想学好英语，就必须了解英语国家的文化。阅读中所接触到的西方文化反映出的价值观必然与学生原有的价值观相碰撞。对于这种文化的碰撞，学生们的反应不尽相同，或接受，或排斥。那么作为老师，我们就应该义不容辞地挺身而出来扮演这个引导学生排疑解惑之人。在文化知识这一"催化剂"的作用下，学生们将会更好地、更顺畅地获取知识，达到理解的目的，避免误读现象的发生。

我国非英语专业的学生人数众多，并且肩负着未来与外界进行交流与合作的重任，因此在大学阶段的英语学习过程中所涉及的精读、泛读、快读和听力的教材中的跨文化现象也随处可见。由于篇幅及研究能力有限，笔者仅选取了精读教材一、二册中的四篇具有代表性的课文进行分析，从跨文化角度处理教学中准确获取由不同文化背景的人写的文章所要传达的文化信息，从而帮助和引导学生加深理解，达到促进和提升教学效果的目的。

二、文献回顾

（一）跨文化研究

跨文化交际学是由美国人类学家、跨文化研究学者爱德华·霍尔（Edward T. Hall，1914—2009）在 20 世纪 50 年代建立的一门学科，其英文表达为 "Intercultural Communication" 或 "Cross-cultural Communication"。在我国也会翻译为 "跨文化传播学" 或 "跨文化交流学"。在汉语中我们进行了区分，在指现象时我们用"跨文化交际"，在指学科时我们用"跨文化交际学"。由于是外来词语，所以不同的学者翻译成不同的版本，有译为"跨文化交流""跨文化传播""跨文化传递"，还有译为"跨文化沟通"的。选择"跨文化交际"的大多具有语言学或外语教学背景，因为"communication" 在语言学中常译作"交际"，而选择交流、传播、传递和沟通的大多具有传播学的背景。（胡文仲，1999：19）

霍尔于 1959 年出版的巨作《无声的语言》（*The Silent Language*）被许多学者认作是跨文化交际学的奠基之作，从而也为他赢得了"跨文化传播之父"的美誉。书中他给"跨文化交际"的定义是：跨文化交际是指来自不同文化背景的个体、群体或组织之间进行的交流活动（Hall，1959：53）。霍尔还在 1976 年出版的《超越文化》（*Beyond Culture*）一书中提出了"高语境"和"低语境"文化（high culture and low culture）。"所谓低语境是指一切都需要用语言讲清楚，也就是说双方并没有分享一个共同的

语境"，"所谓高语境是指许多的意思都包括在语境之中，不需要每一点都明白无误地讲出来"。(Hall，1976：24)

美国20世纪70年代陆续出版了一批有关跨文化交际学的著作。其中较具影响力的是萨莫瓦尔（Larry A. Samovar）与波特（Richard E. Porter）合编的《跨文化交际学选读》(Intercultural Communication: A Reader，1995）以及康登（John C. Condon）与尤瑟夫（Fathi S. Yousef）合著的《跨文化交际学入门》(An Introduction to Intercultural Communication，1978）。到20世纪70年代中期，在美国已经有200多所大学开设跨文化交际学的课程。而与之成鲜明对比的是，我国从20世纪80年代中期才在哈尔滨工业大学、北京外国语大学等几所大学设立了这门课程。古蒂孔斯特（William B. Gudykunst）2003年出版专著Cross-cultural and Intercultural Communication，系统地提出了15种跨文化交际理论。

国内跨文化交际的研究始自20世纪80年代初期，许国璋先生于1980年在《现代外语》第四期上发表了论文Culturally Loaded Words and English Language Teaching。一般认为以许先生的这篇文章为我国跨文化研究开始的标志。1995年由哈尔滨工业大学外语系主办了第一届中国国际跨文化交际研讨会。来自世界20多个国家和地区的几百名学者进行了学术交流，还成立了中国跨文化交际研究会。这一学术盛会的召开和学会的成立开创了中国跨文化交际研究的新纪元，也标志着国际跨文化交际研究新的里程碑。这一文化盛事每两年召开一次，最近的第十届是2013年在海南召开的，由中国跨文化交际学会（原中国跨文化交际研究会）、国际跨文化交际学会和美国中华传播研究学会主办。1995年5月，由北京外国语大学外国文学研究所主办，在北京也召开了中国跨文化交际研究会。北外的胡文仲、哈工大的贾玉新、北大的关世杰、福建大学的林大津等教授都多次出版相关论著。1999年胡文仲先生出版了《跨文化交际学概论》，系统阐述了跨文化交际的基本概念、交际过程、交际的核心以及如何提高跨文化意识的建议。书中给出了跨文化的定义：具有不同文化背景的人从事交际的过程就是跨文化交际。(胡文仲，1999：1)

（二）价值观研究

价值观念是跨文化的核心。既然价值观对于跨文化研究如此之重要，那么如何界定其内涵与范围呢？美国弗吉尼亚大学的普罗瑟教授（Michael

H. Prosser，1936 至今）（1978：174）对于价值观是这样论述的："价值观是个人或群体主要通过文化交际构成的模式。它们是最深层的文化，我们认为所有的人都有价值观。"荷兰社会心理学家吉尔特·霍夫斯蒂德（Geert Hofstede，1928 至今）（1980：18）的定义简明扼要：价值观是"喜欢某种事态而不喜欢另一种事态的大致倾向"。人类学家克拉克洪（Clyde Kluckhohn）（1978：176）认为：价值观是"个人或群体所特有的一种显型或隐型的认为什么是可取的观念，这一观念影响人们从现有的种种行动模式、方式和目的中做出选择"。Samovar 和 Porter（1995：68）认为：

> 价值观通常是规定性地告诫人们什么是好的和坏的，什么是正确的和错误的，什么是真实的和虚假的，什么是正面的和反面的，等等。文化价值观确定什么是值得为之献身的，什么是值得保护的，什么会使人害怕，什么是应该学习的，什么是应该耻笑的，什么样的事件会使人们团结起来。最重要的是文化价值观指导人们的看法和行为。

由此可见，价值观是看不见、摸不着的，但它却能左右我们的态度和行为举止以及信念。所以这些外显的东西可以悄无声息地反映出不同的价值观。不理解价值观方面的差异就不能真正进行跨文化交际。那么，中国与英语文化背景国家的价值观又涵盖哪些具体内容呢？下面以 20 项调查为例介绍东西方不同的价值观。20 世纪 70 年代初期，Hofstede 依据 1967 年以来 IBM 公司在公司雇员中所获得的调查材料，对与工作关系有关的价值观做了进一步的研究，他抽象概括出 4 个衡量价值观的尺度，即个体主义—集体主义（individualism-collectivism），对权力距离的态度（power distance），对不定因素的回避程度（uncertainty avoidance），男性—女性（masculinity-femininity）。（胡文仲，1999：170 – 172）

由香港中文大学心理系的社会心理学家彭迈克（Michael H. Bond）所组织的中国文化调查小组对中国文化价值观念进行了总结，列出了 40 项中国文化价值观念，这 40 条是：1 孝（服从父母，孝敬父母，尊崇父母，赡养父母），2 勤劳，3 容忍，4 随和，5 谦虚……40 财富。（*The Chinese Culture Connection*，1987：173 – 174）从 Bond 的总结来看，文化价值观被分得很细，虽然不是每条都那么准确，但基本上还是能反映出中国人的价值观。

中国社会科学院院长王伟光教授（2008：53 - 56）根据基本社会关系，把核心价值观组成了一个7层的同心圆体系，自内向外包含七大类核心价值观。

第一层：个人与他人的关系——道德观；

第二层：个人与自然的关系——自然观；

第三层：个人与群体的关系——群体观；

第四层：群体与社会的关系——社会观；

第五层：人民与政府的关系——政治观；

第六层：人民与民族国家之间的关系——民族观；

第七层：民族国家与国际体系的关系——国际观。

北京师范大学的赵孟营教授（2008：7）做了一项中国公民价值观调查，得出当代中国的5种价值观：政治价值观、经济价值观、福利价值观、生活价值观和文化价值观。党的十八大提出，倡导富强、民主、文明、和谐，倡导自由、平等、公正、法治，倡导爱国、敬业、诚信、友善，积极培育和践行社会主义核心价值观。富强、民主、文明、和谐是国家层面的价值目标，自由、平等、公正、法治是社会层面的价值取向，爱国、敬业、诚信、友善是公民个人层面的价值准则，这24个字是社会主义核心价值观的基本内容。

本文的研究目的是当代大学生对于不同文化背景国家的作者撰写的英文课文的理解问题，因此，主要集中在所使用教材涉及的文化差异背后的价值观上。本文应用了 Bond 等人的 40 条文化观念、Hofstede 的 4 个尺度以及赵孟营的 5 种价值观中的文化价值观和经济价值观两个角度来进行分析。

三、全新版《大学英语》（综合教程）一、二册的跨文化研究

我校自 2010 年使用由上海外语教育出版社编写的全新版《大学英语》综合教程（第二版）。此教材共 4 册，每册书的每个单元会围绕着一个话题进行展开。本文就一、二册书中有关价值观的 4 篇具有代表性的文章拿出来主要针对文化价值观和经济价值观进行比较并加以探讨。

（一）文化价值观

笔者选了两篇文章作为能反映出不同文化价值观的例子。第一篇文章

是第二册的 Unit 1 Text A（*Learning，Chinese-Style*），作者是世界著名"多元智能理论"创始人，哈佛大学发展心理学家、认知和教育学教授霍华德·加德纳（Howard Gardner，1943 至今）1987 年在南京进行早期儿童教育方式调查时写的一篇文章。第二篇文章是第一册的 Unit 8 Text A（*Fable of the Lazy Teenager*），这篇文章选自美国《商业月刊》杂志（*Business Monthly* 1990.1）。作者本杰明·斯坦（Benjamin Stein）在美国洛杉矶做过律师、经济学家、作家，还有演员。第二册中的 Unit 1 主要介绍霍华德一岁半的儿子将金陵酒店房间钥匙投入狭窄的钥匙槽事件中中美两国不同的态度，霍华德夫妇对儿子的"探索过程"不予干涉，其指导观念是鼓励年轻人大胆地创新，然后再渐渐地掌握传统，高度重视创新和独立。相反，孩子附近的中国人却热心地伸出手"把着手教"孩子。霍华德分析得透彻：中国人不愿让孩子艰难地努力，怕他可能会因受挫而愤怒，大人们会帮助孩子们更快做完，进而去做更复杂的事。对于早期教育，中国人重视技能，而美国人重创造性。

第一册的 Unit 8 中，斯坦在文章开头讲述了一个十几岁的售货员对于作者所买的 23 个文件夹的总价格迟迟不能算出结果，而且这种现象还只是冰山一角。这让学生们觉得非常不可思议，因为一向称霸世界、无所不能的美国竟然会有这么严重的教育问题。其实这些不解就是因为我们彼此间的价值观发生了冲突。在中国的价值观中，"学识"是很重要的，尤其在幼年时期的教育中获取的基础知识对人的终生都是受益的。而个人主义取向的西方比较重视个性、自由，你可以随性地做喜欢的事情，不用考虑后果及别人包括老师、家长的看法。在他们的意识里，学习不好的学生不是差学生，因为基础知识在后期也可以再获得，而前期中的个性发展很重要。但是没有输入哪有输出？没有足够的量的积累，哪有最终质的飞跃？在教育的过程中，没有经验的小手在大手的引导下可以少走不少的弯路，及时地躲开不必要的麻烦甚至危险，从而节省了更多的时间和精力去做更有意义的事情。可是在人类那种与生俱来的想要自由探索的欲望被柔软的绳索所束缚的时候，我们也会很矛盾地想要自己尝试。所以在教育方式上，我们应该在两种方法中找到一个平衡点，以达到两种方法的最佳组合。

（二）经济价值观

笔者也同样选了两篇文章来说明中西方的不同经济价值观。第一篇是第一册的 Unit 4 Text A（*Tony Trivisonno's American Dream*），作者费雷德里克·C·克罗费德（Frederick C. Crawford，1891—1994）是美国的一名实业家和慈善家。这篇文章讲述了一个叫托尼的意大利人在美国如何白手起家的。因为托尼初来乍到美国，他通过给文章作者家剪草坪的方式来得到作者的帮助。可是在阅读过程中学生会有疑问，为什么托尼会选择剪草坪来接近作者？为什么不选择直接去他的工厂要差事？另外，在托尼逐渐有了一定的积蓄想要买房且他们已经很熟的情况下，托尼为什么不直接借钱而是让作者帮助他拿到银行贷款？第一个疑问实际是因为我们价值观中的"爱面子"而产生的。中国人是很好面子的，觉得通过给人家做小工来得到帮助会让人看不起。因为很多中国人看不起蓝领工人，如果一个大学教授的孩子做了蓝领，那么不管这个教授再怎么有名气、有学识，他也会觉得在周围的邻居、同事里抬不起头。可是在美国，你做什么都没有人去管你。只要不违法，靠自己的努力得来的，即便是总统的孩子在餐馆里刷碗也无所谓。因为个人主义是西方价值观中最重要的一个特点，而且由此产生了诸如自我、竞争、独立等为大多数人所接受的思想。正所谓：走自己的路让别人去说吧！而第二个疑问要用西方人"对不定因素的回避程度"这个尺度来解释。中国人对于未曾经历过的事会采取回避的态度，我们会想尽办法来避免去尝试，背负债务过日子绝对会让我们寝食难安。虽然现在很多年轻人因为买房而欠着债过日子，但大部分人只要有条件能从父母、兄弟姐妹或朋友那里借到钱，肯定要先还清银行的贷款。那种因为债务而给生活带来的不定因素是大多数的国人不能接受的，除非是迫不得已。而美国人从小的教育就是大胆地接受挑战，去冒险，去干自己想干的事情。

第二篇是第二册的 Unit 2 Text A（*A Life Full of Riches*），文章来自《美国新闻周刊》。其中作者 Karl R. Green 对于贫富给予新的含义：物质的缺乏并不是贫穷的表现。对于这样的价值观学生在阅读时会感到很新奇，因为我们用来衡量贫富的标准就是物质的丰富与贫瘠，没钱就是穷。因为在我们的价值观里"财富"就是有财便是富。其实中西方对"财"的理解、态度和做法都不尽相同。因为中国的家庭受到儒家思想的影响，给孩子提供一切是父母之本分，是最基本的义务。所谓：在家靠父母。而学生只要一心只读圣贤书就好了，因为"书中自有黄金屋"。而西方的孩子从小就有挣钱的想法而且还能得到父母的支持，当然不是物质的东西而是给孩子创造从劳动中获取快乐的条件。所以东西方的价值观在发生碰撞时，我们就要客观地来看待，既要发扬我们的优势和长处，还可以吸收西方价值观中的精华，不可一概全否，也不可全部拿来。每当讲到本课所传达的信息时，下面的学生都备受鼓舞。因为这种由于不同文化背景而产生的不同价值观所传达的新思想也正是他们现在的实际情况：虽然他们在物质上缺乏，但他们是富有的，因为年轻他们可以大胆去探索而毫无牵挂，这就是他们宝贵而无形的巨大财富。这样一比，即使那些富甲一方的土豪洋豪们又算得了什么呢？

四、结束语

跨文化交际的例子比比皆是，只是因我们关注太少，意识不够敏锐，对于这些离我们只有咫尺之遥的东西未曾感觉，所以我们经常与这些思想擦肩而过。这些思想在教材中有很好的展现，从指导表象的价值观入手，就会起到事半功倍的效果。

语言的学习，要有一定的文化底蕴做铺垫，语言与其文化是相辅相成、密不可分的。在进行语言的学习时，要想实现无障碍的交流，应不仅仅局限于语言的学习，更重要的是文化知识的学习。虽然我们已经认识到了文化的差异是客观存在的，但是任何一个民族的文化都是浩如烟海、包罗万象的。所以在大学英语教学中，教师除了教授学生们必要的语言知识以外，还应该融入文化的教育，帮助学生真正建立起学习语言的兴趣，使得他们在不同的文化碰撞之中能有自己的理解和认识，从而能更好地提高语言的理解，不产生或尽量避免误读现象。"文化是民族的血脉"（李克强，2014），对于一种新的文化，我们应该批评性地来看待，避免误读，客观理解，清醒地保持我们的优秀传统文化，避免被同化。

参考文献

［1］［美］爱德华. 霍尔. 超越文化［M］. 北京：北京大学出版社，2010：53.

［2］［美］爱德华. 霍尔. 无声的语言［M］. 北京：北京大学出版社，2010：157.

［3］胡文仲. 跨文化交际学概论［M］. 北京：外语教学与研究出版社，1999.

［4］教育部高等教育司. 大学英语课程教学要求［M］. 上海：上海外语教育出版社，2007.

［5］李克强. 第十二届全国人民代表大会第二次会议上的《政府工作报告》［R］. 北

京：人民出版社，2014.

［6］王伟光. 中国社会价值观变迁 30 年（1978—2008）［M］. 北京：中国社会科学出版社，2008.

［7］张佳亮. 大学生价值观教育［M］. 沈阳：辽宁大学出版社，2010.

［8］赵孟营. 跨入现代之门：当代中国的社会价值观报告（中国公民价值观蓝皮书）［M］. 北京：北京师范大学出版社，2008.

［9］Hofstede，Geert. 1980. *Culture's Consequences：International Differences in Work-Related Values*. SAGE Publications.

［10］Prosser，Michael H. 1978. *The Cultural Dialogue：An Introduction to Intercultural Communication*. Houghton Mifflin Co.

［11］Samovar，Larry A. & Richard E. Porter. 1995. *Communication Between Cultures* (2nd ed). Wadsworth Publishing Co.

［12］The Chinese Culture Connection. 1987. *Chinese Values and the Search for Culture-Free Dimensions of Culture. Journal of Cross-Cultural Psychology*，18（2）：143 – 164.

［13］鲁全信，杨绍安. 网络文化背景下大学生文化认同危机及其消解路径［J］. 学术交流. 2014.03：67.

［14］王玉丰. 试探大学生文化认同现状与成因［J］. 学校党建与思想教育. 2006.07：63.

［15］敬菊华. 网络文化对大学生的影响及应对策略［J］. 重庆邮电学院学报. 2004.04：117.

（金兰　北京信息科技大学　北京　100192）

网络文化对大学生文化认同的影响及解决路径探析[*]

舍娜莉

摘　要：网络文化作为一种新的文化形态，从内容到形式，都对大学生的文化认同产生极大影响，并进而作用于其学习、生活、道德思想形成以及人格教育塑造。本文在充分认识大学生文化认同的意义及现状的基础上，分析了网络文化对大学生文化认同产生的影响，探讨了应对不利影响的相关解决路径，并提出了有关网络文化建设与管理的解决路径。

关键词：网络文化　大学生　文化认同　-影响　解决路径

文化是人类在社会历史发展中所创造的物质财富与精神财富的总和。在世界范围内各个领域的激烈竞争与争夺中，文化的博弈从没有停止过，有时甚至会从幕后走向前台，以便占领思想的制高点。在经济全球化和社会信息化迅速发展的今天，文化环境已发生了质的变化，尤其是互联网络所营造的虚拟世界带给人们的冲击波当量是如此巨大，使人们的生活方式和思维方式无法再保持原有状态。和原有传媒方式不同，互联网日益成为世界不同国家、地域、民族、社会制度进行意识形态交流、交融与交锋的角力场。在这场角力中，作为网络文化主要消费者的大学生必然成为不同文化交流、交融与交锋中的场心主角，自身的文化思想与行为观念必然受到巨大震荡。同样在这场角力中，如何解决网络文化对大学生文化认同所产生的影响，也是摆在教育者面前的一道并不轻松的课题，促使教育者必须投身这场文化捍卫的角力之中。

---

　*　基金项目：2015 年北京信息科技大学课程建设——教学方式方法改革立项项目（编号：2015KGYB35）；2016 年中共北京市委教育工作委员会首都大学生思想政治教育研究课题（编号：BJSZ2016ZC144）。

一、大学生文化认同的意义及现状

什么是文化？文化学者余秋雨认为："文化就是一种生活方式，也是一种精神价值。"尽管大学生的个体生活经历千差万别，但相似的大学校园生活决定了他们文化特质的共性；同时，大学生的精神价值和他们所接受的丰富教育一样有着较高的层次，因此其文化构成便具有"高层次""多元化"的特征。再者，随着生活条件和教育环境的改变，各种文化的汹涌而至使大学生应接不暇，接受与淘汰的频率便大大加快，又导致大学生的文化构成还具有"多变性"的特点。大学生的文化认同如何，将直接影响大学生的文化构成与文化品质，大学生文化构成的"高层次""多元化"及"多变性"必然影响大学生的价值思想与行为观念。

第一，大学生文化认同的意义。

文化认同是人们对自身所属社会的群体文化的心理肯定与意识归属。文化认同是人类独有的思想理念，是人类之外的其他生命体不具备的。文化认同在个体持有所属群体特定价值观念、思维方式及行为标准的同时，也表现为对所属群体文化价值观及行为规范的尊重与遵从。因此，从本质上说，文化认同就是一种文化自觉，是对一个民族基本价值的崇尚、维护与提升。文化认同的实际意义就在于，对内可以促进民族的和谐与团结，促进国家的发展与强大；对外可以赢得民族的地位与尊严，并能有效抵御异质文化的同化。

第二，大学生文化认同的现状。

文化认同是不同文化交流、交融与交锋的产物，并且随着经济全球化和社会信息化的迅速发展，这种异质文化的冲突与交锋愈加趋于激烈。从表面看来，文化交锋是强势文化对弱势文化的侵蚀与挤压，实质则是国家与民族在软硬实力上的真实较量，是全球化全方位竞争激战的一部分。文化认同危机不仅会迫使本域传统民族文化的破坏和改变，还会淡化民族意识和国家观念，直至影响到国家政体的稳定与国家建设的发展。从目前情况来看，我国大学生的文化认同危机现状是较为严重的。大学生尚没有能力构建新的自我文化体系，在各种良莠不齐的文化困扰之下，文化认同危机在所难免。

二、网络文化对大学生文化认同的影响

大学生在现代社会中越来越离不开网络世界。上网不仅成为大学生学习的一种方式，也成为生活的一种时尚。但在网络环境中，网络文化的异质性与虚拟性将对大学生的思想价值观念造成很大冲击；网络文化的平等性与交互性也会改变大学生的日常行为方式；还有网络文化的随意性与无政府性也将大大淡化大学生的传统道德标准与社会责任意识。总之，网络文化的新态势是造成大学生文化认同危机的一个重要因素。

第一，网络文化的内容与传播特点。

在网络文化制度仍不够健全的情况下，网络的精神文化部分就会失去制度约束而恣意泛滥。首先，是网络内容的巨量与庞杂。网络内容的巨量传播难免泥沙俱下、鱼龙混杂，其良莠庞杂无疑是一种副作用，有些内容看起来很美，实则有百害而无一利。其次，是网络传播的快速与多变。网络传播对传统方式的颠覆是一次革命，这为人们快速获取网络信息或发布个人思想提供了可能，但也正因为如此，不良网络信息或网络文化对人、对生活、对社会的危害会更大，而且防不胜防。最后，就是人们对网络的操纵与利用。网络是人们达到经济、文化、政治等多种目的的一座现代化平台，目的不同，手段不同，对现实的作用也就不同。总之，网络作为一种新兴技术，和许多发明一样是一把锋利的"双刃剑"，对大学生文化认同的影响自然不可轻觑。

第二，网络文化对大学生文化认同的影响。

首先，冲击了大学生对主流文化的认同。主流文化是一个社会、一个时代受到倡导的、起着主要影响的文化。中国主流文化源于中国传统文化及其发展经历，立于现代社会的政治、经济、科技所具有的水平，为具有中国特色的社会主义所倡导的、对国家和民族发展起到主导作用的文化主干。值得注意的是，在全球化发展的情势下，西方也在利用网络建立自己的文化阵地，进行新的文化渗透，推销他们所谓的普世价值观文化，并借助文化渗透散布政治偏见，甚至不惜罔顾事实依据，以达到政治侵略的阴谋。他们利用网络宽松的文化环境、有利的传播渠道以及自由的传播方式，以文化渲染来漂洗不同地域、不同国家、不同民族的政治思想与文化底色，进而征服他们的大脑与思维，以彻底改变文化认同中的异质文化构造。

其次，冷落了大学生对传统文化的情感。传统文化是文化传承的结果，也是文化传承的载体。传统文化不仅是一个民族的思想记忆，更是一个民族的生命延续，它顽强的生命力使一个民族能够永远拥有属于自己也属于世界的醒目标签。中华民族有着五千年的辉煌文明史，中国传统文化的博大精深及历久弥新，至今已成为中华民族复兴强国的思想价值标杆，也成为新时期每个中国人的人格标志，正如文化学者余秋雨所说："中国文化是中国人的集体人格。"但是，文化的全球化过程及网络的普及化发展正在让很多人逐渐失去这种文化自觉乃至文化认同。文化认同危机的后患不仅表现在对本民族文化的冷落与疏远，更在于对道德行为标准的背离与背叛。

再次，弱化了大学生对理想信念的追求。无论文化的种类、来源、内容与形式如何，文化在传播过程中都承载着对伦理道德、价值观念、政治思想等的宣示义务，并借此影响到文化渗透对象的生活方式、行为准则、道德标准与理想追求。大学生涉世不深，人生阅历浅薄，世界观尚未成熟，价值观有待建构，在网络文化的强大冲击下，信念追求很容易陷入迷茫之中。特别是在西方消费观念与功利主义的冲击下，许多大学生更是被利欲心理与功利思想所迷惑困扰，心理出现失衡，甚至陷入虚无主义与享乐主义的梦幻之中，并因此丧失应有的远大理想与高尚追求。

最后，淡化了大学生对道德责任的承担。如果说文化是文明与思想的载体，那么它也是道德情操的载体、行为规范的载体以及社会责任的载体。文化源自生活又作用于生活；文化认同如何将直接影响到一个人的生活态度与生活言行。长期在网络世界里畅游的大学生在这种虚幻的文化氛围里耳濡目染，所接受到的某些思想观念不仅无益于现实生活，甚至有违道德规范与伦理要求，久而久之就会导致道德意识与社会责任感的丧失。社会责任感是一个人正确的思想价值观念的外化，自然也是其文化认同的常态，大学生在网络文化中的浸泡与浸染使其文化认同出现危机，道德意识及社会责任感就有了失去思想根基的可能。

三、解决大学生文化认同问题的路径探析

爱因斯坦说过："科学的产生必然伴随着垃圾的先行。"这对于全新形态的网络文化同样适用。网络文化内容的丰富、形式的开放及传播的灵便是其特有的优势，对大学生的学习、生活与思想发展确能起到积极的推动

作用；但正因为它的这些特点，也会让"文化垃圾"顺流而下，使大学生的文化认同陷入迷茫与危机，在大学生思想发展与人格形成的过程中留下污浊、造成污染，以致影响到大学生的健康成长。扫除网络垃圾、清除网络污染，还网络文化一个湛蓝的天空，让当代大学生拥有正确的文化认同感，是国家、政府及教育部门义不容辞的责任。

首先，加强网络文化监管，净化网络育人环境。在形式各异的网络文化的面纱之下，展示的其实是一个虚实交汇的五颜六色的社会，是浓缩了不同地域、国家、种族群体及特殊个体的思想、道德、价值观念及利益目的庞大空间。尽管网络社会并不是一个实体社会，但又实实在在地扰动着现实社会的原有秩序，淘洗着现实生活人们的心灵。由于当代大学生是网络文化的主要消费者，网络社会对大学生来讲，就是另一个学习的空间，是另一所接受熏陶的学校，同时也是另一片生活的场域。网络社会作为对大学生产生教育影响的一种独特环境，其作用有时甚至会超过学校常规教育。为此，必须建立健全网络管理制度与法规，以此来保障网络文化的纯洁与安全。网络文化的纯洁关系到网络道德的健康、网络思想的高尚、网络态度的积极及网络价值观念的正确，为此，必须让有关色情、利欲、享受、放纵、虚无、颓废、暴力等的有害思想言行远离网络社会，为大学生成长成才营造积极向上的氛围。网络文化安全涉及大学生的政治思想教育，在某种程度上对大学生的文化认同影响更大。网络传播的自由使网络空间很容易成为封建迷信、虚假信息、反动言论以及文化渗透利用的场地，对社会秩序的破坏也最大，只有加强网络监管，才能控制并惩治这些违法犯罪行为，从根本上治理网络文化环境的污染。

其次，加强传统文化教育，弘扬主流文化精神。中国传统文化根植于中华民族肥沃的土壤，能够传承至今，足以表明其强大的生命力与合理性。加强传统文化教育并非拒绝排斥对先进文化的吸纳与融入，任何文化的长久发展都离不开对异质文化精髓的吸纳，以充实完善本域文化，使之更加博大精美。中国传统文化自然也经历了兼收并蓄的过程，在长达五千年的滋长时间里，已有了更多更为丰富的交汇与交融。尤其是具有中国特色的社会主义建设发展到今天，已然形成了外延更为广大、内涵更为丰富、更适合国家发展与民族复兴的社会主义的先进文化——社会主义核心价值观。社会主义核心价值观是对传统文化的传承与发展，也是当今中国社会应加以弘扬的主流文化内容。在网络教育中，应当传播社会主义先进文化，提高公民素质，为大学生健康成长提供丰富的精神营养。要让大学生通过网络教育的导向作用，了解自己民族的文化，加深对它的历史及文化价值的认识，并为它的创新发展做出自己的努力。深刻了解、认识自己民族的文化是解决文化认同问题的前提，只有让大学生增强对本民族文化的认同感与自豪感，才能使大学生在思想行为上促进对自己文化的自信与自觉，能够激浊扬清、自觉批判地选择与接受异质文化的融入，并担当起文化传承的责任与使命。

再次，加强校园文化建设，增强大学生文化认同。大学校园是大学生教育的主阵地，开展人文教育，加强大学生民族文化认同感，学校教育无疑是主渠道。而校园文化教育是学校教育的重要组成部分，对大学生的文化思想熏陶有着潜移默化的作用。随着互联网应用的普及化，网络文化在大学生教育中的作用日益凸显，并占据越来越多的空间。网络文化是一块重要的教育土壤，作为教育主阵地的高校及相关部门，如果能对这块土地加以精心耕作，就会成为校园文化教育的一块重要阵地。所以，必须加强校园网络文化的建设，为大学生的思想教育和人格塑造培植出绿色环保的网络文化园林。首先，要把握好网络信息的入口关。网络环境的营造在于网络的管理与监控，学校通过建立网络信息的管理与监控机制，来加强对网络信息的"准入"与"保留"管理，在源头和过程两个方面同时管控，既不让有害信息随意进入，也不给不良内容以存在空间，以保持网络环境的洁净。其次，要创新网络文化的内容与形式。只有不断地进行网络文化创新，才能增强大学生对网络文化的兴趣，使网络文化更具吸引力和感召力。最后，网络文化应结合大学生的学习与生活实际需要，要对大学生的学习、生活及社会实践活动起到较好的服务效果和积极的促进作用，并符合大学生的接受习惯与欣赏标准，在健康、科学、合理、有序的基础上，为学生创造出积极向上的精神动力与思想感染力，使大学生能够在良好的校园环境中成长成才。

最后，加强道德法制教育，增强学生社会责任感。企图摆脱道德观念的束缚或社会责任的压力，是人类潜意识中的一种自然心理，在自由、开放的网络世界里，这种心理恰好能够得到放任与张扬，以致无所顾忌、随心所欲。因此，加强网络监管中的道德法制教育，正是对这种心理意识的警醒以及对放纵言行的束缚，同时使道德底线得到坚守，让社会责任感久驻于心。加强道德法制教育一方面是以法治的规定约束不良不法行为，另一方面则是用道德的规范加强人们的自律自尊意识。随着育人环境的变化，学校必须更新教育理念，创新教育模式，将网络教育与网络管理结合起来，突出网络文化在学生教育中的位置，以形成新的思想道德教育的理念。同时还要将网络道德教育与政治思想教育课程结合起来，让学生多多了解网络法规与网络道德知识，文明上网，科学上网，将道德理念和社会责任心落实到具体行动中去。

彭文山告诉我们："文化作为人最核心的内在因素，决定了人之所以为人。"无论文化的力量有多么大，它的核心因素还是人，是人的道德、人的思想、人的价值观念以及人的责任感等，这些共同构筑文化的大厦。因此，人应该拥有"占有文化、支配文化、创造文化的意识和能力"，只有如此，才能不沦为文化的俘虏或奴隶。这对网络文化背景下的大学生教育来说应是一种有益的启示。

参考文献

［1］鲁全信，杨绍安. 网络文化背景下大学生文化认同危机及其消解路径［J］. 学术交流. 2014.03：67.

［2］王玉丰. 试探大学生文化认同现状与成因［J］. 学校党建与思想教育. 2006.07：63.

［3］敬菊华. 网络文化对大学生的影响及应对策略［J］. 重庆邮电学院学报. 2004.04：117.

（舍娜莉　北京信息科技大学　北京　100192）

新媒体时代传统音乐在
大学生中的传播策略

陈　红

摘　要：中国传统音乐是中华文化的重要组成部分，也是人类精神文化的宝贵财富，传统音乐的传播和发展离不开新媒体。以数字技术为代表的新媒体，正在改变以往传统音乐的传播方式。更好地充分利用新媒体在当代大学生中传播和弘扬传统音乐文化，改变传统音乐的疲弱态势，使大学生对传统音乐从隔膜到亲近，热爱本民族的传统音乐文化，是我们教育工作者的目标和追求。

关键词：新媒体　传统音乐　大学生　传播策略

在一个有着五千年悠久音乐文化的国度里，在课堂上向大学生们介绍自己国家的传统音乐，按理说是一件比较容易的事情，然而实际情况并非如此。作为一名音乐教师，我向大学生介绍西方音乐要比介绍中国音乐容易得多，因为大学生对西方音乐比较熟悉，而对中国音乐感到陌生。造成这种局面的原因是我国自"五四"以来，音乐教育界就把西方音乐理论体系列为整个国民音乐教育的中心内容，占据了主流地位，获得了权威话语权，并以此来解释和改造中国传统音乐。这样的音乐教育体系培养出来的大学生，对待西方音乐和中国音乐呈现出厚此薄彼的态度就不足为奇了。近些年来，中国传统音乐总体呈现疲弱态势，传统音乐不断萎缩，音乐的传播被边缘化，传统音乐文化的传承难以为继。在这种严峻的情势下，如何充分有效地利用新媒体在大学生中传播中国传统音乐文化，以期能够重振雄风成为当务之急，这也是本文的主旨所在。

一、传统音乐当前面临的困境

中国传统音乐博大精深，源远流长，既是中华文化的重要组成部分，也是人类精神文化的宝贵财富。但是随着全球化时代的到来，中国传统音乐面临着多元文化的渗透，面临着西方现代艺术的冲击，面临着商业化流行音乐的挑战。在流行文化逐渐成为主流文化之后，传统音乐更是显现出与其在历史长河中所起的作用不相符合的疲弱态势，面临着生存和发展的困境。

（一）传统音乐在国家的教育体系中处于边缘地位

传统音乐作为中国音乐文化的重要内容，有着深厚的历史积淀。国家教育行政部门也意识到它的重要性，近些年在学生的基础教育中增加了传统音乐的学习内容，也推行了一些诸如地方戏曲进课堂等措施，但实行的效果尚不尽如人意。迄今为止，传统音乐并没有形成自身完整的音乐教育体系，而且在学生的基础学习中一直处于边缘地位。众所周知，对艺术尤其是传统艺术的热爱需要长期的熏陶和培养，但是大学生们在成长过程中缺失了这一环节。加之年轻人的天性是更加喜欢时尚动感的流行音乐，这也使得他们和传统音乐渐行渐远。失去了年轻人关注和热爱的传统音乐，也就意味着没有未来。

在从事音乐教学工作将近 30 年的时间里，我一直关注着大学生对我国传统音乐的态度，问卷调查得到的结果十分令人担忧。在我们这所工科院校的大学生中，即便是来自我国西部民歌大省的学生，知道自己家乡民歌的人都少之又少，更不用说其他省份的学生了。现在的大学生基本没有人会唱中国民歌，而且在很多学生的意识里，民歌是下里巴人、不入潮流的。在大学生群体中，对我国传统音乐喜爱的人数不足 1%，绝大部分大学生对民族器乐不感兴趣，学生中会演奏民族乐器的人屈指可数。至于地方戏曲和传统说唱，他们更是一无所知，语言的隔阂和审美趣味的差异使得他们从心态上就有所排斥，更不用说去学习和亲近它们了。在今天新媒体高度发达的时代，人人都可以成为传播者，而大学生们对传统音乐的态度，决定了他们不可能主动积极地去传播和弘扬民族音乐。

（二）传统音乐的传播被边缘化

音乐的传播离不开传媒，发展传统音乐更是需要传媒的支持。在新媒体兴起以前，传统音乐主要通过广播、电影、电视、磁带、光盘、音乐会等方式进行传播。在这些媒体中，大学生接触最多的是广播，是广播媒体的主要听众之一。通过查找资料，我了解到我国一些省、市广播电台的音乐节目播出情况，总体来看传统音乐的播出很不乐观。普遍的情形是传统音乐播出时间少、播出时段差，而流行音乐的节目占比却很高，并且包揽了黄金时段，对传统音乐节目形成挤压态势。以收听率在北京地区名列前茅，在年轻人中具有广泛影响力的北京人民广播电台的北京音乐广播为例，其广播栏目多达二十几个，有《中国歌曲排行榜》《欧美歌曲排行榜》《永恒的魅力》《带你聆听》《古典也流行》《午后大道东》《沸腾97度4》《我的音乐生活》《金典风尚》《英伦音乐风》《我为歌狂》《我的音乐博客》《在流行》《全球华语歌曲排行榜》《统一心情世界》《男左女右》《零点乐话》《爱得更久点》《就听好歌不听话》等，除此之外，北京音乐台还有古典音乐频道、欧美流行音乐频道、轻音乐频道和亚洲流行音乐频道四个有线音乐频道，并拥有一个数字爵士音乐广播和一个数字电视频道。作为一个专门播出音乐的广播台，有着如此丰富多彩的栏目和频道，却唯独不见传统音乐的踪影，传统音乐的地位可见一斑。北京音乐广播自我标榜是有社会责任感、以年轻人为主要听众的音乐电台，但在向年轻人传播中国传统音乐文化上显然没有尽到责任。这些主流媒体的缺位宣传，自然造成了大学生受众的减少和流失，传统音乐的传播基本上处于自生自灭的状态。现在，传统音乐的生存空间越来越小，处于广播电视等主流传媒音乐传播中的弱势地位，成了"鸡肋"，传统音乐的传播被边缘化了。

二、新媒体带来传统音乐在大学生中传播的新途径

传统音乐面临的困境与传播不给力不到位密切相关，但是现在以数字技术为代表的新媒体，正在改变以往传统音乐的传播方式，给传统音乐的发展与传播带来新的希望。

所谓新媒体是相对于传统媒体（报刊、广播、电视等）而言的，它是在传统媒体以后发展起来的新的媒体形态，又被称为数字化媒体。新媒体是利用数字技术、网络技术、移动技术，通过互联网、无线通信网、卫星等渠道以及计算机、手机、数字电视机等终端，向用户提供信息和娱乐服

务的传播形态和媒体形态。❶ 新媒体在我国发展迅猛，2014 年 1 月 16 日，中国互联网络信息中心（CNNIC）在北京公布的《中国互联网络发展状况统计报告》中提到，截至 2013 年 12 月，中国网民规模达 6.18 亿，互联网普及率为 45.8%。其中，手机网民规模达 5 亿，成为 2013 年中国互联网发展的一大亮点。在这个巨大的网民族群中，年轻人成为网民的主体。有数据表明，新媒体用户的平均年龄是 18～35 岁，其中大学生所占比例第一。网络已经成为大学生重要生活方式和生活内容之一，也是他们获取知识和资讯的主要平台。

新媒体具有数字化和互动性，以及使用上的方便廉价，这些特点都使大学生热衷于使用新媒体。现在手机和计算机已经是大学生的必要装备，我们要充分利用新媒介带来的便利条件，为传统音乐在大学生中的传播制定策略，以期年轻一代能够对传统音乐从隔膜到亲近，热爱和传承本民族的传统音乐文化。

三、传统音乐在大学生中传播的主要发展策略

中国传统音乐是中华文化的重要组成部分，文化的社会性决定了文化只有被传播才能富有生命力，才能源远流长。大学生和新媒体的亲密无间使得传统音乐的传播有了网络传播的新途径，运用新媒体在大学生群体中传播和弘扬传统音乐成为我们的新课题。我们需要从以下几个方面做出努力。

（一）传播者要做好传统音乐的"把关人"

传统音乐的传播者在传统音乐文化传播中起着把关人的作用，决定了传播的整个过程。因此，传播者需要具备较高的文化素养和健康的审美趣味，才能进行判断和选择，使美和善的作品进入到传播渠道。新媒体的互动性使得受传者也可以成为传播者，所以他们也肩负着社会责任。而大众传媒已经成为当今文化传播中最重要和最高效的载体。大众传媒的地位决定了它在文化传承中的话语权，从传播内容的选择到传播的方式方法都将决定文化传播的效果。因此，大众传媒只有在主观上充分认识自身对文化传承肩负的责任，不唯利是图，不娱乐至上，为传统音乐留有一席之地，

---

❶ 摘自百度百科 http：//baike. baidu. com/subview/339017/5403053. htm？ fr = aladdin.

才能制定出符合传统音乐传播特点的传播方式，找到传统音乐与媒介传播方式的最佳契合点。

具体到大学中的传统音乐教育，首先，学校的教育行政部门要意识到教育是传承传统音乐的根本途径，在学校教学计划中要开设传统音乐课程，使大学生对中国的传统音乐有个系统的认识和学习。在音乐教育传播中的把关人就是音乐教师，从作品的选择到授课的方法都将影响传播效果。其次，学校需要在校园文化中融入传统音乐的内容，充分利用校园的网络、广播、电视台等途径来传播传统音乐，在校园中营造传统音乐的氛围，使学生耳濡目染，得到传统音乐文化的熏陶。

（二）传统音乐的传播内容要由俗入雅

当前传统音乐面临的问题是它无法像流行音乐那样伴随着传播技术的进步而得到广泛传播，主要原因是大学生们认为传统音乐离自己生活太过久远，对传统音乐不熟悉，有隔膜。新媒体的互动性使得大学生可以自主选择自己喜爱的音乐，这就要求传统音乐自身要有足够的吸引力，才能获得他们的青睐，得到更好的传播和弘扬。所以如何能够激发起大学生对传统音乐的兴趣是首要问题。

作为传统音乐的传播内容来说，应该是从浩如烟海的作品中筛选出的能够传递"正能量"，提升人的精神境界，使人积极向上、身心愉悦的优秀作品。在具体的教学中，教师可以从较为通俗易懂以及比较容易和青年学生产生情感共鸣的作品入手，由易到难，由浅入深，分不同层次对音乐作品做推广介绍，使大学生对传统音乐深邃的精神内涵和基本模式有所把握，激发起他们对中国音乐的审美兴趣。以古曲《梅花三弄》为例，教师可以分别选取笛子、古筝、箫和古琴演奏的版本，让大学生逐一感受笛子、古筝音色的灵动俏丽，以及箫和古琴音色的深沉隽永。同一首乐曲有了如此丰富的音色变化，就会引发学生的好奇心，去感受和体会其中的不同以及包含的音乐文化信息。从音乐小品入手，由通俗到雅致，循序渐进，逐步过渡到欣赏结构复杂、内涵深邃、端庄大气的作品也就不难了。

（三）传统音乐的传播形式要利用新媒体的综合功能

"互联网可以让人们主动选择各类信息——文字的、声音的、图像的、音像的，并以多种方式进行及时的反馈互动，这些是任何一种旧媒体无法提供的。"❶ 新媒体传播信息不单是文字或者图片，还附有音频、视频等多触觉通道，这种全媒体传播特征，正是传播传统音乐最适宜的方法。王耀华先生在《中国传统音乐概论》一书中指出："民间音乐往往是口耳相传的艺术，人们接触到它的时候，不是靠文字记载，而是靠听觉、视觉，从具体的音乐音响中得到感受。"

1. 充分利用视觉传播吸引大学生

众所周知，音乐是听觉艺术。但在视觉文化占主导地位的当今社会，音乐文化也成为一种视听结合的艺术。在新媒体时代，音乐中"看"的成分越来越突出，如 MV、FLASH 音乐、歌星演唱会等都离不开视觉形象。面对在视觉符号（形象）的消费中成长起来的大学生，充分利用视觉传播吸引大学生来弘扬传统音乐成为行之有效的方法。

新媒体是整合了影音文字信息的媒体，我们可以利用高科技把传统音乐进行改造，将视、听、触、嗅、动等多方位的体验与享受带给年轻人。2014 年 5 月 20 日，为迎接在中国参加亚信峰会的各国领导人和代表，我国政府在上海举办了一场文艺晚会，演出借助高科技手段呈现中国传统音乐之美，令各国贵宾赞叹不已。苏州评弹是最具中国江南特色的一种说唱曲艺，由两位表演者自弹自唱。舞台上随着《四季歌》旋律响起，出现了扇形多宝阁的装置，身着旗袍的女子在上下两层弹唱，中间一层采用真人全息多媒体投影技术，打造出奇幻的舞台效果。所谓的全息多媒体，就是用 45°角的全息膜进行立体成像，使得拍好的虚拟人像与舞台上的真人做出同样的舞蹈动作，通过亦真亦假、虚实结合的影像表现，给观众营造立体感觉，非常的生动。传统音乐经过这样的科技"包装"，既充满现代气息又带有古典韵味，对大学生产生了强烈的吸引力。

另一个成功范例是白先勇先生打造的青春版《牡丹亭》。苏州大学教授周秦说："所谓'青春版'，就是用青春的演员说青春的爱情故事，来吸引青春的观众。"今天年轻人的审美，一定与明清时代不同。昆曲的复兴既要遵从它的古典精神，又要适应现代观众的视觉要求。因此，青春版的《牡丹亭》，从服装、道具、舞台、灯光、舞蹈、书法无一不精心设计，美轮美奂，精彩纷呈。白先勇先生为此集合了台湾一流的创意设计家，以文化人的智慧共襄盛举，使现代剧场与古典精神完美融合。

---

❶ 魏超. 大众传播通论［M］. 北京：北京中国轻工出版社，2007：22.

青春版《牡丹亭》在舞台上亮相，华美的视听盛宴激起了青年学子对有六百多年历史、被称为"中国戏剧活化石"的昆曲的热爱，陶醉在咿呀婉转的水磨腔中，在北大演出时甚至出现一票难求的盛况。青春版《牡丹亭》的成功，说明只要对传统艺术进行与时俱进的包装改造，给大学生带来"新、奇、特"的视觉冲击和美的享受，使传统也时尚，一定能激发起他们对传统音乐文化的兴趣和热爱。

2. 以大学生喜闻乐见的传播媒介进行传播

传统音乐的传播媒介随着时代的发展也在不断变化。从口传心授到文字记录，再到视听媒介的产生，网络信息技术的高速发展带来了音乐传播媒介的丰富多彩，传播方式多样化，多种传播方式并存。现在大学生听音乐的方式有手机、iPod、车载音乐、计算机软件、音乐网站等，诸多渠道多种选择。虽然传播媒介不断演变，但传承音乐文化的功能不会变。充分利用大学生喜闻乐见的传播媒介来传播传统音乐，会得到事半功倍的效果。

动漫是广受大学生喜爱的艺术形式，他们是伴随着动漫成长起来的一代人，对动漫有着深厚的感情。传统音乐结合动漫进行艺术创作和传播，会是一个很好的途径。在这方面，西方古典音乐成功普及的经验值得我们借鉴。多年以前，古典音乐在我们国家通常被认为和年轻人是有距离的，曲高和寡，如何向年轻人普及西方古典音乐成为需要解决的问题。波兰波兹兰影视动画室根据西方古典音乐名曲制作了一套充满欧陆文化风情的动漫，使得"乐有形，画有声"，在乐画合一的世界里，绚丽多彩的动漫画面勾勒出高雅的音乐视觉可及的动感线条，而古典音乐的注入也赋予了精彩动画丰富的内涵，二者相得益彰，深受大学生的喜爱。我们中国传统音乐博大精深的文化内涵更是需要融入现代元素，来获得大学生的关注和热爱。

（四）大学生要成为传统音乐的知音

大学生作为传统音乐文化的受传者，在成长过程中却缺乏传统文化教育。作为传播受众，对传统音乐一知半解或者根本是一无所知，就会造成对作品理解上的偏差。若要避免"对牛弹琴"，并且成为传统音乐的知音，能够很好地传播和弘扬传统音乐文化，只有不断地提高自身的音乐文化修养，才能有利于传统音乐的传播。

综上所述，对于传统音乐于新媒体时代在大学生中的传播，需要从传播者、传播内容、传播媒介、受传者四个方面入手，只有四位一体，才能完成传统音乐良好的传播效果。传统音乐要重获生机，吸引年轻人的关注，著名作曲家谭盾在谈到自己的音乐创作时说的一段话给我们带来了启发："中国有着最优秀的传统民间音乐，它不应当只是静态地被保护，被留在博物馆里，而是要通过多媒体、高科技的手段令它与现代音乐进行'对话'，焕发出新的生命力。这既是寻根，也是创造。"

2014 年 4 月 1 日，国家教育部印发了关于《完善中华优秀传统文化教育指导纲要》的通知，文件强调了加强中华优秀传统文化教育是落实立德树人根本任务的重要基础，是增强民族自信心、提升民族凝聚力的重要源泉，是实现中国梦的重要依据。优秀的中国传统音乐是中国音乐文化的精华，大学生肩负着音乐文化传承和弘扬的历史责任。我们要充分利用新媒体的广阔平台来传播传统音乐，激发大学生对传统音乐的兴趣和热爱，使传统音乐文化能够源远流长。

（陈红　北京信息科技大学　北京　100192）

基于就业指导现状的高校大学生就业指导体系构建*

贺　芳

摘　要： 大学生就业指导对于大学生自身的就业和成才、高等教育的可持续发展以及社会的稳定都有着十分重要的意义，是当前高校亟待加强的重要工作。本文针对当前高校大学生就业指导工作存在的问题进行分析，提出通过就业指导机构的专门化、就业指导课程的系统化、就业指导队伍的专业化以及就业指导评价的科学化，逐步构建新型的高校大学生就业指导体系，以促进高校就业指导工作的进一步发展。

关键词： 就业指导　发展理论　体系构建

一、问题的提出

我国高等教育已进入大众化阶段，大学毕业生的就业形势也随之发生了重大变化，呈现出许多新的特点。就业状况越来越受到人们的关注，高校就业指导工作的重要性也因此日益彰显。大学生就业指导是以大学生的发展与需求为根本出发点，根据学生自身的特点，通过各种途径和方式，为大学生成才、就业提供各种指导和服务，从而帮助学生实现从选择职业方向到达到职业目标的过渡。大学生就业指导对于大学生自身的就业和成才、高等教育的可持续发展以及社会的稳定都有着十分重要的意义，是当前高校亟待加强的重要工作。

* 基金项目：北京信息科技大学 2011 年度大学生思想政治教育课题资助（项目编号：1135057）。

（一）大学生就业指导的好坏关系到高等学校的生存和发展

高校培养的毕业生如不能顺利就业，就不能转化为现实的生产力，不能为改革开放和现代化建设服务，意味着高校没有贯彻好教育要为现代化建设和为人民服务的方针，对学生没有尽到责任。在计划经济时期，大学毕业生是"皇帝的女儿不愁嫁"，学校基本没必要关心毕业生的就业和市场的需求。现在是市场经济时期，高等教育体制改革扩大了学校的自主办学权，这为高等学校提供了更广阔的发展空间，但同时也向高等学校提出了更严峻的挑战：以培养人才为主的学校在新的形势下，培养出的人才能否被社会接受和成人，将直接影响到学校的声誉、地位。学校的声誉、地位不高，就不能招收到更多的优秀学生，从而影响学校的生存和发展。

（二）高校是联系毕业生和用人单位的一座桥梁

高校为了使其培养出的人才更好地被社会吸纳和认可，优化专业人才资源配置，就必须加强与社会的紧密联系，及时掌握市场的人力资源需求动向，并以此调整自己的办学理念，调整专业设置和学科建设梯队，促进高等教育内部的改革，从而培养出社会需要的专业人才，进而使学校的良好形象深入人心。

二、以北京某市属高校为例，分析现阶段大学生就业指导现状

笔者所调查的学校是由教育部批准，由两所部委下属学校合并组建成立的。学校以工管学科为主体，工管理经文法多学科协调发展，以培养高素质应用型人才为主，是北京市重点支持建设的大学。此次调查采取访谈、问卷等方式对学校就业指导中心教师、院系辅导员、2011届毕业生和在校生4个群体分别展开，内容涵盖就业指导服务的组织机构、指导团队、指导内容、辅助保障等。经过对数据的统计分析，我们发现就业指导"一把手"工程；以就业为导向，探索新型的实践与实习模式；以校园活动为载体，实现多样化的就业指导和教育等活动，为大学生提供了全方位的服务，取得了一定成绩。但是，通过调查也发现，学生对学校就业指导服务水平的基本评价却是：就业指导服务水平不高，学生对其满意度不高。概括起来，大学生就业指导存在的问题主要有以下4个方面。

（一）定位不准确，行动滞后

从就业指导开展的实践来看，就业指导作为学生培养的一个环节，往

往体现在大学的最后一学年。调查显示，有92.6%的学生认为就业指导应该从大三或大三之以前就开始，而实际上有近60%的学生是在大四的时候才开始接触到就业指导的服务。这一方面说明学生期望在低年级时就能通过就业指导服务去认识自我、了解职业，以便更早根据自身情况调整学习计划来适应未来社会的需要；另一方面说明我们现行的就业指导服务基本上处于以毕业班学生为对象的"大四指导"，这种状态基本上是把毕业生推出去就行，没有以提高学生的就业能力为中心，缺乏面向市场、面向社会需求塑造大学生的现代教育理念，导致就业指导工作的开展从根本上偏离了大学需要。

（二）内容不完善，缺乏新意

目前，高校的就业指导工作采用授课、咨询模式，通过召开"毕业生就业动员会"等方法，围绕当年的毕业生就业工作而展开，日趋全面化，但同时也不难发现指导内容多停留在就业形势的一般介绍、就业政策法规的宣讲和就业技巧的理论介绍等，就业指导功能比较单一，内容比较狭窄。在对学生职业生涯具有根本意义的择业观教育和职业意向的指导、对学生职业技能技巧和工作能力的实战性指导等方面没有真正地开展起来，不能满足毕业生的需求。此外，就业指导服务仍以招聘会和专题讲座为主，方式缺乏灵活性和创新性，受欢迎程度不大。正如访谈中一位给学生上就业指导课的学院辅导员所说："开课前要不是进行了动员，估计还是开不起来。"

（三）人员数量偏少，素质有待提高

国务院〔2002〕18号文件规定高校专职指导教师和专职就业工作人员与应届毕业生的比例要保证不低于1∶500。调查高校除了就业指导中心的2名专职就业工作人员外，其他的如学院党总支副书记、辅导员等都是兼职人员，人员数量的不足使得现有的就业指导人员忙于应付日常工作办理手续等事务性工作，影响了深层次就业工作的开展。指导人员忙于日常事务性工作，使得指导工作不能顺利开展。高校就业指导工作需要专业的职业规划和职业顾问，而高校缺乏相关的师资力量。调查显示，有六成以上的被调查人员认为：在开展就业指导服务过程中，现有的专业水平无法满足学生就业指导的需求。此外，就业指导队伍的专业大多来源于党务、管理领域，就业指导人员的素质参差不齐，知识储备等方面短时间内难以到达专业化水平，从而效果也只能差强人意。如在对"就业过程中你遇到困难首先想到向谁咨询"这个问题的回答中，有41.6%的学生选择向父母和亲戚朋友咨询，选择学院辅导员和老师的占27.8%，选择同学的占17.3%，而选择就业指导中心的仅为11.3%。这说明学校和学院的就业指导工作还不到位。

（四）机构不健全，职能急需拓展

高校就业指导机构的设置、硬件设备条件都不完善，力量很薄弱，服务职能欠缺。调查显示，有89.8%的学生认为就业指导"重要"和"很重要"，也有83.3%的学生已经认识到职业生涯规划在就业指导中具有很重要的作用，但是却有38.9%的学生对自己的职业发展目标不太明确或不明确，有15.7%的学生希望接受创新创业教育，这些数据说明就业指导机构在帮助大学生树立职业生涯发展、进行高层次的就业指导方面还未有效开展，与学生对其的需求差距较大。再如学生对于就业指导服务工作总体上处于"不太了解"的状态，对就业指导"了解一点"和"根本不知道"的占调查总数的55.%，对就业指导机构"非常了解"和"比较了解"的仅占调查总数的38.7%，而"了解一点"和"根本不知道"的比例高达2/3，这些数据反映了大学生就业指导服务在大学生群体眼中处于"不太了解"的盲目状态。

三、高校大学生就业指导体系构建的路径与策略

高校应该以生涯发展理论为依据，将职业生涯规划融入就业指导中去，从就业指导机构设置、人员配备、课程管理、服务咨询、评价监督等方面入手，构建生涯教育与就业服务并重的新型大学生就业指导体系。

（一）以生涯发展理论为依据，树立生涯教育与就业服务并重的理念

高校大学生就业指导体系的建构首先要确立明确的就业指导理念。从学生需要出发，以生涯发展理论为基础，树立生涯教育与就业服务并重的理念。生涯发展理论强调要以个人的发展为重点，在就业指导过程中，要从职业生涯的发展出发来对它们进行全面的生涯辅导。生涯教育就是通过生涯辅导实施的，广义的生涯教育可以指学校的一切课程和教育活动，其目的是为了学生的终身发展；狭义的生涯教育是指为帮助学生进行生涯设计、进行个体的自我定位、确立生涯目标、选择职业生涯角色、寻求最佳生涯发展途径的专门性课程与活动。同时，我们还要加强就业服务意识，

从学生的角度出发，在就业信息发布、心理咨询、政策分析等方面提供高效、快捷的服务。

（二）就业指导组织专门化

高校要认真落实教育部颁发的关于高校就业指导工作的法规条例，充分认识大学生就业指导工作的重要性，为就业指导工作提供组织保证。高等学校应成立由学校主要领导挂帅，集教育管理与服务职能一体的、相对独立的就业指导服务机构，合理配置人力、物力、财力及信息资源，制订生涯教育的目标、途径和手段的总体规划。细化就业服务内容，尽量满足学生的需求。总之，要形成一个学校领导重视、主管部门支持、各个院系积极配合的就业工作新局面，最终促使毕业生就业指导与服务工作的制度化、规范化、科学化。

（三）就业指导课程系统化

2007 年 4 月，《国务院办公厅关于切实做好 2007 年普通高等学校毕业生就业工作的通知》（国办法〔2007〕26 号），要求将就业指导课程纳入教学计划。2007 年 12 月，教育部办公厅印发《大学生职业发展与就业指导课程教学要求》（教高厅〔2007〕7 号），进一步明确课程的教学目标、内容、方式、管理和评估。就业指导课程成为高校开展大学生就业指导的重要手段之一。高校应当充分认识到就业指导课程在就业指导方面的作用，从课程的开发、研讨，课程内容的丰富与完善，授课师资的培训与管理，课程与其他指导方式相结合等方面入手，构建全方位、立体化的就业指导课程体系。在课程开发研讨方面，要紧紧围绕学生的需要，立足本校特色制订教学计划和大纲，编写教材，并组织授课教师集体备课，进行教学交流。同时对教学效果进行检查，收集反馈意见。有能力的学校还可以开展专题研究与课题申报，使课程建设逐步走上科学化、规范化、制度化的轨道。在就业指导课的教育内容方面，要不断丰富和完善。一方面，高校应改变过去就业指导课程只提供零散的政策分析、技巧介绍，转变为系统的就业指导理论的传授，使学生通过系统地学习，掌握职业生涯规划的理论与方法。另一方面，就业指导课程还应根据不同年龄、不同专业学生的情况，进行有针对性的扩充，尽量满足不同学生的个性化需求，完善就业指导课程的内容。此外，高校还应当构建专业背景和学历结构合理的专业化师资队伍，加强培养和培训工作，鼓励教师积极开展教学研究，鼓励团队教学；邀请企业、社会及其他高校专家来校进行指导，开展各种形式的教学活动，促进教学效果的不断提升。最后，就业指导课程还要与就业实习实践活动相结合，以验证课程效果。

（四）就业指导队伍专业化

加强就业指导队伍建设是做好就业指导工作的关键，拥有高素质的就业指导队伍是开展高水平就业指导工作的人才保障。高校应该按照教育部的相关规定，配备具有专业水准的就业指导服务人员，提高就业指导教师队伍的整体水平，建设一支具有开拓创新精神、较强的事业心和责任感、高尚的思想品质和职业道德的就业指导专兼职队伍。同时，他们还应该掌握与职业指导相关的心理学、教育学、社会学、法律等学科的基本理论与方法，熟知大学生就业政策、就业管理业务和就业教育方法，从而真正地为大学生就业服务。同时，保证就业指导队伍的专业化还应邀请各行各业的专家、学者，尤其是企事业单位有一定工作经验的专家。这些专家的加入，可以优化就业指导队伍的结构，完善就业指导课程体系，为学生提供更加直接的、更有针对性的指导。

（五）就业指导评价科学化

切实可行的管理评价体系是加强就业指导工作专业化、规范化、科学化建设的重要条件。因此，必须在就业指导人员岗位职责范围内，根据就业指导人员自身特点，加强对就业指导人员的管理，对他们履行职责提出严格的要求。同时，应当研究制订客观、科学的考核评价办法，将不称职的工作人员调离工作岗位。通过规范化、科学化、制度化的考评，实现就业指导工作的严格管理，建立能进能出、竞争择优、充满活力的聘用机制。

高校大学生就业指导体系是一个开放系统，不仅需要政府、社会高度重视，给予学生好的就业政策，提供扶持资金，创造良好的就业环境，而且还需要高校多个部门、各级组织密切配合，相互协作，共同开展。一方面要积极从行业引进兼职人才，为学生传授实际的就业技能和经验；另一方面要改革就业指导服务的方法和手段，把生涯教育、就业指导和服务融于日常教学活动和校园文化建设活动之中，提高学生参与生涯教育、就业指导的积极性和学习兴趣，使之具有较强的实际工作能力和动手操作能力，为就业打下坚实的基础。

参考文献

[1] 池忠军. 大学生就业指导的理论与实践模式探讨 [J]. 高等工程教育研究, 2000 (2).

[2] 剑波. 高校就业指导工作的现状及就业指导队伍建设的对策 [J]. 教育与职业, 2008 (2).

[3] 国务院办公厅. 国务院办公厅关于切实做好 2007 年普通高等学校毕业生就业工作的通知. 中华人民共和国教育部文献资料, 2009 (11).

[4] 教育部办公厅. 教育部办公厅关于印发 "大学生职业发展与就业指导课程教学要求" 的通知. 中华人民共和国教育部文献资料, 2009 (11).

（贺芳　北京信息科技大学　北京　100192）

新形势下进一步提高大学生安全教育实效的研究

赵 勇

摘 要： 当前大学生安全事件频发，引起社会普遍关注。大学生安全教育面临国际形势复杂多变以及国内社会转型变革的双重挑战，新形势下进一步提高大学生安全教育刻不容缓。安全教育要取得实效，就必须对当前存在的主要问题进行深入分析，探究问题背后的内在规律，找准改进工作的切入点和着力点，进而提出加强大学生安全教育实效的对策和建议。

关键词： 大学生 安全教育 实效

高校的安全稳定是当前和今后我们整个社会安全稳定的重要组成部分，从某种程度上说，高校尤其是首都高校的安全稳定，关系着社会的稳定和国家的安全。大学生安全教育问题是营造平安、和谐校园环境的前提和基础。当前，大学生安全教育工作面临一些新的形势和挑战，例如国家安全威胁、暴力恐怖袭击、网络信息安全、女大学生人身伤害等。本文针对当前面临的新形势、新问题，着重从如何进一步提高大学生安全教育的实效出发，提出切实可行的解决对策和建议。

一、新形势下进一步提高大学生安全教育工作具有重要意义

（一）大学生全面健康成长需要进一步提高安全教育

当今社会对人才的要求是培养全方位复合型人才，对于在校大学生来说，不仅要具备扎实的专业理论知识和丰富的社会实践经验，还需要培养敏锐的社会洞察力和快速的环境调适力，从而构建知识、心力、情商协调发展的复合型人才。在综合素养中，安全素养是其中非常重要的指标之

一。大学的人才培养和素质教育，首先需要一个和谐安全的氛围和环境，在学生能够安全、健康学习的基础上，才能实现学生的不断发展和成长成才。而大学的安全教育与管理将为学生的健康全面成长起到非常重要的促进作用。

（二） 平安校园建设需要进一步提高大学生安全教育

近几年，随着经济社会不断向前发展，各项改革不断向纵深推进，高等教育迅猛发展，全国的高等教育办学条件发生了巨大变化。多校区办学，校区郊区化，在校学生人数急剧增加，学习生活区域急速扩大，后勤服务社会化变革吸引大量商户入驻校园。高校发展带动的无限商机更让周边餐厅、宾馆、网咖服务设施林立，从而导致高校周边环境异常复杂，人员鱼龙混杂，这些都成为高校安全稳定的不确定因素。只有进一步提高大学生的安全教育和管理，才能增强学生的安全意识和防卫技能，建设和谐稳定的平安校园，为大学生的健康成长提供安全稳定的校园环境。

（三） 社会和谐稳定需要进一步提高大学生安全教育

高校是高级知识分子和科研人员的聚集地，人员密度较大，大学校园的平安稳定具有极强的示范性，一旦出现重大安全事故，社会负面影响巨大。有这样一句话，"全国的稳定看北京，北京的稳定看高校"，从中可见高校的安全稳定对于社会和谐稳定的巨大作用。很多人将国家的安全稳定看作是军队、警察等国家机器的职责范畴，认为和自己相距遥远，扯不上关系。随着我国综合实力不断增强，经济社会繁荣发展，人民安居乐业向往美好未来，这样天下太平的大环境往往让大学生们丧失了基本的警惕性，对国外敌对势力、国内分裂势力和邪教组织的渗透破坏的安全防卫意识严重缺失。因此，在某种意义上，高校安全教育直接关乎社会和谐稳定，具有重要意义。

二、当代大学生安全教育存在的主要问题

（一） 大学生安全意识亟待提高

对于当代的大学生，无论从家庭、学校到社会和政府，从幼儿园、小学、中学到大学，在不同的成长阶段，不同的教育主体都在反复不断地强调安全的重要性，不断地进行各种类型的安全教育，然而效果并不理想。

现阶段，大学生呈现出生理发育比较成熟，心理发育相对滞后；社会参与要求强烈，但人生观欠缺，阅历浅，经验不足，心理承受能力弱；自我意识较强，但自我保护意识弱；自尊心强，自我调节能力差，法制观念弱，社会认知判断力较低，安全意识淡薄等特点。涉世不深的大学生一直生活在家庭和学校提供的单纯、简单和安全环境里，或是由于未有过经历，或是过于自信，对学校、老师时时讲、天天抓的安全问题不够重视，所以大学校园内的各种安全事故屡禁不止，层出不穷。更严重的是各种同样类型的安全事故往往不能引发大学生们吸取教训，同样的悲剧反复出现，这体现出了大学生对安全教育的不重视以及对安全的漠视。

（二）安全教育内容陈旧，形式单一，缺乏实效性

在大学生安全教育方面，一方面存在课程缺失严重的问题。目前，仍然有很多高校未能开设安全教育课程，导致安全教育缺少主阵地。另一方面，即使有些高校开设了安全教育课程，却没有把它列入正式的教学计划，安全教育的课时、教材、教师、教学效果等都没有规范管理，教学体系不健全；经常以讲座、报告、公益宣传等替代安全教育课程，安全教育随意性较大，系统性不强，很难达到应有效果。

大学生安全教育内容陈旧现象普遍。当前，大学生安全教育内容主要集中在人身、财产、交通、食品卫生安全等方面，内容老化，体现不出时代特征。目前影响社会安全稳定的因素增多，与大学生密切相关的安全问题日益复杂化，但是网络安全、反恐防暴、宗教信仰等相关内容并未被纳入教育的范畴，文化安全、国家安全等领域的新内容也需要进一步完善。

大学生安全教育形式单一，重知识，轻技能，难以激发学生兴趣。随着移动互联网技术的迅猛发展，微博、微信、微视频、慕课等现代信息媒介已经在很大程度上影响并改变着人们的生活方式。所以，创新教育手段，贴近大学生实际，才能使安全教育真正达到预期的效果。

（三）国际形势复杂多变，国内安全环境面临较大挑战

在国际上，我国与周边邻国之间因领土领海问题引发的纷争不断出现，暴力恐怖袭击等突发性事件时有发生并有逐步蔓延趋势，网络有害信息频频出现，各种非法组织和敌对势力的诱惑与煽动不断涌现，针对女大学生的人身财产伤害事件逐步高发，等等，校园安全问题越来越受到全社会的广泛关注。另外，作为高等教育对象的主体也已经完全发生了变化，

目前在校大学生的主体基本上都是"90后"，他们在社会群体中处于弱势地位，容易受到来自各方面不良因素的伤害。随着中华民族的崛起，反华势力和各种分裂势力把对大学生世界观、价值观的影响作为颠覆中国的重要手段，加之当代大学生竞争激烈，贫富差距大，多种因素容易激起学生思维方式的改变，进而行差踏错，造成终身悔恨。

（四）安全教育队伍力量薄弱

安全教育队伍力量薄弱主要体现在两个方面。一是师资数量严重不足。目前大学生安全教育课程主要由学校安全稳定工作处包括机关干部和部分辅导员承担，而安稳处的人员构成比较复杂，包括机关干部、复转军人、非编外聘人员等，很多人还没有教师资格证。这些人的中心工作主要是安全管理，经常超负荷运转，很难有足够的精力认真进行备课。二是部分教学人员素质难以满足需要。现有的安全教育队伍中几乎没有科班出身的专业人才，对安全教育教学心有余而力不足，更不要说进行安全教育的理论研究。部分学校安全教育的经费支持有限，安全教育教师很难有机会接受业务培训，更谈不上对相关人员的实践锻炼，导致安全教育师资力量、质量不高。

三、进一步提高大学生安全教育实效性的对策和建议

（一）高度重视并强化大安全观教育

目前，国际社会意识形态领域的斗争形势异常严峻，各种敌对势力借用"中国威胁论""中国崩溃论"等别有用心的论调加紧对我国的思想渗透；我国社会改革逐渐进入深水区，国内社会结构深刻变动，阶层分化明显，社会矛盾冲突加剧。如何教育大学生抵御西方文化的侵袭，坚定对社会主义理想信念，是当前高校思想政治教育工作面临的重要难题。

大学生安全教育除了针对身心、财产的安全教育外，更重要的是引导大学生树立正确的大安全观。大安全观是指用全局的、联系的、发展的思维，来思考政治、经济、文化、军事、社会以及生态、气候、能源等一系列安全问题，通过科学统筹，运用多种手段，发挥整体合力，实现国家的总体安全。大安全观教育要融入大学生思想政治教育范畴，深入把握国际国内形势发展，引导他们正确认识国家的前途和命运，在多元文化思潮的交融交锋中，教会他们用马克思主义的立场、观点、方法来分析和解决当

前社会热点和国际动态等现实问题，并树立正确的世界观、人生观和价值观，将个人的理想追求与国家的生存发展紧密结合起来，激发出参与中国特色社会主义建设事业的创造热情和活力，在行动上自觉维护国家主权、安全和发展利益，真正成为党和国家需要的合格人才。

（二）进一步完善大学生安全教育课程体系

大学生安全教育课程建设是大学生安全教育的重要载体，也是安全教育的内在要求。然而，就当前的安全教育课程建设的情况来看，形势比较严峻，相当一部分学校对安全教育不够重视，对安全教育形势认识不足，导致安全教育课程开课不足。有的学校用讲座、参观或演习替代安全教育课，呈现出安全教育活动化的趋势，流于表面，受众面较小。在当前大学生安全事故频发的严峻形势下，高校应构建大学生安全教育课程体系，形成安全教育进课堂的长效机制。可以着重从以下两个方面来开展工作。

一是要开设独立的大学生安全教育课程。目前，有的高校已经开设了"心理健康教育""法律基础""思想道德修养"等人文素质类课程，但涉及防火、防盗、防诈骗、自救知识等内容的安全教育课程及专门的生命教育课程，多数高校还没有开设，这也是导致大学生安全事故频发的重要原因，大学生并没有系统地接受过涉及大学生生活安全的教育内容，为此，高校应将安全教育列入学校正式教学计划，并确定为大学生的必修课。

二是要组建专业化的安全教育师资队伍。任何一门课程建设都需要一支专业化的教学、科研队伍。安全教育课程作为一个独立的课程体系，首先，要建立健全组织机构，最好能成立安全教育教研室。其次，要配备具有相关专业背景及丰富工作经验的教师，安全教育内容不是一成不变的，新的潜在的安全隐患及应对策略必须经过课堂教育即时传授给学生，这种即时性教育能够大大降低安全事故的发生；同时，还要加强安全教育的科研工作，以研究促进教学工作的开展。最后，整合安全教育资源，将所有涉及学生安全的课程、相关部门人员进行整合，构建大学生安全教育体系，利用已有的教学体系，渗透安全教育。根据高校的特点，做好阶段性的安全教育，对重点人物、重点阶段、重点任务要做好专题安全教育。此外，除了担任课程教学的教师，也可吸收辅导员、安保人员等一线工作人员，这样就构建了既有理论教学又有实践教学的大学生安全教育体系。

（三）创新安全教育方式方法，注重实践环节

在教学内容选择上精益求精，力求贴近学生、贴近校园、贴近社会。

教师应具备对学生安全和社会形势发展变化的预测能力，准确把握当前学生安全教育的新特点及新规律，在教学内容安排上，坚持"三个贴近"，避免教学内容的表面化、形式化与简单化。内容决定质量，教学中应精心选取范例，循序渐进，常抓不懈。在理论灌输时注意结合案例加以解释，把生活中的案例编印成册供学生阅读、借鉴，或选取一些与学生生活密切相关的法律案例，做到以案施教。对大学生进行深入的、广泛的、经常性的安全教育，使安全意识渗透到大学生学习、生活的每个角落，并成为一种习惯。

充分发挥朋辈示范力量，积极引导学生进行自我教育。要利用学生组织活动的热情，使安全教育进宿舍、进网络、进社团。对学生宿舍中的安全行为进行教育、引导、管理和监督，充分发挥学生的主动性和积极性，同学之间相互教育和提醒，增强防范意识，避免危险事故的发生；引导学生开展以安全为主题的社团活动，把安全教育与学生课外活动、社团活动结合起来，把安全教育寓于学生喜闻乐见的活动之中，以达到学生自我学习、自我教育的目的。

强化实践教育环节，帮助学生掌握安全技能。在安全教育过程中，要注重理论与实践的结合，强化实践教育环节。积极地引导学生开展问题分析、安全演练、社会调查等实践活动，帮助学生掌握安全技能。例如有的学校建立了大学生安全三级防控体系，学校有大学生治安服务队，班级有安全委员，宿舍有宿舍安全员，定期开展培训活动，让学生参与到学校安全管理的实际工作中，使学生在提高安全防范意识、掌握安全防范技能的同时增强自觉维护学校安全秩序的责任感；也可尝试在校外建立安全教育基地，让学生更好地理论联系实际，学以致用。

（四）打造品牌，建设校园安全文化，发挥文化育人功能

开展安全教育活动是大学生安全教育的重要载体，例如安全动员大会、签名活动、典型案例宣讲、公寓消防演习、主题班会等，诸如此类活动形式多样，也兼顾了不同群体特点，但是它们的不足之处在于学生并没有从这些活动中感受到多少乐趣，更多的是应付，流于形式和表面，受众面有限。如果能够打造安全教育的品牌活动，结合学生的兴趣点设计活动流程，让学生参与到设计中来，扩大活动的覆盖面，师生共同参与，形成竞争趋势，让该品牌活动能够为学生津津乐道并积极主动参与，进而形成

一种独特的校园安全文化。

就大学生个人层面而言，安全文化起着塑造大学生安全人格、实现社会化的功能。就学校层面而言，大学安全文化对大学生的安全教育起着目标、规范、意见和行动整合的作用。就整个社会层面而言，大学安全文化起着社会整合和社会导进的作用。大学安全文化建设是提高大学生安全教育的重要方法和途径，通过安全文化建设，以文化教育的手段和途径启发、教育、影响和造就具有安全人格的大学生；在安全文化建设中，通过改变大学生的思想意识、思维方法，进而规范大学生的行为，树立安全文明的道德风尚，确立正确的安全人生观和安全价值观，达到提高大学生安全素养的目的。

（五）健全突发事件应急机制的基层学生队伍建设，尤其是网络队伍建设

回顾过去，高校学生工作不能保证避免突发事件的发生，因此，就应当努力降低突发事件的概率和后果的严重程度，这是有法可循的。当前，各高校都分级建立了学生突发事件应急机制，但最基层仍然集中在辅导员、班主任这个层面上，没有深入学生，如果能够把学生充分发动起来，比如学生骨干、学生党员，他们往往是突发事件发生时甚至刚有苗头时的第一接触者，如果学生能够在事件发生的第一时间向老师汇报或者主动制止，那么就能起到巨大作用，但现实情况是：学生对突发事件的后果严重性缺乏认识，对向学校老师及时汇报存在抵触心理，没有基本的安全急救知识，对制止部分突发事件没有掌握基本的说话技巧和程序，有时反而加重了事件发展的严重程度。因此，如果能对这部分学生进行系统的课程培训，必将对大学生安全教育工作起到重要的促进作用。

随着移动互联网技术的蓬勃发展，以及移动智能终端的普及。各种社会思潮、各种利益诉求集聚在互联网的各个角落。在主张个性张扬的今天，互联网已然成为当代大学生展示自我、参与公众事务、交流的平台。他们热情、敏感，有自己的观点和诉求欲望，但同时又存在着不理性、从众等特点，容易引发群体事件。如何有效发挥网络平台的正面教育功能，需要高校加强对学生网络舆情的引导工作。要注重对网络舆情的搜集、分类、分析，力争建立一套高校网络舆情引导机制，提高高校网络舆情引导工作的有效性。在此基础上，可以尝试培养意见领袖，培养我们学生自己的网络大咖，让学生影响学生，加强对他们在线交流能力的培训；设置一定的讨论区和喜闻乐见的讨论内容，引导学生按照一定程序讨论，以便将事件向合法、平和的状态转变，利用得当能够将网络舆情工作转变为安全教育工作的重要助力工具。

　　总之，新形势下大学生安全教育工作面临着新特点、新挑战，我们必须正确认识当前的形势，及时关注社会上关于大学生安全教育的相关动态，创新安全教育方式，丰富安全教育内容，健全安全教育课程体系，努力营造校园安全文化以及发展壮大安全教育队伍等，从而有效地提升大学生的安全意识和安全防范能力。

参考文献

[1] 于静等. 高校学生安全教育内容和方法创新研究 [J]. 学理论, 2014：172 – 173.

[2] 周水平等. 大学生安全教育的现状分析与对策研究 [J]. 江西农业大学学报社会科学版, 2010 (4)：148 – 150.

[3] 苏延立. 加强当代大学生安全教育的有效途径 [J]. 煤炭高等教育, 2012 (2)：84 – 86.

[4] 陈贵兵. 完善教育渠道增强大学生安全教育成效 [J]. 北京教育, 2012 (10)：64 – 65.

[5] 谭福强等. 新形势下大学生安全教育内容体系探析 [J]. 三峡大学学报, 2011 (6)：21 – 23.

[6] 沈自友. 新形势下大学生安全素质培育路径探究 [J]. 中国电力教育, 2012 (28)：138 – 140.

[7] 朱燕. 提升高校安全教育工作实效性路径探索 [J]. 南京工业职业技术学院学报, 2015 (2)：91 – 93.

[8] 张继延. 和谐校园视域下高校安全教育的问题及对策 [J]. 教育与职业, 2012 (2)：30 – 31.

（赵勇　北京信息科技大学　北京　100192）

优秀辅导员的成长规律与培养机制探讨

吕丽峰

摘　要：高校优秀辅导员的成长是个体素质、组织培养和环境综合塑造的结果。培养优秀辅导员需要从科学选拔、培养教育、激励保障、创新出口方面加强力度。

关键词：优秀辅导员　成长规律　培养机制

辅导员是与学生接触较多、开展大学生思想政治教育的骨干力量。辅导员的素质状况关系到思想政治教育工作的成效，关系到大学生的全面发展和健康成长，关系到高校稳定和高等教育事业的顺利发展。优秀辅导员有哪些特征？有哪些成长规律？优秀辅导员培养机制有什么样的特点？笔者从近三年全国高校辅导员年度人物事迹材料、近两年北京高校"十佳"辅导员事迹材料及访谈着手，初步探索优秀辅导员的成长规律和培养机制。

一、优秀辅导员的特征

我们发现以下高频词是他们在工作中的共性，如"政治素养""责任""热情""责任""创新""研究"等。这些词汇的背后不仅反映了他们的工作内容、状态，也勾勒出这群辅导员的优秀特质。通过访谈和观察，我们发现，优秀辅导员的"优秀"主要体现在以下六个方面。

（一）政治素养高

从研究中发现，优秀辅导员都表现出坚定的政治立场和信仰，政治立场的坚定是开展思想政治教育工作的前提。在访谈中，我们发现优秀辅导员普遍把政治思想教育、理想信念、正确价值观教育等放在思想政治教育工作的重心。

（二）责任使命强

优秀辅导员对工作的责任感和使命感强烈，无论面对什么样的学生，处理什么样的学生问题，都能坚定为学生服务，一切为了学生着想。在责任和使命面前，敢于牺牲，甘于奉献。

（三）创新意识强

优秀辅导员无论在什么工作环境和院校风格差异下，都能熟练开展业务工作，还能反思经验并创新工作方式方法，适应学生群体和时代的变化。

（四）理论科研强

优秀辅导员往往能够从事务性的工作感受中抽离出来，善于用研究的视角去思考和改进工作，通常都能通过对问题的反思研究进一步促进工作效果。

（五）危机把握强

这些辅导员大多经历了国家社会重大事件和突发危机事件的考验，有着对时局判断、活动统筹组织等方面的认识和判断。

（六）师生群众基础好

优秀辅导员具有很强的亲和力，深受学生欢迎，也必须和学科专业教师打成一片，在师生中有很好的群众基础。

二、优秀辅导员的成长规律

从一名高校普通辅导员成长为优秀辅导员，这中间涉及许多复杂的因素和条件，既有辅导员个人的努力，也有各级领导的重视、关心和培养，还有家人同事的理解支持和学生的配合，以及我国市场经济、高等教育改革的宏观背景和高校深厚文化底蕴的熏陶。概括起来，高校优秀辅导员成长的规律主要包括以下四个方面。

（一）优秀辅员内在素质提升规律

高校辅导员的成长固然有赖于良好的环境，但更重要地取决于自己的心态和作为。在研究中，优秀辅导员普通具有良好的内在素质，比如不懈的学习精神、良好的工作态度、强烈的责任心、进取心、奋斗精神和服务意识等。在"十佳"辅导员的访谈中，坚持学习、以高度的育人精神对待辅导员工作，是优秀辅导员身上的闪光点。

（二）优秀辅导员外部环境优化规律

环境对高校辅导员的成长起到强化、导向和感染作用，政府、高校和社会要为辅导员营造宽松的成长环境。优化社会环境，形成对辅导员这一职业的认同，相信和支持辅导员工作；优化学校环境，增强高校辅导员身份认同感、归属感和自我价值感，健全高校辅导员选拔、培训机制，稳定辅导员队伍，形成专业化职业化的辅导员发展模式；优化工作对象环境，在学生中形成信赖、理解、支持辅导员工作的环境，在班级和各种社团中，营造奋发向上、勤于学习、健康成才、敢于创新的校园文化氛围，激励辅导员和学生共同进步。

（三）优秀辅导员潜能开发规律

高校辅导员队伍蕴含着巨大的发展潜能，政府和高校要采取一定的手段，将辅导员内在各种素质的作用最大限度地发挥出来，转变为物质成果和精神成果。高校要从：高进，严格准入机制；严管，健全考核机制；培育，加强科学合理培训；优出，拓展发展空间；职业，缔造职业化的辅导员队伍五个方面着手，以事业凝聚队伍，以制度规范管理，以激励促进辅导员潜能开发，塑造优秀的辅导员。

（四）优秀辅导员生涯规划和成长设计规律

辅导员工作是一种长期的、专门从事的、被社会认可的职业，有着自身不可替代的职业要求期，长期以来，我国高校辅导员队伍一直处于一种非职业化、非专业化的状态。辅导员普遍比较年轻而且流动性较强，一些人把辅导员作为过渡性岗位和发展的跳板，出现"人在曹营心在汉"的现象。实践证明，辅导员队伍建设的根本出路在于职业化、专业化和专家化。

三、优秀辅导员的培育机制探索

如何建立更好的培育机制，促使更多的辅导员脱颖而出，成为优秀人才，使得思想政治教育这批队伍的素质不断提高，能力不断壮大，更好地做好学生思想政治教育工作。以下是本研究的建议。

（一）建立科学的选拔、用人机制

对选拔标准和选聘过程进行科学的量化，挖掘真正有潜力、有理想、热爱学生工作的人才进入辅导员队伍。在选聘时不仅以能力导向作为标准，还要以职业定位和身份认同来选择人才，建议开发辅导员职业能力测试、身份价值观测试的题目进行遴选，进行专业化的选拔。将有潜力的优秀人才选聘进入辅导员队伍后，要合理使用，使人岗匹配。将不同专业背景和资源优势的辅导员依托自身优势开展工作，借重大活动和事件助推发展。创设制度性的挂职锻炼、轮岗交流、社会实践等各种方式，大胆使用辅导员，使人尽其才、才尽其用。

（二）合理设置培训、激励保障机制

辅导员的不断学习、培训是有效开展工作的保证。对辅导员进行专业的思想政治教育、管理、心理、具体事务、参观学习、实践交流等培训是开展工作保证。建议辅导员的培训机制设置方面要充分考虑每一位辅导员工作的实际需要，合理安排定期培训和实践轮训。辅导员工作烦琐，有些辅导员在面对工作难题、危机事件和职业倦怠时很容易出现职业的停滞，需要得到更多的激励保障。建议进一步完善国家层面和学校层面的辅导员激励保障制度，真正落实事业留人、待遇留人、情感留人。

（三）创新出口推送机制

将辅导员专业化发展，要为其更好的出口提供制度安排和组织保障。成为优秀辅导员是职业辅导员的目标，但不是所有辅导员都以此为终身职业，需要有新的出口。其实优秀辅导员大多已有了更好的发展平台，这也说明优秀辅导员制度是好的，出口也是通畅的。建议进一步完善辅导员出口转岗的组织推荐机制，支持辅导员更快更好地成长。

（吕丽峰　北京信息科技大学　北京　100192）

英国高等教育的状况与发展趋势[*]

高　平

摘　要： 经过近30年的改革与发展，英国形成了一套比较完整的高等教育体系。本文通过介绍英国高等教育的基本情况与现状，剖析英国大学的管理与质量控制机制，总结英国高等教育管理机制改革的情况，提出了对我国高等教育大众化的几点思考。

关键词： 英国　高等教育　现状　思考

英国的高等教育有着800多年的悠久历史，它起源于12世纪，先后创立了牛津大学和剑桥大学。随后，经历了漫长的精英教育阶段、大众化阶段以及目前正在推进的普及化阶段。近年来，英国政府针对高等教育中存在的一些问题实施了一系列的改革措施。

一、英国高等教育的基本情况与现状

英国最著名的牛津大学和剑桥大学从建校至今培养了一大批优秀人才，在英国乃至国际上都享有极高的声誉。但是随着经济的飞速发展，只靠几所历史悠久的传统大学的精英式教育是不可能满足社会需求的，高等教育必须适应社会发展对人才的新要求，推行大众化教育已经势在必行。

第二次世界大战之后，英国出现了所谓的"婴儿高峰期"，受教育人数急剧增加，由此成立了大批新大学和技术学院，标志着英国的高等教育进一步扩张，大学进入了一个持续增长的时期。这些新学校多数建在城市郊区，比较著名的有诺丁汉大学（Nottingham）、东安格利亚大学（East Anglia）、约克大学（York）、兰卡斯特大学（Lancaster）等。即便到了现

---

* 本项目得到北京信息科技大学2015度教学改革立项资助，项目编号：2015JGYB35.

在，人们也还把这些大学称为"新大学"，或者因为这些学校建筑物本身的现代化特点而称之为"平板玻璃大学"。除了这些大学外，还有一些在18世纪、19世纪建立的工业技术学院，经过多次改革，在1992年也因为英国政府颁布的新法律全部升级为"大学"，可以授予学位，这些学校也被称为"现代大学"。这些学校注重实用研究和科技成果的开发转化，主张兴办新兴应用学科，开展职业教育，实行弹性学制，学生来源多样化，等等。

到了20世纪70年代末，随着大学和各学院规模的扩大，入学人数逐年增多，要求接受高等教育的人也越来越多，精英化教育开始朝着大众化快速进行，大学的入学比例也在逐步上升，1963年为8%，1979年为12.5%，1986年为14.2%，1991年为20%，2000年则上升到了30%，大学的数量也从20世纪60年代的50所左右上升到90年代中期的90所左右，英国高等教育进入了大众化阶段。

在进入大众化阶段后，越来越多的人接受了高等教育，其中很大一部分学生就读于多科技术学院，因此这些学院也开始要求取得和"自治"大学相同的权利和地位。双轨制在对英国的高等教育发展起到重大作用的同时也带来了一些新的问题，原来的教育结构也开始不适应高等教育的快速发展，比如高等教育缺乏活力、管理体制不够协调、教育与社会联系不紧密等。

因此，为了更好地理顺高等教育管理体制，推动高等教育的发展，解决传统大学和多科技术学院之间存在的问题，1992年英国政府通过了《继续教育和高等教育法》（Further and Higher Education Act），废除了运行20多年的高等教育双轨制，把二元变为一元，建立起了一个统一的高等教育体制，即将60多所符合条件的多科技术学院全部升级为"新大学"，让它们和传统大学具有同等的权利和地位，具体包括消除了它们在诸如招生、授予学位、聘用教师以及拨给经费等各方面的差别对待。从时间上来区别，就把此前已建立的大学也就是传统大学称为"皇家特许大学"或"老大学"，而新升级的大学称为"法规大学"或"新大学"。

二、英国大学的管理与质量控制机制

英国大学基本上由国家设立，对大学的管理、质量监控与经费划拨，主要由国家高等教育基金会通过大学质量监控机构——"高等教育质量保证委员会"（或译为"高等教育质量标准局"，即 Quality Assurance Agency for Higher Education，简称 QAA）进行。为保证教育质量和教育经费投入的可靠性、有效性，由高教专家、相关机构权威人士组成的 QAA 对各高校定期进行教育质量检查、评估、监督与管理。该组织既不隶属于政府又不属于高校，而是实行第三方监督，在工作上具有相当的独立性、学术性和权威性。QAA 是一个常设机构，其日常工作人员有 50 多人，并聘请一大批具有丰富高教管理经验的专家和相关人士组成，由其支付专家薪酬，专家只对 QAA 负责，政府无权解聘该组织的成员，专家经过 QAA 严格的培训，按照统一的评估标准对学校进行评估考察。

对各高校的科学研究质量、教学质量的评估分别进行，每隔几年周期性地滚动进行评估。科研评估：由学校提供其各院系所从事的研究项目、论文发表情况、科研项目的效益、所培养资助的研究生的数量、未来研究计划等情况，由专家组成学科评估小组按照 5 个等级进行打分，一般每 4 年进行一次。教学评估：分院、系进行，主要使用 6 项指标，即课程设计、课程内容与组织、教学与考核、学生收获与成绩、帮助与指导学生、信息资源的质量标准与提高，进行打分，评定等级。在 QAA 之外，还有一些行业性、专业性很强的机构应邀对大学学科专业设置、人才培养、社会需求、科研项目、成果开发进行考察评定，检查指导，这也起着相当学术性、权威性的作用和影响。对高校评估统一标准，形成制度，严格程序，操作规范，其评估报告具有很强的指导性、针对性和影响力，评估结果与政府拨款直接相关，也影响学生对学校的选择，且在媒体和网站上向社会公布，接受社会的选择、评定与监督。

三、英国高等教育管理机制改革

在英国政府的主导下，新公共管理逐渐渗透到英国高等教育领域中，使得高等教育管理机制较之以前发生了很大变化。英国高等院校，尤其是大学一直以来保持着自治传统，学术力量在高等教育的管理过程中发挥着重要作用，尽管政府是高等教育经费的主要来源，但它并不直接掌管大学，而是通过大学拨款委员会来具体负责拨款事宜。然而，新公共管理对市场力量的推崇，对绩效、问责和质量的强调以及对外部监控的重视，使得市场逻辑开始在英国高等教育中发挥作用，同时，政府也逐渐加强其在高等教育领域中的权力。正如任何一种改革都是对利益的调整一样，英国高等教育管理机制改革从本质上来说也是对政府与高校之间，以及高校内部各种力量之间利益进行的调整。与此同时，由于高等教育管理机制改革，英国高等院校之间的竞争越来越激烈，高等院校为了在市场竞争中求生存，他们仿效商业组织的管理方法来增强其竞争力，这就使得商业文化不断渗透进入高等院校中，从而对高等院校的发展产生重大影响。

（一）英国高等教育管理机制改革的发展历程

通过考察英国高等教育管理机制改革历程，可以看出冲突与妥协贯穿始终。在高等教育管理机制改革初期，学术力量在英国高等教育领域占主导作用，市场力量的入侵和政府对高等教育的干预并不是一帆风顺，然而政府拥有的特殊权力及独特地位使它在改革过程中发挥着关键作用。因此，当政府与市场力量试图控制高等教育的发展时，这些外部力量与英国原有的对高等教育系统产生重要影响的学术力量之间产生了一定的冲突，为了缓解这种冲突，各方都需要做出一定妥协。值得注意的是，高等教育的发展有其自身的逻辑，因此，即使政府处于高等教育管理改革的强势地位，由于改革的最终目的是使高等教育得到更好的发展，因此，政府所实施的高等教育管理机制改革也必须遵循高等教育发展的内在逻辑，从而使改革能够顺利进行，真正实现其初衷。也正是这一点使学术力量在与政府力量的冲突与妥协中有了讨价还价的资本。

（二）英国政府与高校以及高校内部关系的调整

在新公共管理的理论渊源中，新自由主义理论主张"小政府、大社会"，强调政府应尽可能地将权力下放，使政府干预减少到最低程度，从而使市场机制在各个部门的运作过程中发挥重要作用。而新保守主义者虽然并不反对市场机制的作用，但他们主张政府应该拥有权威，这种权威主要体现在放手让市场对经济与其他部门的微观运行进行调控的同时，加强政府对这些部门的宏观控制，安德鲁·甘布尔把上述两者的结合称为"自由的市场，强大的国家"，这些思想在高等教育领域中也得到了贯彻。英国政府在新公共管理思想指导下通过对高等教育管理机制进行改革，使政府与高校以及高校内部关系得到了重新调整。

（三）企业化管理方法在英国高等院校管理中得到广泛应用

在英国高等教育管理机制的改革过程中，私营部门管理理论和具体管理措施不断被运用到高等院校的管理中来，这也是在新公共管理思想指导下英国高等教育管理机制改革为高等院校所带来的一个重要变化。这些新的观念、理论和方法及其所代表的企业文化与高等院校原有的学术文化之间存在着冲突，从当前的现状和发展趋势来看，企业文化在大多数大学中处于优势地位。这一原因在于，首先，高等院校的外部环境与自身条件自20世纪后半叶以来发生了巨大变化，高等院校目前所面临的环境日益复杂，大学管理中的不确定性因素越来越多，高等院校需要通过自身实力在与其他院校的竞争中获得生存资源，这就需要高等院校采取各种措施提高自己的竞争力，企业化的措施成为提高竞争力的有效选择。其次，现代社会对大学的需求已经远远超过了它们做出反应的能力。在高等教育大众化乃至普及化的今天，更多的各种类型的学生寻求入学机会，更多的劳动力部门需要受过高水平专业化训练的大学毕业生，旧的和新的资金赞助人对高等教育寄予更大的期望，因此，以市场和顾客为导向的企业管理模式和思路受到高等院校的青睐，大学不得不采取最有效率的方法来对教学、科研、后勤等各方面实施管理。

四、对我国高等教育大众化的几点思考

与英国高等教育的发展相比，我国目前还只是处于高等教育大众化初期发展阶段。而21世纪初的英国已经顺利迈进了高等教育普及化的发展时期。为了增强我国高等教育政策的有效性、科学性、可行性、前瞻性，借鉴英国大众化背景下高等教育政策发展的相关经验显得十分必要。一来在高等教育大众化的发展历程中作为具有典型代表性的国家，英国走过的路对我国即将要走的路是有借鉴作用；二来英国与我国都有源远流长的民族文化传统，在一定程度上会有某些方面的趋同性。大众化背景下我国高等教育政策的制定与实施也应该侧重规模、质量、经费这三个主题。

（一）制定入学公平化、规模适度化的政策

首先，制定入学公平化的政策。我国自实行市场化经济改革以来，"一部分人富起来了"，收入差距也形成了甚至还在加大。高等教育不能因经济的原因而剥夺低收入家庭子女的入学机会。因而我国高等教育政策在这方面也应保障社会弱势群体的公平入学机会，努力提高公平入学比例，并且扩大该群体在一流大学上的公平入学率。近年来，我国不仅在促进高等教育入学机会公平上有所作为，而且也采取措施"逐步提高重点高校招

收农村学生比例"。除此之外，我国还可以成立类似英国的公平入学办公室和高等教育独立仲裁办公室。

其次，制定规模适度化的政策。高等教育的扩招不能盲目化，高等教育大众化不能单纯地因数量的发展而沾沾自喜。虽然，教育部根据2012年全国教育事业发展统计公报表示，"高等教育规模适度增长，重点正转向优化结构与提高质量"。然而不乏学者对我国高等教育规模是否适度增长提出质疑，如新增高等院校的必要性、研究生扩招政策的合理性、成人学历教育的科学性。我国教育相关部门应该深入研究，无论是在学生入学数量规模、高校数量规模，还是在学科专业人数上的规模，都需要制定具体的规模适度化政策。

（二）制定质量控制合力化的政策

首先，制定优化我国高等教育质量保证机制的政策。在政策制定与实施的观念上要充分尊重高校的学术自主、办学自主。在政府宏观指导的前提下，可以根据实际情况建立专门负责高等教育质量的组织机构。这一机构主要是代表政府加强对高校内外部质量审核组织机构的监督与指导，其侧重于监督高校的质量保障机制的合理性和有效性。并且可以在高校内外部质量审核组织机构功能失效的情况下，适时制定高校内部的质量控制标准。值得一提的是，高校内外部质量审核组织机构在进行具体的审查时，应注重吸纳学生参与其中，并且也可效仿英国定期组织全国大学生满意度调查活动。

其次，制定督促高校信息门户网站建设的政策。强调有潜能、有意愿接受高等教育的个体的选择性、参与性。我国可以参照英国，鼓励大学在网上公开发布供未来学生参考的资料，包括教学时间、住宿费用、就业率及按课程索引的毕业生起薪。在互联网时代，越来越多的潜在大学生群体倾向于把网上搜索的关于大学的教学质量、教师相关专业素质、学生对课程的评价等信息作为自己选择高校的重要参考依据。这种措施无疑会增加高校之间的竞争性，促进它们追求自身质量的进一步提高。

最后，制定规范民间高等教育评估机构的政策。组建民间高等教育评估机构，或规范现有的非官方高等教育评估机构，使其能真正履行评估与监督职责。

（三）制定经费准市场化的政策

首先，制定提高政府高等教育财政预算比例、合理分配高等教育经费的政策。鉴于高等教育的社会服务性，政府应在财政上尽力发挥其应有的作用。在政府资助高等教育发展的问题上，英国政府的做法就值得我们深思。自英国政府实行高等教育成本分担政策以来，即使英国在对待高等教育经费筹措的问题上越发趋向于准市场化，英国政府还是尽可能增加高等教育预算。就如《将学生置于系统中心位置》白皮书指出，"2014—2015年度，英国高等教育机构得到的资助预计增长比例接近10%"。虽然，其中政府的拨款资助金额已远远少于政府提供的贷款金额，但本质上仍然是高等教育赢得了办学经费。我国高等教育政策的制定与实施中也应进一步提高高等教育在政府财政预算中的比例，使高等教育在真正意义上得到发展的物质保障。同时为了保证让钱花在刀刃上，我国政府也可以仿照英国设立专门对高校经费使用效益进行评估和监管的机构，将评估结果与高校资金获取金额相挂钩。对于高等学校教学的基本费用，按照"公平优先"的原则进行划拨，对于提升高等教育的学科水平和竞争实力的经费，实施以绩效为基础的竞争性拨款。

其次，制定学生学费生活费贷款与奖助学金并行的"混合资助体系"政策。我国从1989年建立高校收费制度后，学费收取标准也呈逐步上升趋势，清华大学教授秦阵就曾撰文《1个农民干13年才能供1个大学生》，所以，我国在形成学生资助体系之前最重要的就是先制定合理的学费标准。在此前提下，制定合理的学生资助政策。无独有偶，我国现行的学生资助体系中的贷款额度、资助额度和还款期限也不尽理想。我国助学贷款的最高贷款数额也仅能满足6000元学费的需求。此外，在还款期限方面，与英国相比，我国相差甚远。英国毕业生在达到政府规定的收入标准（年薪超过2.1万英镑）后，才开始偿还学费贷款，并且一旦还款满30年，无论还剩多少偿还余额，毕业生均可以停止偿还。我国可以借鉴英国政府形成的学费生活费贷款与奖助学金并行的"混合资助体系"。在资助额度升不上去的情况下，加大对学生的学费生活费贷款额度，并相应延长还款期限，在一定的年限之后收取适当的利息。当我国在法律上和道德上都形成了完善的信用制度以及税收制度后，我国高等教育领域也可以借鉴英国"按收入比例还款"的方法。

最后，制定拓宽高校办学经费渠道的政策。英国政府在以贷款加拨款的方式支持高等教育发展的同时，根据高等教育成本分担政策，不仅提高学费收取金额，而且也鼓励高校自身拓宽办学经费的来源渠道。毕竟政府的财政收入是有限的，尤其在全球化市场下，一国经济容易受外界影响，因而，在高校的筹资问题上，我国也可以适当吸收英国在这方面收效良好的相关举措。例如，高校应摒弃完全依赖政府资助的办学观念，在收取社会投资、争取校友捐赠、扩大留学生招生规模等方面进行改革，尤其是地方院校可以融自己的发展于当地的经济社会发展之中。

参考文献

[1] 李宵翔，舒小昀. 从自由放任走向适度干预：英国工业革命时期国家的教育政策 [J]. 学海，2005（01）：85-89.

[2] 冉旭. 从英国高等教育发展看英国教育政策的演变 [D]. 重庆师范大学硕士学位论文，2012（4）.

[3] 李向荣. 英国高等教育状况、发展趋势与借鉴 [J]. 安徽广播电视大学学报，2005（1）：86-90.

[4] 高耀丽. 英国高等教育管理机制改革研究 [D]. 华东师范大学博士学位论文，2006（4）.

[5] 吕一中. 英国高等教育的发展及其启示 [J]. 北京财贸学院学报，2013（10）：8-11.

[6] 杨希孔，祥娜. 教育部发布2012年全国教育事业发展统计公报 [J]. 陕西教育（高教版），2013（10）：32.

[7] 杨婷. 高等教育大众化背景下英国高等教育政策走向研究 [D]. 安徽大学硕士学位论文，2014（4）.

[8] 丁笑炯. 英国高等教育改革与成效 [J]. 国家教育行政学院学报，2012（09）：86-90.

（高平　北京信息科技大学　北京　100192）

《跨文化传播研究（第三辑）》稿约

一、主要研究方向

文学与跨文化研究
宗教与跨文化研究
国际交流与教育研究
文化创意与产业研究

主要常设栏目
大家论坛
媒体与跨文化
宗教与跨文化
文化创意与其他

二、撰稿要求

（一）文章应符合《跨文化传播研究》的主要研究方向，主题明确，数据可靠，图表清晰，逻辑严谨，文字精练，标点符号正确。每篇论文以5000～6000字以内为宜，重要论文最多不超过8000字。

（二）论文必须有：中英文题名、作者、作者工作单位及所在地和邮编、中英文摘要（150～200字）、中英文关键词（3～5个），中图分类号，参考文献。第一作者简介（姓名、出生年、性别、籍贯、职称、学位、主要研究方向）。

（三）属于基金资助项目成果的论文需注明：基金名称、项目编号。

（四）书写规范，符号的使用要符合国家标准，稿中外文字母、符号必须分清大、小写，正、斜体及白、黑体；上、下角标的位置应区别明显；图、表请用计算机绘制，力求少而小，点线规范、清晰、精细，表需采用三线表，图、表应有序号和图题、表题。

（五）参考文献采用顺序编码制，按文中出现的顺序统一编号，并列于文后。文献作者 3 名以内全部列出，4 名以上则列前 3 名，后加"，等"；外文作者采用姓前名后格式，名用缩写，不加缩写点，如：Follen G J。各类文献著录格式如下：

专著　　［序号］　　作者. 书名［M］. 版次（第 1 版免注）. 出版地：出版者，出版年

期刊　　［序号］　　作者. 题名［J］. 刊名，出版年，卷（期）：起止页码

学位论文　　［序号］　　作者. 题名［D］. 保存地：保存单位，年份

报告　　［序号］　　作者. 题名［R］. 保存地：保存单位，年份

标准　　［序号］　　标准编号　标准名称［S］

专利　　［序号］　　专利所有者. 专利题名：专利国别，专利号［P］. 公告日期或公开日期

报纸文章　　［序号］　　作者. 题名［N］. 报纸名，出版日期（版次）

电子文献　　［序号］　　作者. 题名［N］［文献类型标志/载体类型标志］. 出版者，出版年（更新或修改日期）［引用日期］. 获取和访问路径

（六）注释采用页下注，参考文献置于文末。

三、投稿须知

（一）对拟录用的稿件，本刊将与作者联系。稿件自寄出后，三个月内未接到用稿通知者，可自行处理，三个月内请勿一稿多投。稿件录用后，赠样刊两本。

（二）来稿文责自负。编辑部有权对稿件进行规范化技术性适当处理。

（三）论文需要同时投寄电子稿、打印稿，务请标明详细通讯地址、E-mail、邮政编码和联系电话。

四、主办单位、联系人及联系方式

主办单位：北京信息科技大学跨文化研究所

联系人及联系方式：梁冬梅：ldm@ bistu. edu. cn
韩剑英：hanjianying@ bistu. edu. cn（论文接收）
来稿请寄：北京市海淀区清河小营东路 12 号北京信息科技大学跨文化
研究所
邮编：100192

北京信息科技大学跨文化研究所
2016 年 1 月 8 日